纯粹哲学丛书

黄裕生 主编

2019年度教育部人文社会科学研究青年基金项目"康德在沉默时期的逻辑思想研究"（项目编号：19YJC720019）

2017年度陕西省教育厅科研计划项目"对康德逻辑学思想中判断形式的研究"（项目编号：17JK0847）

从逻辑到形而上学

CONG LUOJI DAO XING'ERSHANGXUE

康德判断表研究

刘萌 著

江苏人民出版社

图书在版编目(CIP)数据

从逻辑到形而上学：康德判断表研究 / 刘萌著. ——
南京 ：江苏人民出版社，2020.11
　(纯粹哲学丛书)
　ISBN 978 - 7 - 214 - 24936 - 4

　Ⅰ.①从… Ⅱ.①刘… Ⅲ.①康德(Kant，
Immanuel 1724 - 1804)—哲学思想—研究 Ⅳ.①B516.31

中国版本图书馆 CIP 数据核字(2020)第 111698 号

书　　　名	从逻辑到形而上学——康德判断表研究	
著　　　者	刘　萌	
责 任 编 辑	戴亦梁	
出 版 发 行	江苏人民出版社	
出版社地址	南京市湖南路 1 号 A 楼,邮编:210009	
出版社网址	http://www.jspph.com	
照　　　排	江苏凤凰制版有限公司	
印　　　刷	南京新洲印刷有限公司	
开　　　本	652 毫米×960 毫米　1/16	
印　　　张	19.5　插页3	
字　　　数	268 千字	
版　　　次	2020 年 11 月第 1 版　2020 年 11 月第 1 次印刷	
标 准 书 号	ISBN 978 - 7 - 214 - 24936 - 4	
定　　　价	56.00 元	

(江苏人民出版社图书凡印装错误可向承印厂调换)

从纯粹的学问到真实的事物

——"纯粹哲学丛书"改版序

　　江苏人民出版社自 2002 年出版这套"纯粹哲学丛书"已有五年，共出书 12 本，如今归入凤凰出版传媒集团"凤凰文库"继续出版，趁改版机会，关于"纯粹哲学"还有一些话要说。

　　"纯粹哲学"的理念不只是从"纯粹的人"、"高尚的人"、"摆脱私利"、"摆脱低级趣味"这些意思引申出来的，而是将这个意思与专业的哲学问题，特别是与德国古典哲学的问题结合起来思考，提出"纯粹哲学"也是希望"哲学""把握住""自己"。

　　这个提法，也有人善意地提出质询，谓世上并无"纯粹"的东西，事物都是"复杂"的，"纯粹哲学"总给人以"脱离实际"的感觉。这种感觉以我们这个年龄段或更年长些的人为甚。当我的学生刚提出来的时候，我也有所疑虑，消除这个疑虑的理路，已经在 2002 年的"序"中说了，过了这几年，这个理路倒是还有一些推进。

　　"纯粹哲学"绝不是脱离实际的，也就是说，"哲学"本不脱离实际，也不该脱离实际，"哲学"乃是"时代精神"的体现；但是"哲学"也不是要"解决"实际的具体问题，"哲学"是对于"实际-现实-时代""转换"一个"视角"。"哲学"以"哲学"的眼光"看""世界","哲学"以"自己"的眼光"看"世界,也就是以"纯粹"的眼光"看"世界。

为什么说"哲学"的眼光是"纯粹"的眼光?

"纯粹"不是"抽象",只有"抽象"的眼光才有"脱离实际"的问题,因为它跟具体的实际不适合;"纯粹"不是"片面",只有"片面"的眼光才有"脱离实际"的问题,因为"片面"只"抓住-掌握""一面",而"哲学"要求"全面"。只有"全面-具体"才是"纯粹"的,也才是"真实的"。"片面-抽象"都"纯粹"不起来,因为有一个"另一面"、有一个"具体"在你"外面"跟你"对立"着,不断地从外面"干扰"你,"主动-能动"权不在你手里,你如何"纯粹"得起来?

所以"纯粹"应在"全面-具体"的意义上来理解,这样,"纯粹"的眼光就意味着"辩证"的眼光,"哲学"为"辩证法"。

人们不大谈"辩证法"了,就跟人们不大谈"纯粹"了一样,虽然可能从不同的角度来"回避"它们,或许以为它们是相互抵触的,其实它们是一致的。

"辩证法"如果按日常的理解,也就是按感性世界的经验属性或概念来理解,那可能是"抽象"的,但那不是哲学意义上的"辩证"。譬如冷热、明暗、左右、上下等等,作为抽象概念来说,"冷"、"热"各执一方,它们的"意义"是"单纯"的"抽象",它们不可以"转化",如果"转化"了,其"意义"就会发生混淆;但是在现实中,在实际上,"冷"和"热"等等是可以"转化"的,不必"变化"事物的温度,事物就可以由"热""转化"为"冷",在这个意义上,执著于抽象概念反倒会"脱离实际",而坚持"辩证法"的"转化",正是"深入""实际"的表现,因为实际上现实中的事物都是向"自己"的"对立面""转化"的。

哲学的辩证法正是以一种"对立面""转化"的眼光来"看-理解"世界的,不执著于事物的一面--一偏,而是"看到-理解到"事物的"全面"。

哲学上所谓"全面",并非要"穷尽"事物的"一切""属性",而是"看到-理解到-意识到"凡事都向"自己"的"相反"方面"转化","冷"必然要"转化"为"非冷",换句话说,"冷"的"存在",必定要"转化"为"冷"的"非存在"。

在这个意义上,哲学的辩证法将"冷-热"、"上-下"等等"抽象-片面"的"对立""纯粹化"为"存在-非存在"的根本问题,思考的就是这种"存在-非存在"的"生死存亡"的"大问题"。于是,"哲学化"就是"辩证化",也就是"纯净化-纯粹化"。

这样,"纯粹化"也就是"哲学化",用现在流行的话来说,就是"超越化";"超越"不是"超越"到"抽象"方面去,不是从"具体"到"抽象",好像越"抽象"就越"超越",或者越"超越"就越"抽象",最大的"抽象"就是最大的"超越"。事实上恰恰相反,"超越"是从"抽象"到"具体","具体"为"事物"之"存在"、"事物"之"深层次"的"存在",而不是"表面"的"诸属性"之"集合"。所谓"深层",乃是"事物"之"本质","本质"亦非"抽象",而是"存在"。哲学将自己的视角集中在"事物"的"深层",注视"事物""本质"之"存在"。"事物"之"本质","本质"之"存在",乃是"纯粹"的"事物"。"事物"之"本质",也是"事物"之"存在",是"理性-理念"的世界,而非"驳杂"之"大千世界"-"感觉经验世界"。"本质-存在-理念"是"具体"的、"辩证"的,因而也是"变化-发展"的。并不是"现象""变"而"理念-本质""不变",如果"变"作为"发展"来理解,而不是机械地来理解,则恰恰是"现象"是相对"僵化"的,而"本质-理念"则是"变化-发展"的。这正是我们所谓"时间(变化发展)"进入"本体-本质-存在"的意义。

于是,哲学辩证法也是一种"历史-时间"的视角。我们面对的世界,是一个历史的世界、时间的世界,而不仅是僵硬地与我们"对立"的"客观世界"。"客观世界"也是我们的"生活世界",而"生活"是历史性的、时间性的,是变化发展的,世间万事万物无不打上"历史-时间"的"烙印","认出-意识到-识得"这个"烙印-轨迹",乃是哲学思考的当行,这个"烙印"乃是"事物-本质-存在""发展"的"历史轨迹",这个"轨迹"不是直线,而是曲线。"历史-时间"的进程是"曲折"的,其间充满了"矛盾-对立-斗争",也充满了"融合-和解-协调",充满了"存在-非存在"的"转化",充满了"对立面"的"转化"和"统一"。

以哲学-时间-历史的眼光看世界,世间万物都有相互"外在"的"关系"。"诸存在者"相互"不同",当然也处在相互"联系"的"关系网"中,其中也有"对立",譬如冷热、明暗、上下、左右之类。研究这种"外在"关系,把握这种"关系"当然是非常重要的,须得观察、研究以及实验事物的种种属性和他物的属性之间的各种"关系",亦即该事物作为"存在者"的"存在""条件"。"事物"处于"外在环境"的种种"条件""综合"之中,这样的"外在""关系"固不可谓"纯粹"的,它是"综合"的、"经验"的;然则,事物还有"自身"的"内在""关系"。

这里所谓的"内在""关系",并非事物的内部的"组成部分"的关系,这种把事物"无限分割"的关系,也还是把一事物分成许多事物,这种关系仍是"外在"的;这里所谓"内在"的,乃是"事物""自身"的"关系",不仅仅是这一事物与另一事物的关系。

那么,如何理解事物"自身"的"内在""关系"?"事物自身"的"内在""关系"乃是"事物自身""在""时间-历史"中"产生"出来的"非自身-他者"的"关系",乃是"是-非"、"存在-非存在"的"关系",而不是"白"的"变成""黑"的、"方"的"变成""圆"的等等这类关系。这种"是非-存亡"的关系,并不来自"外部",而是"事物自身"的"内部"本来就具备了的。这种"内在"的"关系"随着时间-历史的发展"开显"出来。

这样,事物的"变化发展",并非仅仅由"外部条件"的"改变"促使而成,而是由事物"内部自身"的"对立-矛盾"发展-开显出来的,在这个意义上，"内因"的确是"决定性"的。看到事物"变化"的"原因""在""事物自身"的"内部"，揭示"事物发展"的"内在原因"，揭示事物发展的"内在矛盾"，这种"眼光"，可以称得上是"纯粹"的（不是"驳杂"的），是"哲学"的，也是"超越"的，只是并不"超越"到"天上"，而是"深入"到事物的"内部"。

以这种眼光来看世界，世间万物"自身"无不"存在-有""内在矛盾"，一事物的"存在"必定"蕴涵"该事物的"非存在"，任何事物都向自身的"反面""转化"，这是事物自己就蕴涵着的"内在矛盾"。至于这个事物究竟"变成""何种-什么"事物，则要由"外部""诸种条件"来"决定"，但是哲学可以断言的，乃是该事物-世间任何事物都不是"永存"的，都是由"存在""走向-转化为""自己"的"反面"——"非存在"，"非存在"就"蕴涵""在"该事物"存在"之中。在这个意义上，我们对事物采取"辩证"的态度，也就是采取"纯粹"的态度，把握住"事物"的"内在矛盾"，也就是把握住了"事物自身"，把握住了"事物自身"，也就是把握住了"事物"的"内在""变化-发展"，而不"杂"有事物的种种"外部"的"关系"；从事物"外部"的种种"复杂关系"中"摆脱"出来，采取一种"自由"的、"纯粹"的态度，抓住"事物"的"内在关系"，也就是"抓住"了事物的"本质"。

抓住事物的"本质"，并非不要"现象"，"本质"是要通过"现象""开显"出来的，"本质"并非"抽象概念"，"本质"是"现实"，是"存在"，是"真实"，是"真理"；抓住事物的"本质"，就是要"透过现象看本质"。"哲学"的眼光，"纯粹"的眼光，"辩证"的眼光，"历史"的眼光，正是这种"透过现象""看""本质"的眼光。

"透过现象看本质"，"现象"是"本质"的，"本质"也是"现象"的，"本质""在""现象"中，"现象"也"在""本质"中。那么，从"本质"的眼光来"看""现象-世界"又复何如？

从"纯粹"的眼光来"看""世界",则世间万物固然品类万殊,但无不"在""内在"的"关系"中。"一事物"的"是-存在"就是"另一事物"的"非-非存在","存在""在""非存在"中,"非存在"也"在""存在"中;事物的"外在关系",原本是"内在关系"的"折射"和"显现"。世间很多事物,在现象上或无直接"关系",只是"不同"而已。譬如"风马牛不相及","认识到-意识到""马""牛"的这种"不同"大概并不困难,是一眼就可以断定的。对于古代战争来说,有牛无马,可能是一个大的问题。对于古代军事家来说,认识到这一点也不难,但是要"意识到-认识到""非存在"也"蕴涵着""存在",二者是一而二、二而一的,并不因为"有牛无马"而放弃战斗,就需要军事家有一点"大智慧"。如何使"非存在""转化"为"存在"? 中国古代将领田单的"火牛阵"是以"牛"更好地发挥"马"的战斗作用的一例,固然并非要将"牛""装扮"成"马",也不是用"牛"去"(交)换""马",所谓"存在-非存在"并非事物之物理获胜或生物的"属性"可以涵盖得了的。"存在-非存在"有"历史"的"意义"。

就我们哲学来说,费希特曾有"自我""设定""非我"之说,被批评为主观唯心论,批评当然是很对的,他那个"设定"会产生种种误解;不过他所论述的"自我"与"非我"的"关系"却是应该被重视的。我们不妨从一种"视角"的"转换"来理解费希特的意思:如"设定"——采取一种"视角"——"A-存在",则其他诸物皆可作"非A-非存在"观。"非A"不"=(等于)""A",但"非A"却由"A""设定","非存在"由"存在""设定"。我们固不可说"桌子"是由"椅子""设定"的,这个"识见"是"常识"就可以判断的,没有任何哲学家会违反它,但是就"椅子"与"非椅子"的关系来说,"桌子"却是"在""非椅子"之内,而与"椅子"有一种"对立统一"的关系,"非椅子"是由于"设定"了"椅子"而来的。扩大开来说,"非存在"皆由"存在"的"设定"而来,既然"设定""存在",则必有与其"对立"的"反面"——"非存在""在","非存在"由"存在""设定",反之亦然。

"我"与"非我"的关系亦复如是。"意识-理性""设定"了"我",有了"自我意识",则与"我""对立"的"大千世界"皆为"非我",在这个意义上,"非我"乃由"(自)我"之"设定"而"设定",于是"自我""设定""非我"。我们看到,这种"设定"并不是在"经验"的意义上来理解的,而是在"纯粹"的意义上来理解的,"自我"与"非我"的"对立统一"关系乃是"纯粹"的、"本质"的、"哲学"的、"历史"的,因而也是"辩证"的。我们决不能说,在"经验"上大千世界全是"自我""设定"——或者叫"建立"也一样——的,那真成了狄德罗批评的,作如是观的脑袋成了一架"发疯的钢琴"。哲学是很理性的学问,它的这种"视角"的转换——从"经验"的"转换"成"超越"的,从"僵硬"的"转换"成"变化发展"的,从"外在"的"转换"成"内在"的——并非"发疯"式的胡思乱想,恰恰是很有"理路"的,而且还是很有"意义"的:这种"视角"的"转换",使得从"外在"关系看似乎是"风马牛不相及"的"事物"都有了"内在"的联系。"世界在普遍联系之中"。许多事物表面上"离"我们很"远",但作为"事物本身-自身-物自体"看,则"内在"着-"蕴涵"着"对立统一"的"矛盾"的"辩证关系",又是"离"我们很"近"的。海德格尔对此有深刻的阐述。

"日月星辰"就空间距离来说,离我们人类很远很远,但它们在种种方面影响人的生活,又是须臾不可或离的,于是在经验科学尚未深入研究之前,我们祖先就已经在自己的诗歌中吟诵着它们,也在他们的原始宗教仪式中膜拜着它们;尚有那人类未曾识得的角落,或者时间运行尚未到达的"未来",我们哲学已经给它们"预留"了"位置",那就是"非我"。哲学给出这个"纯粹"的"预言",以便一旦它们"出现",或者我们"发现"它们,则作出进一步的科学研究。"自我"随时"准备"

着"迎接""非我"的"挑战"。

"自我"与"非我"的这种"辩证"关系,使得"存在"与"非存在""同出一元",都是我们的"理性""可以把握-可以理解"的:在德国古典哲学,犹如黑格尔所谓的"使得""自在-自为之物""转化"为"为我之物";在海德格尔,乃是"存在"为"使存在",是"动词"意义上的"存在","存在"与"非存在"在"本体论-存在论"上"同一"。

就知识论来说,哲学这种"纯粹"的"视角"的"转换",也有相当重要的意义。知识论也"设定"一个不以人的意志为转移的"客体",这个"客体"乃是一切经验科学的"对象",也是"前提",但是哲学"揭示"着"客体"与"主体"也是"对立统一"的"辩证关系",一切"非主体"就是"客体",于是仍然在"存在-非存在"的关系之中,那一时"用不上"的"未知"世界,同样与"主体"构成"对立统一"关系,从而使"知识论"展现出广阔的天地,成为一门有"无限"前途的"科学",而不局限于"主体-人"的"眼前"的"物质需求"。哲学使人类知识"摆脱""急功近利"的"限制",使"知识"成为"自由"的。"摆脱""急功近利"的"限制",也就是使"知识-科学"有"哲学"的涵养,使"知识-科学"也"纯粹"起来,使"知识-科学"成为"自由"的。古代希腊人在"自由知识"方面给人类的贡献使后人受益匪浅,但这种"自由-纯粹"的"视角",当得益于他们的"哲学"。

从这个意义来看,我们所谓的"纯粹哲学",一方面当然是很"严格"的,从康德到黑格尔的德国古典哲学,哲学有了自己很专业的一面,再到胡塞尔,曾有"哲学"为"最为""严格"(strict-strenge)之称;另一方面,"纯粹哲学"就其题材范围来说,又是极其广阔的。"哲学"的"纯粹视角",原本就是对于那表面上似乎没有关系的、在时空上"最为遥远"的"事物",都能"发现"有一种"内在"的关系。"哲学"有自己的"远"、"近"观。"秦皇汉武"已是"过去"很多年的"事情",但就"纯粹"的"视角"看也并不"遥远",它仍是伽达默尔所谓的"有效应的历史",仍在"时间"的"绵延"之"中",它和"我们"有"内在"的关系。

于是,从"纯粹哲学"的"视角"来看,大千世界、古往今来,都"在""视野"之"中",上至"天文",下至"地理","至大无外"、"至小无内",无不可以"在""视野"之"中";具体到我们这套丛书,在选题方面也就不限于讨论康德、黑格尔、海德格尔等等专题,举凡社会文化、政治经济、自然环境、诗歌文学,甚至娱乐时尚,只要以"纯粹"的眼光,有"哲学"的"视角",都在欢迎之列。君不见,法国福柯探讨监狱、疯癫、医院、学校种种问题,倡导"穷尽细节"之历史"考古"观,以及论题不捐细小的"后现代"诸公,其深入程度,其"解构"之"辩证"运用,岂能以"不纯粹"目之?

"纯粹哲学丛书"改版在即,有以上的话想说,当否敬请读者批评指正。

叶秀山

2007 年 7 月 10 日于北京

序"纯粹哲学丛书"

　　人们常说,做人要像张思德那样,做一个"纯粹的人",高尚的人,如今喝水也要喝"纯净水",这大概都没有什么问题;但是说到"纯粹哲学",似乎就会引起某些怀疑,说的人,为避免误解,好像也要做一番解释,这是什么原因? 我想,这个说法会引起质疑,是有很深的历史和理论的原因的。

　　那么,为什么还要提出"纯粹哲学"的问题?

　　现在来说"纯粹哲学"。说哲学的"纯粹性",乃是针对一种现状,即现在有些号称"哲学"的书或论文,已经脱离了"哲学"这门学科的基本问题和基本要求,或者可以说,已经没有什么"哲学味",但美其名曰"生活哲学"或者甚至"活的哲学",而对于那些真正探讨哲学问题的作品,反倒觉得"艰深难懂",甚至断为"脱离实际"。在这样的氛围下,几位年轻的有志于哲学研究的朋友提出"纯粹哲学"这个说法,以针砭时弊,我觉得对于哲学作为一门学科的发展是有好处的,所以也觉得是可以支持的。

　　人们对于"纯粹哲学"的疑虑也是由来已久。

　　在哲学里,什么叫"纯粹"? 按照西方哲学近代的传统,"纯粹"

（rein，pure）就是"不杂经验"、"跟经验无关"，或者"不由经验总结、概括出来"这类的意思，总之是和"经验"相对立的意思。把这层意思说得清楚彻底的是康德。

康德为什么要强调"纯粹"？原来西方哲学有个传统观念，认为感觉经验是变幻不居的，因而不可靠，"科学知识"如果建立在这个基础上，那么也是得不到"可靠性"，这样就动摇了"科学"这样一座巍峨的"殿堂"。这种担心，近代从法国的笛卡尔就表现得很明显，而到了英国的休谟，简直快给"科学知识""定了性"，原来人们信以为"真理"的"科学知识"竟只是一些"习惯"和"常识"，而这些"习俗"的"根据"仍然限于"经验"。

为了挽救这个似乎摇摇欲坠的"科学知识"大厦，康德指出，我们的知识虽然都来自感觉经验，但是感觉经验之所以能够成为"科学知识"，能够有普遍的可靠性，还要有"理性"的作用。康德说，"理性"并不是从"感觉经验"里"总结-概括"出来的，它不依赖于经验，如果说，感觉经验是"杂多-驳杂"的，理性就是"纯粹-纯一"的。杂多是要"变"的，而纯一就是"恒"，是"常"，是"不变"的；"不变"才是"必然的"、"可靠的"。

那么，这个纯一的、有必然性的"理性"是什么？或者说，康德要人们如何理解这个（些）"纯粹理性"？我们体味康德的哲学著作，渐渐觉得，他的"纯粹理性"说到最后乃是一种形式性的东西，他叫"先天的"——以"先天的"译拉丁文 a priori 不很确切，无非是强调"不从经验来"的意思，而拉丁文原是"由前件推出后件"，有很强的逻辑的意味，所以国外有的学者干脆就称它作"逻辑的"，意思是说，后面的命题是由前面的命题"推断"出来的，不是由经验的积累"概括"出来的，因而不是经验的共同性，而是逻辑的必然性。

其实，这个意思并不是康德的创造，康德不过是沿用旧说；康德的创造性在于他认为旧的哲学"止于"此,就把科学知识架空了,旧的逻辑只是"形式逻辑"——"止于"形式逻辑,而科学知识是要有内容的。康德觉得,光讲形式,就是那么几条,从亚里士多德创建形式逻辑体系以来,到康德那个时代,并没有多大的进步,而科学的知识,日新月异,"知识"是靠经验"积累"的,逻辑的推演,后件已经包含在前件里面,推了出来,也并没有"增加"什么。所以,康德哲学在"知识论"的范围里,主要的任务是要"改造"旧逻辑,使得"逻辑的形式"和"经验的内容"结合起来,也就是像有的学者说的,把"逻辑的"和"非逻辑的"东西结合起来。

从这里,我们看到,即使在康德那里,"纯粹"的问题,也不是真的完全"脱离实际"的;恰恰相反,康德的哲学工作,正是要把哲学做得既有"内容",而又是"纯粹"的。这是一件很困难的工作,康德做得很艰苦,的确也有"脱离实际"的毛病,后来受到很多的批评,但是就其初衷,倒并不是为了"钻进象牙之塔"的。

康德遇到了什么困难?

我们说过,如果"理性"的工作,只是把感觉经验得来的材料加工酿造,提炼出概括性的规律来,像早年英国的培根说的那样"归纳"出来的,那么,一来就不容易"保证""概括"出来的东西一定有普遍必然性,二来这时候,"理性"只是"围着经验转",也不大容易保持"自己",这样理解的"理性",就不会是"纯粹"的。康德说,他的哲学要来一个"哥白尼式的大革命",就是说,过去是"理性"围着"经验"转,到了我康德这里,就要让"经验"围着"理性"转,不是让"纯粹"的东西围着"不纯"的东西转受到"污染",而是让"不纯"的东西围着"纯粹"的东西转得到"净化"。这就是康德说的不让"主体"围着"客体"转,而让"客体"围着"主体"转的意义所在。

我们看到,不管谁围着谁转,感觉经验还是不可或缺的,康德主观上并不想当"脱离实际"的"形式主义者";康德的立意,还是要改造旧逻辑,克服它的"形式主义"的。当然,康德的工作也只是一种探索,有许多值得商讨的地方。

说实在的,在感觉经验和理性形式两个方面,要想叫谁围着谁转都不很容易,简单地说一句"让它们有机地结合起来"当然并不解决问题。

康德的办法是提出一个"先验的"概念来统摄感觉经验和先天理性这两个方面,并使经验围着理性转,以保证知识的"纯粹性"。

康德的"先验的"原文为 transcendental,和传统的 transcendent 不同,后者就是"超出经验之外"的意思,而前者为"虽然不依赖经验但还是在经验之内"的意思。

康德为什么要把问题弄得如此的复杂?

原来康德要坚持住哲学知识论的纯粹性而又具有经验的内容,要有两个方面的思想准备。一方面"理性"要妥善地引进经验的内容,另一方面要防止那本不是经验的东西"混进来"。按照近年的康德研究的说法,"理性"好像一个王国,对于它自己的王国拥有"立法权",凡进入这个王国的都要服从理性为它们制定的法律。康德认为,就科学知识来说,只有那些感觉经验的东西,应被允许进入这个知识的王国,成为它的臣民;而那些根本不是感觉经验的东西,亦即不能成为经验对象的东西,譬如"神-上帝",乃是一个"观念-理念",在感觉经验世界不存在相应的对象,所以它不能是知识王国的臣民,它要是进来了,就会不服从理性为知识制定的法律,在这个王国里,就会闹矛盾,而科学知识是要克服矛盾的,如果出现不可避免的矛盾,知识王国-科学的大厦,就要土崩瓦解了。所以康德在他的第一批判——《纯粹理性批判》里,一方面要仔细研究理性的立法作用;另一方面要仔细厘定理性的职权范围,防止越出经验的范围之外,越过了自己的权限——防止理性的僭越，管了那本不是它的臣民的事。所以康德的"批判"，有"分析"、"辨析"、"划界限"的意思。

界限划在哪里？正是划在"感觉经验"与"非感觉经验-理性"上。对于那些不可能进入感觉经验领域的东西，理性在知识王国里，管不了它们，它们不是这个王国的臣民。

康德划这一界限还是很有意义的，这样一来，举凡宗教信仰以及想涵盖信仰问题的旧形而上学，都被拒绝在"科学知识"的大门以外了，因为它们所涉及的"神-上帝"、"无限"、"世界作为一个大全"等等，就只是一些"观念"（ideas），而并没有相应的感觉经验的"对象"。这样，康德就给"科学"和"宗教"划了一条严格的界限，而传统的旧形而上学，就被断定为"理性"的"僭越"；而且理性在知识范围里一"僭越"，就会产生不可克服的矛盾，这就是他的有名的"二律背反"。

在这个意义上，我们看到，在知识论方面，康德恰恰是十分重视感觉经验的，也是十分重视"形式"和"内容"的结合的。所以批评康德知识论是"形式主义"，猜想他是不会服气的，他会说，他在《纯粹理性批判》里的主要工作就是论证"先天综合判断"如何可能，既然是"综合"的，就不是"形式"的，在这方面，他是有理由拒绝"形式主义"的帽子的；他的问题出在那些不能进入感觉经验的东西上。他说，既然我们所认知的是事物能够进入感觉经验的一面，那么，那不能进入感觉经验的另一面，就是我们科学知识不能达到的地方，我们在科学上则是一无所知；而通过我们的感官进得来的，只是一些印象（impression）、表象（appearance），我们的理性在知识上，只能对这些东西根据自己立的法律加以"管理"，使之成为科学的、具有必然真理性的知识体系，所以我们的科学知识"止于""现象"（phenomena），而"物自身"（Dinge an sich）、"本体"（noumena）则是"不可知"的。

原来，在康德那里，这种既保持哲学的纯粹性，又融入经验世界的"知识论"是受到"限制"的,康德自己说,他"限制""知识",是为"信仰"留有余地。那么,就我们的论题来说,康德所理解的"信仰"是不是只是"形式"的?应该说,也不完全是。

我们知道,康德通过"道德"引向"宗教-信仰"。"知识"是"必然"的,所以它是"科学";"道德"是"自由"的,所以它归根结蒂不能形成一门"必然"的"科学知识"。此话怎讲?

"道德"作为一门学科,讨论"意志"、"动机"、"效果"、"善恶"、"德性"、"幸福"等问题。如果作为科学知识来说,它们应有必然的关系,才是可以知道、可以预测的;但是,道德里的事,却没有那种科学的必然性,因而也没有那种"可预测性"。在道德领域里,一定的动机其结果却不是"一定"的;"德性"和"幸福"就更不是可以"推论"出来的。世上有德性的得不到幸福,比比皆是;而缺德的人往往是高官得做、骏马得骑。有那碰巧了,既有些德性,也有些幸福的,也就算是老天爷开恩了。于是,我们看到,在经验世界里,"德性"和"幸福"的统一,是偶尔有之,是偶然的,不是必然的。我们看到一个人很幸福,不能必然地推断他一定就有德性,反之亦然。在这个意义上,这种关系,是不可知的。

所谓"不可知",并不是说我们没有这方面的感觉经验的材料,对于人世的"不公",我们深有"所感";而是说,这些感觉材料,不受理性为知识提供的先天法则的管束,形不成必然的推理,"不可知"乃是指的这层意思。

"动机"和"效果"也是这种关系,我们不能从"动机"必然地"推论"出"效果",反之亦然。也就是说,我们没有足够的理由说一个人干了一件"好事",就"推断"他的"动机"就一定也是"好"的;也没有足够的理由说一个人既然动机是好的,就一定会做出好的事情来。

之所以会出现这种情况,乃是因为"道德"的问题概出于意志的

"自由",而"自由"和"必然"是相对立的。

要讲"纯粹",康德这个"自由"是最"纯粹"不过的了。"自由"不但不能受"感觉经验-感性欲求"一点点的影响,而且根本不能进入这个感觉经验的世界,就是说,"自由"不可能进入感性世界成为"必然"。这就是为什么康德把他的《实践理性批判》的主要任务定为防止"理性"在实践-道德领域的"降格":理性把原本是超越的事当做感觉经验的事来管理了。

那么,康德这个"自由"岂不是非常的"形式"了? 的确如此。康德的"自由"是理性的"纯粹形式",它就问一个"应该",向有限的理智者发出一道"绝对命令",至于真的该做"什么",那是一个实际问题,是一个经验问题,实践理性并不给出"教导"。所以康德的伦理学,不是经验的道德规范学,而是道德哲学。

那么,康德的"纯粹理性"到了"实践-道德"领域,反倒更加"形式"了? 如果康德学说止于"伦理学",止于"自由",则的确会产生这个问题;但是我们知道,康德的伦理道德乃是通向宗教信仰的桥梁,它不止于此。康德的哲学"止于至善"。

康德解释所谓"至善"有两层含义:一是指单纯意志方面的,是最高的道德的善;一是更进一层为"完满"的意思。这后一层的意义,就引向了宗教。

在"完满"意义上的"至善",就是我们人类最高的追求目标:"天国"。在这个意义上,我们人类要不断地修善,"超越""人自身"——已经孕育着尼采的"超人"(?),而争取进入"天国"。

在"天国"里,一切的分离对立都得到了"统一"。"天国"不仅仅是"理想"的,而且是"现实"的。在"天国"里,凡理性的,也就是经验的,反之亦然。在那里,"理性"能够"感觉"、"经验的",也就是"合理的",两者之间有一种"必然"的关系,而不像尘世那样,两者只是偶尔统一。这样,在那个世界,我们就很有把握地说,凡是幸福的,就一定是有德的,而绝不会像人间尘世那样,常常出现"荒诞"的局面,让那有德之人受苦,而缺德之人却得善终。于是,在康德的思想里,"天国"恰恰不是"虚无缥缈"的,而是实实在在的,它是一个"理想",但也是一个"现实";甚至我们可以说,唯有"天国"才是既理想又现实的,于是,我们可以说这是一种"完满"意义上的"至善"。

想象一个美好的"上天世界"并不难,凡是在世间受到委屈的人都会幻想一个美妙的"天堂",他的委屈就会得到平申;但是建立在想象和幻想上的"天堂",是很容易受到怀疑和质询的,中国古代屈原的"天问",直到近年描写莫扎特的电影 *Amadeus*,都向这种想象的产物发出了疑问,究其原因,乃是这个"天堂"光是"理想"的,缺乏"实在性";康德的"天国",在他自己看来,却是"不容置疑"的,因为它受到严格的"理路"的保证。在康德看来,对于这样一个完美无缺、既合理又实实在在的"国度"只有理智不健全的人才会提出质疑。笛卡尔有权怀疑一切,康德也批评过他的"我思故我在"的命题,因为那时康德的领域是"知识的王国";如果就"至善-完满"的"神的王国-天国"来说,那么"思"和"在"原本是"同一"的,"思想的",就是"存在的",同理,"存在"的,也必定是"思想"的,"思"和"在"之间,有了一种"必然"的"推理"关系。对于这种关系的质疑,也就像对于"自然律"提出质疑一样,本身"不合理",因而是"无权"这样做的。

这样,我们看到,康德的"知识王国"、"道德王国"和"神的王国-天国",都在不同的层面和不同的意义上具有现实的内容,不仅仅是形式的,但是没有人怀疑康德哲学的"纯粹性",而康德的"(纯粹)哲学"不是"形式哲学"则也就变得明显起来。

表现这种非形式的"纯粹性"特点的,还应该提到康德的第三批判:《判断力批判》。就我们的论题来说,《判断力批判》是相当明显地表现了形式和内容统一的一个领域。

通常我们说,《判断力批判》是《纯粹理性批判》和《实践理性批判》之间的桥梁,或者是它们的综合,这当然是正确的;这里我们想补充说的是:《判断力批判》所涉及的世界,在康德的思想中,也可以看做是康德的"神的王国-天国"的一个"象征"或"投影"。在这个世界里,现实的、经验的东西,并不仅仅像在《纯粹理性批判》里那样,只是提供感觉经验的材料(sense data),而是"美"的,"合目的"的;只是"审美的王国"和"目的王国"还是在"人间",它们并不是"天国"。在这个意义上,我们具有(有限)理性的人,如果努力提高"鉴赏力-判断力",提高"品位-趣味",成了"高尚的人","脱离了低级趣味的人",那么就有能力在大自然和艺术品里发现"理性"和"感性"、"形式"和"内容"、"合目的性"和"合规律性"等等之间的"和谐"。也就是说,我们就有能力在经验的世界里,看出一个超越世界的美好图景。康德说,"美"是"善"的"象征","善"通向"神的王国",所以,我们也可以说,"美"和"合目的"的世界,乃是"神城-天国"的"投影"。按基督教的说法,这个世界原本也是"神""创造"出来的。

"神城-天国"在康德固然言之凿凿,不可动摇对它的信念,但是毕竟太遥远了些。康德说,人要不断地"修善",在那绵绵的"永恒"过程中,人们有望达到"天国"。所以康德的实践理性的"公设"有一条必不可少的就是"灵魂不朽"。康德之所以要设定这个"灵魂不朽",并不完全是迷信,而是他觉得"天国"路遥,如果灵魂没有"永恒绵延",则人就没有"理由"在今生就去"修善",所以这个"灵魂不朽"是"永远修善"所必须要"设定"的。于是,我们看到,在康德哲学中,已经含有了"时间"绵延的观念,只是他强调的是这个绵延的"永恒性",而对于"有限"的绵延,即人的"会死性"(mortal)则未曾像当代诸家那么着重地加以探讨;但是他抓住的这个问题,却开启了后来黑格尔哲学的思路,即把哲学不仅仅作为一些抽象的概念的演绎,而是一个时间的、历史的发展过程,强调"真理"是一个"全""过程",进一步将"时间"、"历史"、"发展"的观念引进哲学,形成了一个庞大的哲学体系。

黑格尔哲学体系可以说是"包罗万象",是百科全书式的,却不是驳杂的,可以说是"庞"而不"杂"。人们通常说,黑格尔发展了谢林的"绝对哲学",把在谢林那里"绝对"的直接性,发展为一个有矛盾、有斗争的"过程",而作为真理的全过程的"绝对"却正是在那"相对"的事物之中,"无限"就在"有限"之中。

"无限"在"有限"之中,"有限""开显"着"无限",这是黑格尔强调的一个非常重要的思想。这个思路,奠定了哲学"现象学"的基础,所以,马克思说,《精神现象学》是理解黑格尔哲学的钥匙。

"现象学"出来,"无限"、"绝对"、"完满"等等,就不再是抽象孤立的,因而也是"遥远"的"神城-天国",而就在"有限"、"相对"之中,并不是离开"相对"、"有限"还有一个"绝对"、"无限"在,于是,哲学就不再专门着重去追问"理性"之"绝对"、"无限",而是追问:在"相对"、"有限"的世界,"如何""体现-开显"其"不受限制-无限"、"自身完满-绝对"的"意义"来。"现象学"乃是"显现学"、"开显学"。从这个角度来说,黑格尔的哲学显然也不是"形式主义"的。

实际上黑格尔是在哲学的意义上扩大了康德的"知识论",但是改变了康德"知识论"的来源和基础。康德认为,"知识"有两个来源:一个是感觉经验,一个是理性的纯粹形式。这就是说,康德仍然承认近代英国经验主义者的前提:知识最初依靠着感官提供的材料,如"印象"之类的,只是康德增加了另一个来源,即理性的先天形式;黑格尔的"知识"则不依赖单纯的感觉材料,因为人的心灵在得到感觉时,并不是"白板一块",心灵-精神原本是"能动"的,而不仅仅是"被动"地接受。"精神"原本是自身能动的,不需要外在的感觉的刺激和推动。精神的能动性使它向外扩展,进入感觉的世界,以自身的力量"征服"感性世界,使之"体现"精神自身的"意义"。因而,黑格尔的"知识",乃是"精神"对体现在世界中的"意义"的把握,归根结蒂,也就是精神对自身的把握。所以在这个意义上,黑格尔的"科学-知识"(Wissenschaft),并不是一般的经验科学知识理论,而是"哲学",是"纯粹的知识",即"精神"在历史发展的进程中、在时间的进程中对精神自身的把握。

精神(Geist)是一个生命,是一种力量,它在时间中经过艰苦的历程,征服"异己",化为"自己",以此"充实"自己,从一个抽象的"力"发展成有实在内容的"一个""自己",就精神自己来说,此时它是"一"也是"全"。精神的历史,犹如海纳百川,百川归海为"一",而海因容纳百川而成其"大-全"。因此,"历经沧桑"之后的"大海",真可谓是"一个"包罗万象、完满无缺的"大-太一"。

由此我们看到,黑格尔的《精神现象学》作为"现象学-显现学",乃是精神——通过艰苦卓绝的劳动——"开显""自己""全部内容"的"全过程"。黑格尔说,这才是"真理-真之所以为真(Wahrheit)"——一个真实的过程,而不是"假(现)象"(Anschein)。

于是,我们看到,在康德那里被划为"不可知"的"本体-自身",经过黑格尔的改造,反倒成了哲学的真正的"知识对象",而这个"对象"不是"死"的"物",而是"活"的"事",乃是"精神"的"创业史",一切物理的"表象",都在这部"精神创业史"中被赋予了"意义"。精神通过自己的"劳作",把它们接纳到自己的家园中来,不仅仅是一些物质的"材料"-"质料",而是一些体现了"精神"特性(自由-无限)的"具体共相-理念",它们向人们——同样具有"精神"的"自由者-无限者(无论什么具体的事物都限制不住)"——"开显"自己的"意义"。

就我们现在的论题来说,可以注意到黑格尔的"绝对哲学"有两方面的重点。

一方面,我们看到,黑格尔的"自由-无限-绝对"都是体现在"必然-有限-相对"之中的,"必然-有限-相对"因其"缺乏"而会"变",当它们"变动"时,就体现了有一种"自由-无限-绝对"的东西在内,而不是说,另有一个叫"无限"的东西在那里。脱离了"有限"的"无限",黑格尔叫做"恶的无限",譬如"至大无外"、"至小无内",一个数的无限增加,等等,真正的"无限"就在"有限"之中。黑格尔的这个思想,保证了他的哲学不会陷于一种抽象的概念的旧框框,使他的精神永远保持着能动的创造性,也保持着精神的历程是一个有具体内容的、非形式的过程。在这个意义上,黑格尔的"绝对"并不是一个普遍的概念,而是具体的个性。这个"个性",在它开始"创世"时,还是很抽象的,而在它经过艰苦创业之后"回到自己的家园"时,它的"个性"就不再是抽象、空洞的了,而是有了充实的内容,成了"真""个性"了。

另一方面,相反的,那些康德花了很大精力论证的"经验科学",反倒是"抽象"的了,因为这里强调的只是知识的"普遍性",这种普遍性又是建立在"感觉的共同性"和理性的"先天性-形式性"基础之上的,因而它们是静止的,静观的,而缺少精神的创造性,也就缺少精神的具体个性,所以这些知识只能是"必然"的,而不是"自由"的。经验知识的共同性,在黑格尔看来,并不"纯粹",因为它不是"自由"的知识;而"自由"的"知识",在康德看来又是自相矛盾的,自由而又有内容,乃是"天国"的事,不是现实世界的事。而黑格尔认为,"自由"而又有内容,就在现实之中,这样,"自由"才是具体的,不是抽象的形式。这样,在黑格尔看来,把"形式"与"内容"割裂开来,反倒得不到"纯粹"的知识。

于是,我们看到,在黑格尔那里,"精神"的"个性",乃是"自由"的"个性",不是抽象的,也不是经验心理学所研究的"性格"——可以归到一定的"种""属"的类别概念之中。"个体"、"有限"而又具有"纯粹性",正是"哲学"所要追问的不同于经验科学的问题。

那么,为什么黑格尔哲学被批评为只讲"普遍性"、不讲"个体性"的,比经验科学还要抽象得多的学说?原来,黑格尔在《精神现象学》中许诺,他的精神在创业之后,又回到自己的"家园",这就是"哲学"。"哲学"是一个概念的逻辑系统,于是在《精神现象学》之后,尚有一整套的"逻辑学"作为他的"科学知识(Wissenschaften)体系"的栋梁。在这一部分里,黑格尔不再把"精神"作为一个历史的过程来处理,而是作为概念的推演来结构,构建一个概念的逻辑框架。尽管黑格尔把他的"思辨概念-总念"和"表象性"抽象概念作了严格的区别,但是把一个活生生的精神的时间、历史进程纳入到逻辑推演程序,不管如何努力使其"自圆其说",仍然留下了"抽象化"、"概念化"的痕迹,以待后人"解构"。

尽管如此,黑格尔哲学仍可以给我们以启示:黑格尔的"绝对精神"既是"先经验的-先天的",同样也是"后经验的-总念式的"。

"绝对精神"作为纯粹的"自由",起初只是"形式的"、没有内容的、空洞的、抽象的;当它"经历"了自己的过程——征服世界"之后",回到了"自身",这时,它已经是有内容、充实了的,而不是像当初那样是一个抽象概念了。但是,此时的"精神"仍然是"纯粹"的,或者说,这才是真正意义上的有了内容的"纯粹",不是一个空洞的"纯粹",因为,此时的经验内容被"统摄"在"精神-理念"之中。于是就"精神-理念"来说,并没有"另一个-在它之外"的"感觉经验世界"与其"对立-相对",所以,这时的"精神-理念"仍是"绝对"的,"精神-理念"仍是其"自身";不仅如此,此时的"精神-理念"已经不是一个"空"的"躯壳-形式",而是有血肉、有学识、有个性的活生生的"存在"。

这里我们尚可以注意一个问题:过去我们在讨论康德的"先验

性-先天性"时,常常区分"逻辑在先"和"时间在先",说康德的"先天条件"乃是"逻辑在先",而不是"时间在先",这当然是很好的一种理解;不过运思到了黑格尔,"时间"、"历史"的概念明确地进入了哲学,这种区分,在理解上也要作相应的调整。按黑格尔的意思,"逻辑在先-逻辑条件"只是解决"形式推理"问题,是不涉及内容的,这样的"纯粹"过于简单,也过于容易了些,还谈不上真正意义上的"纯粹";真正的"纯粹"并不排斥"时间",相反,它就在"时间"的"全过程"中,"真理"是一个"全"。这个"全-总体-总念"也是"超越","超越"了这个具体的"过程",有一个"飞跃","1"+"1"大于"2"。这就是"meta-physics"里"meta"的意思。在这个意思上,我们甚至可以说,真正的、有内容的"纯粹"是在"经验-经历"之"后",是"后-经验"。这里的"后",有"超越"、"高于"的意思,就像"后-现代"那样,指的是"超越"了"现代"(modern)进入一个"新"的"天地","新"的"境界",这里说的是"纯粹哲学"的"境界"。所以,按照黑格尔的意思,哲学犹如"老人格言",看来似乎是"老生常谈",甚至"陈词滥调",却包容了老人一生的经验体会,不只是空洞的几句话。

说到这里,我想已经把我为什么要支持"纯粹哲学"研究的理由和我对这个问题的基本想法说了出来。最后还有几句话涉及学术研究现状中的某些侧面,有一些感想,也跟"纯粹性"有关。

从理路上,我们已经说明了为什么"纯粹性"不但不排斥联系现实,而且还是在深层次上十分重视现实的;但是,在做学术研究、做哲学研究的实际工作中,有一些因素还是应该"排斥"的。

多年来,我有一个信念,就是哲学学术本身是有自己的吸引力的,因为它的问题本身就在一个更高的层面上涉及现实的深层问题,所以不是一种脱离实际的孤芳自赏或者闲情逸致;但它也需要"排斥"某些"急功近利"的想法和做法,譬如,把哲学学术当做仕途的敲门砖,"学而优则仕","仕"而未成就利用学术来"攻击",骂这骂那,愤世嫉俗,自标"清高",学术上不再精益求精;或者拥学术而"投入市场",炒作"学术新闻",标榜"创新"而诽谤读书,诸如此类,遂使哲学学术"驳杂"到自身难以存在。这些做法,以为除了鼻子底下、眼面前的,甚至肉体的欲求之外,别无"现实"、"感性"可言。如果不对这些有所"排斥",哲学学术则无以自存。

所幸尚有不少青年学者,有感于上述情况之危急,遂有"纯粹哲学"之论,有志于献身哲学学术事业,取得初步成果,并得到江苏人民出版社诸公的支持,得以"丛书"名义问世,嘱我写序,不敢怠慢,遂有上面这些议论,不当之处,尚望读者批评。

叶秀山
2001 年 12 月 23 日于北京

目　录

导论　独立于范畴表的判断表

　　康德在《纯粹理性批判》[①]中提出的"思维在判断中的功能表",通常也被简称作"判断表"。该表格由量、质、关系、模态四类标题,以及分别处于四类标题下的全称的、特称的、单称的、肯定的、否定的、无限的、定言的、假言的、选言的、或然的、实然的、必然的共 12 个环节构成。根据判断表中所列举的 12 个环节,康德推导出了范畴表中的 12 个(对)范畴。由于"范畴的先验演绎"部分是康德先验逻辑学的核心内容,因此,学者们对康德的范畴表给予了足够的重视。与此同时,考虑到判断表在康德发现范畴表时所起到的"导线"作用,学界对判断表的研究同样也不在少数。

第一节　学界研究状况综述

　　国内外学界对判断表的讨论主要集中于判断表中的具体构成要素

[①]《纯粹理性批判》采用普鲁士科学院版《康德全集》第 4 卷(1911)以及苏尔坎普版(Suhrkamp,1974),具体文本出处将统一使用页边码在文中夹注,中译文参照李秋零译本以及邓晓芒译本。如果下文需要在相近篇幅内反复提及《纯粹理性批判》这一名称,则首次出现之后的名称缩写为《纯批》。

（各标题、环节）、判断表的完备性以及判断表与范畴表的关系三个方面。相比国外学者的研究状况，国内学者对判断表的讨论主要围绕判断表与范畴表的关系问题展开，缺少对于判断表的专门性研究。然而，这种专门性研究对于理解康德的思想是极为必要的，国外康德研究者们多方位、多视角的学术讨论已经证明了这一点。对康德判断表问题的专门性研究，一方面有利于研究康德哲学中的相关问题，比如对判断表或范畴表的建构、范畴的先验演绎等进行更精确的学术讨论；另一方面，确立了判断表之于范畴表的独立性，则能够更清晰地还原康德以逻辑为基础逐步重建形而上学的过程。总之，康德的判断表在国外康德哲学研究中有着重要的地位，几乎每一本有关康德哲学的导论性质的作品都会提及"判断表"，在讨论康德的认识论、范畴学说、普遍逻辑等问题时也必然会提及"判断表"，①与此同时，判断表却也是《纯粹理性批判》中最具争议的部分之一。②

一、国外研究状况综述

　　总体而言，国外学者围绕判断表的争论主要集中在以下三个方面。

　　第一，有关判断表中的具体标题或环节的设置。部分学者对康德所做的设置持批评态度。一种批评观点认为，康德在判断表中对各判断形

---

① cf. Johann Erich Fries, *Ueber Kants vollstaendige Kategorientafel und das offene Kategoriensystem in Paul Natorps "Philosophische Systematik"*: *Untersuchungen zur Entwicklung der transzendentalen Methode*, Goettingen: Phil. F., Diss. v. 20. Sept. 1963, S. 46; Josef Simon, "Anschauung ueberhaupt" und "unsere Anschauung". Zum Beweisgang in Kants Deduktion der Naturkategorien, in: Gisela Mueller und Thomas M. Seebohm Hrsg., *Perspektiven transzendentaler Reflexion*, Bonn, 1989; Walter Broecker, *Kant ueber Metaphysik und Erfahrung*, Frankfurt: Klostermann, 1970, S. 44; Thomas Soeren Hoffmann, *Die absolute Form. Modalitaet, Individualitaet und das Prinzip der Philosophie nach Kant und Hegel*, Berlin / New York: de Gruyter, 1991, S. 44, 167, 237; Wilhelm Metz, *Kategoriendeduktion und produktive Einbildungskraft in der theoretischen Philosophie Kants und Fichtes*, Stuttgart-Bad Cannstatt: Fromman-Holzboog, 1991, S. 79, 87.
② 参见亨利·E. 阿利森《康德的先验观念论：一种解读与辩护》，丁三东、陈虎平译，北京：商务印书馆 2014 年版，第 175 页。

式的搜集具有经验性、随意性,他只是通过对 18 世纪逻辑学家们对判断的归类进行经验性总结的方式来获得自己的判断形式,并以此推导出他的范畴的。比如黑格尔就指出,康德是通过已经列举出的各种判断的形式获得思维的各种范畴的,而这些不同的判断的形式是在普通逻辑学中就已经根据经验所揭示出来的;①阿利森认为,由于康德获得各判断形式的方式,使得康德对亚里士多德搜集范畴的方式所给出的经验性、随意性等评价②同样适用于他自己;③裴顿认为,如果康德对判断的诸形式的搜寻方式具有经验性、随意性,那么这些形式的普遍必然性就难以得到保证,比如为什么要恰好分化为判断的 12 种形式,既不能多些也不能少些等问题就无法得到妥善解答;④此外,赫费、帕茨西(Patzig)具体指出康德判断表中仍然遗漏了一些必要的逻辑形式,比如同一命题、联言命题等。⑤另一种批评观点认为,康德在判断表中的某些标题或环节的设置不符合传统逻辑的规则,乃至于遗漏了某些必要的逻辑形式。比如兰克(Lenk)和帕茨西认为,康德无法提供出搜寻这些判断形式的“原则”,只是接受了他所处的 18 世纪的逻辑学家们对判断的分类的现成成果以构成他本人的判断表;为了与范畴表相对应,康德还在判断表中做出了一些不符合逻辑形式的改动,比如在量的标题下列举了单称判断,在质的标题下列举了无限判断,在关系标题下将定言的与假言的、选言的相

① 参见黑格尔《小逻辑》,贺麟译,北京:商务印书馆 2007 年版,第 121 页。
② 参见康德《纯粹理性批判》,A81/B107。本书中的《纯粹理性批判》相关文本出处将统一采用普鲁士科学院版 A、B 两版页边码进行标注,下文不再单独说明,中译文参照李秋零教授、邓晓芒教授等所译中译本。
③ 参见亨利・E. 阿利森《康德的先验观念论:一种解读与辩护》,第 175—176 页。
④ 参见 H. J. 裴顿《康德的经验形而上学——〈纯粹理性批判〉上半部注释》,韦卓民译,武汉:华中师范大学出版社 2009 年版,第 182—185 页。
⑤ 参见奥特弗里德・赫费《康德的〈纯粹理性批判〉——现代哲学的基石》,郭大为译,北京:人民出版社 2008 年版,第 121 页;Guenther Patzig, "Wie sind synthetische Urteile a priori moeglich?" In Josef Speck (hrsg.), *Grundprobleme der grossen Philosophen*, Philosophie der Neuzeit Ⅱ, Goettingen: Vandenhoeck & Ruprecht, 1976, S. 42 – 43。

并列等不同于传统逻辑观点的改动。① 赫费在列举某些同样满足判断表所需要的客观有效性，却没有被纳入判断表的各种判断时，提到了同一判断、数学等式等。② 当然，也有些学者持维护或理解态度，他们更强调我们应当从康德的文本出发去思考康德为什么会这样来设置判断表的各个标题和环节，应当去为康德的这种设置做进一步的解释工作而不是随意地给出批评或反驳。这些学者普遍认为，康德之所以在判断表的设置上与以往学者不同，是因为他们在划分立场上的差异，康德不仅考虑到传统逻辑的基础作用，同样也将认识角度纳入划分标准中。比如沃尔夫（M. Wolff）认为，康德的判断表并不是逻辑研究，而是语法或认识论的研究。③

第二，有关判断表中具体环节应当具有何种形式结构的讨论。多数学者认为，康德判断表中诸环节的形式结构秉承自传统逻辑的"S 是P"结构，④且正由于因循这种结构，判断表自产生之初就具有某些缺陷。一方面，康德的判断表无法处理关系判断。比如帕茨西就认为，从"现代形式逻辑"的观点来看，具备"相比每一个数都有一个更大的数"这种形式结构的关系判断是无法被放到表里的；⑤赫费认为，像"慕尼黑比斯图加特大"这样的单称关系判断很难与康德的列表相符。⑥另一方面，具有该结构的判断表无法达成形而上学演绎所需要的从判断的形式到诸范畴的推进。批评者们站在现代逻辑的立场上看待康德

---

① cf. Hans Lenk, *Kritik der logischen Konstanten-Philosophische Begruendungen der Urteils-formen vom Idealismus bis zur Gegenwart*, Berlin: Walter de Gruyter&Co., 1968, S. 21 – 34; Guenther Patzig, "Wie sind synthetische Urteile a priori moeglich?" S. 42 – 43.

② 参见奥特弗里德·赫费《康德的〈纯粹理性批判〉——现代哲学的基石》，第121页。

③ cf. Michael Wolff, *Die Vollständigkeit der kantischen Urteilstafel. Mit einem Essay über Freges "Begriffsschrift"*, Frankfurt am Main: Klostermann, 1995, S. 197.

④ 参见赫伯特·施耐德巴赫：《我们康德主义者——论当前的"批判道路"》，原载于《德国哲学杂志》（*DZPhil*）2005 年第 6 期，谢永康译，载《求是学刊》2011 年第 2 期，第 9 页。

⑤ cf. Guenther Patzig, "Wie sind synthetische Urteile a priori moeglich?" S. 42 – 43.

⑥ 参见奥特弗里德·赫费《康德的〈纯粹理性批判〉——现代哲学的基石》，第121页。

的判断表,认为康德的计划无论在传统亚里士多德逻辑的脉络中显得
多么合理,但根据现代真值函项和谓词逻辑来看,就只能是一个显然
无望的设想。① 但也有学者认为,康德判断表中各环节的形式结构并非
单纯的"S 是 P"结构,而是具有着现代谓词逻辑的某些基本特征。比如
施耐德巴赫认为,虽然康德也将判断的标准形式理解为"S 是 P"(SεP),
但依照康德在先验分析论中对判断的功能所做的解释,系词属于谓词的
一种不饱和的表达,并能够借助单个词项补充为一个判断,这种理解就
与弗雷格的函数理论极为相似。② 舒特思(Peter Schulthess)也认为,康
德在判断表中引入的功能概念与弗雷格-罗素式的函数概念有结构上的
相似,使得康德在该部分对判断结构的说明,相比传统逻辑更接近于现
代逻辑中的命题结构。③

第三,有关判断表完备性问题的讨论。康德曾声称,他所给出的判
断表是完备的④,但他并没有给出针对判断表完备性的直接论证。在这
种情况下,学者们围绕康德判断表完备性的讨论主要涉及两个问题:第
一个问题是,康德的判断表是否具有完备性? 一种观点认为,康德对判
断表中某些命题或者环节的设置存在种种问题,比如表格中某些环节像
单称判断、无限判断、模态标题等并不符合传统逻辑的形式规范等,因此

---

① cf. P. F. Strawson, *The Bounds of Sense—An Essay on Kant's Critique of Pure Reason*, London: Methuen &CO LTD, 1966, pp. 81 – 82;亨利·E. 阿利森《康德的先验观念论:一种解读与辩护》,第 176 页。

② 参见赫伯特·施耐德巴赫《我们康德主义者——论当前的"批判道路"》,第 9 页。

③ Funktion 中译为"功能、机能",也被译做"函数"。舒特思还指出,就 Funktion 概念而言,在康德之后的洛采(Lotze)也有与前者相似的用法,舒特思认为洛采的这种用法又进一步影响到了弗雷格。以上参见 Peter Schulthess, *Relation und Funktion — Eine systematische und entwicklungsgeschichtliche Untersuchung zur theoretischen Philosophie Kants*, Berlin: Walter de Gruyter&Co., 1981, S. 261, 268, 276, 283。

④ 参见康德《纯粹理性批判》,B94—95;康德:《未来形而上学导论(注释本)》,李秋零译注,北京:中国人民大学出版社 2013 年版,第 44 页,后文将《未来形而上学导论》简称为《导论》。

康德判断表并不具有完备性;①而多数学者持另一种观点,选择相信康德针对判断表所做的完备性的声称。持后一种观点的学者们需要面对第二个问题,即如何论证判断表的完备性? 总体而言,学者们所使用的论证方式有两种:一种方式认为,仅仅通过对康德文本的解释是无法证明判断表的完备性的,而需要通过将判断表中的各环节构造成某种形式系统而加以证明,比如莱希(Klaus Reich)、弗里斯(Fries)等学者所采用的论证方式就属于此类;②另一种认为,不需要额外构造出第一种方式所谓的那种证明,仅仅通过对康德文本内容的解读就可以证实判断表的完备性,比如布兰特(Brandt)、沃尔夫、约普纳(Hoeppner)等学者就采用了这种论证方式。③

二、国内研究状况综述

相比之下,国内学界对判断表的研究主要是围绕判断表与范畴表之间的关系问题展开的。对该问题的讨论主要有两种观点:一种观点是支

---

① cf. P. Hauck, "Die Entstehung der kantischen Urteilstafel", in: *Kant-Studien* 11 (1 – 3), 1906, S. 207 – 208; Hans Lenk, *Kritik der logischen Konstanten — Philosophische Begruendungen der Urteilsformen vom Idealismus bis zur Gegenwart*, S. 34 – 37; Guenther Patzig, "Wie sind synthetische Urteile a priori moeglich?"S. 41 – 43.

② cf. Klaus Reich, *Die Vollstaedigkeit der kantischen Urteilstafel*, Hamburg: Meiner Felix Verlag GmbH, 1986(1932), S. 12 – 19, 45 – 55, 87 – 90, in Klaus Reich, herausgegeben von Manfred Baum, *Gesammelte Schriften mit Einleitung und Annotationen aus dem Nachlass*, Hamburg: Felix Meiner Verlag, 2001[为便于引证,该文献将直接引用 1986(1932)年单行本书名以及单行本页码,下文不再具体说明]; Johann Erich Fries, *Ueber Kants vollstaendige Kategorientafel und das offene Kategoriensystem in Paul Natorps "Philosophische Systematik": Untersuchungen zur Entwicklung der transzendentalen Methode*, Goettingen: Phil. F., Diss. v. 20. Sept. 1963, S. 46.

③ cf. Reinhard Brandt, *Die Urteilstafel. Kritik der reinen Vernunft A 67 – 76; B92 – 101*, Hamburg: Felix Meiner Verlag (Reihe: Kant-Forschungen Bd. 4), 1991, S. 52 – 62, 84 – 88; Micheal Wolff, *Die Vollständigkeit der kantischen Urteilstafel. Mit einem Essay über Freges "Begriffsschrift"*, Frankfurt a. M.: Klostermann, 1995, S. 105 – 106, 141 – 149; Till Hoeppner, "Kants Begriff der Funktion und die Vollständigkeit der Urteils-und Kategorientafel", *Zeitschrift für Philosophische Forschung* 65 (2), 2011, S. 193 – 217.

持康德在文本中的表述,认为范畴表是从判断表中推导出来的,①另一种观点则认为从判断表推导出范畴表的说法只是康德在表述上的需要,实际上是范畴表影响到了判断表的形成。持第一种观点的学者中,有些学者仅仅是因循康德在文本中的表述,②但也有学者尝试从不同角度来论证范畴表是从判断表推导出来的,例如从判断表具有的认识特征,尤其是对功能概念的使用出发,建立起判断的功能与范畴之间的关联,从而说明从判断表推导出范畴表的可能性,③或者从判断表具有的传统逻辑学基础出发,认为康德需要以一门成熟学科即传统逻辑学作为他的先验逻辑也就是范畴表的基础。④ 持第二种观点的学者则认为,判断表的构建应该以范畴表为基础,主要依据的是康德文本中所体现的范畴为判断的功能奠基的观点。⑤ 围绕判断表与范畴表的关系的讨论,又进一步延伸出对判断表的先验特征⑥、普遍逻辑(形式逻辑)与先验逻辑的关系⑦等相关问题的讨论。

---

① 参见齐良骥《康德的知识学》,北京:商务印书馆 2011 年版,第 123—126 页;温纯如《认知、逻辑与价值——康德〈纯粹理性批判〉新探》,北京:中国社会科学出版社 2002 年版,第 176—187 页。

② 持这种观点的多数是有关康德哲学的导论性质的作品,参见梁瑞明编著《康德的知识论与形而上学〈纯粹理性批判〉导读》,香港:志莲净苑 2007 年版。

③ 参见许景行《康德"范畴的形而上学演绎"评介》,载《吉林大学社会科学学报》1988 年第 3 期,第 84—85 页;钱广华《康德的范畴理论》,载《安徽大学学报》(哲学社会科学版)2001 年第 3 期,第 2—3 页;陈晰《为判断表向范畴表的推导提供一种可能的解释》,硕士学位论文,北京大学哲学系,2009 年。

④ 参见王路《逻辑与哲学》,北京:人民出版社 2007 年版,第 59—63 页。

⑤ 参见邓晓芒《康德先验逻辑对形式逻辑的奠基》,载《江苏社会科学》2004 年第 6 期,第 2—3 页;钱捷《判断逻辑与德的范畴形而上学演绎》,载《哲学研究》2009 年第 7 期,第 63 页。钱捷对范畴形而上学演绎有如下表述:"这个演绎的实质,是断定范畴对于思维的逻辑机能的奠基性作用,从而根据这种机能的具体表现形式,即判断的类型,推断出范畴的种类。"在这段表述中,他同样认为范畴对于思维的逻辑功能是起着奠基作用的。

⑥ 参见杨祖陶、邓晓芒《康德〈纯粹理性批判〉指要》,北京:人民出版社 2001 年版,第 115—118 页;钱捷《判断逻辑与德的范畴形而上学演绎》,第 65 页。

⑦ 参见温纯如《认知、逻辑与价值——康德〈纯粹理性批判〉新探》,第 135—143 页;王路《逻辑与哲学》,第 73—80 页;齐良骥《康德的知识学》,第 113—116 页;邓晓芒《康德先验逻辑对形式逻辑的奠基》,第 2—4 页。

总体而言,相比国外学者的研究状况,国内学者对判断表的讨论往往局限于增进对范畴表的理解,对判断表自身的专门性研究,如表格中具体环节设置的合理性,环节本身的形式结构,表格的完备性等问题,则相对薄弱。然而,针对判断表的专门性研究显然是有必要的,尤其是国外学者围绕康德判断表的上述三个方面的争论仍没有得到妥善的解决。而本书将尝试为有关判断表各具体问题的讨论提供一种新的视角,这种新视角的基础来自我对康德早期逻辑学讲座、百科全书讲座以及"沉默时期"的手稿等文献的整理研究,从这些早期文献中可以了解到判断表不依赖于范畴表的独立形成过程,康德区别分析命题与综合命题对于判断表中各环节设置的直接影响,以及康德早期文献中出现的综合判断的"a-b-x"结构对于理解判断表中各环节的形式结构、判断表的完备性论证等问题的关键作用。

第二节 主要问题及研究思路

对判断表进行专门性研究的思想前提,是明确判断表在康德思想中的独立性,即判断表并不是作为范畴思想的"牵强"的附属物而存在,是有着自身独立的形成过程的。在明确其独立性之后,才能使判断表的研究价值得到更充分的展现,比如对判断表内部构成要素的合理性、判断表完备性论证等问题的重新审视,以及从判断表是"逻辑的"还是"形而上学的"这类问题,所引申出的康德对于逻辑与形而上学关系的理解。

一、被视为范畴表附属物的判断表

如前所述,国内外学者针对判断表有着各种讨论,然而问题在于,多数学者在讨论时都预设了这样的思想前提,即讨论判断表是为了更好地理解范畴表。而这个思想前提往往是出自这些学者们所默认的如下想法:判断表是依附于范畴表而存在的。的确,康德在《纯粹理性批判》中

并没有过多谈论他的判断表,看上去更像是为范畴表的提出所进行的
"暖场"。就表格自身的内容而言,康德对具体标题以及各环节的设置更
激起了有着逻辑学背景的学者们的不满,他们认为这个表格错漏百出,
不符合传统逻辑学的形式规范等。总而言之,判断表被理解成康德为了
印证范畴表而随意捏造出来的产物。然而,事实确实如此么?

也许会有人认为我所提出的质疑是没有意义的,他们会说,既然与
康德哲学中最为核心的先验逻辑部分直接相关的是范畴表而不是判断
表,那么脱离了范畴表所进行的对判断表自身的研究并不能为我们提供
更多有关康德哲学的正确认识。在给出我的质疑所依凭的根据之前,我
们可以首先假设一下,康德的判断表确实是独立于范畴表提出的,或者
说,判断表的构造是具有独立性的。在这种情况下,康德对判断表中那
些不符合传统逻辑学规范的标题、环节的设置同样也不应该会是随意
的,而确实是出自他对判断形式的独特理解。那么,以上述假设为基础,
我们就能确立康德思想中判断表与范畴表的各自独立关系,以及进一步
会涉及的判断表中的判断形式与范畴表中的知性概念间的关系。如此,
考虑到对于判断形式的讨论在康德及其之前的时代所具有的逻辑学含
义,以及知性概念在康德所要重构的"形而上学"中所发挥的作用,就不
得不让人由此联想到一个传统而极具价值的哲学议题:逻辑与形而上学
的关系问题。如果我能够证明上述假设的真实性,那么我们由此所发掘
出的将是康德思想中关于逻辑学与形而上学的关系的讨论。如此丰厚
的收获,显然足够驱使我坚持在前面提出的质疑,并尝试论证上述假设
的真实性。

二、论证判断表独立性的前提条件

接下来有必要对这项工作的可行性进行初步说明。但是,论证可行
性之前,首先要弄清楚的是,问题之所以产生是出于何种原因。前面曾
提到,多数学者对于判断表存在"偏见"的思想根源在于他们所默认的如

下想法:判断表是依附于范畴表而存在的。或者说,他们认为判断表原本就只是康德为推出范畴表而随意使用的幌子。我认为,这种看法之所以被多数学者坦然接受,可以归结为两方面原因。

第一个原因是,就目前的研究进展而言,学者们所能掌握的康德讨论判断表的文本材料尚不够丰富,也就是说,这些文本材料尚不足以证明康德判断表的独立性。目前对判断表进行研究所涉及的文本材料多局限于《纯粹理性批判》《未来形而上学导论》中与范畴表相关的部分,最多不过涉及康德晚年修订的《逻辑学讲义》中对判断的讨论。并且从内容来看,后者相比前两者并没有多大新意。仅从这些文本出发,是无法构建出判断表逐步形成的过程的。在没有足够文本支持判断表独立性的情况下,学者们所面临的现实情况是:康德对范畴表从最初的内容界定到范畴的先验演绎都花了足够多的篇幅进行论证说明,并且,不只在先验逻辑部分,在康德思想的其他部分,范畴表同样发挥着重要的作用。如此,相比范畴表,无论从文本材料的篇幅长短,还是这些文本材料所涉及思想内容的影响范围来看,判断表都处于绝对的劣势。因此,基于文本材料的现实状况,以及判断表与范畴表之间确实存在的同构关系,学者们自然会倾向于认为判断表是依附于范畴表而存在的。

第二个原因更为关键,即学者们无法就判断表中各标题、环节之所以如此构成的原因给出合理解释。相比判断表形成过程相关文本材料的缺失,判断表自身结构中所凸显的问题才是以往学者对判断表存在偏见的根本原因。从其构成部分来看,康德在《纯粹理性批判》中提出的判断表对于各标题、环节的设置存在着许多传统逻辑学者难以忍受的"错误",他们声称,判断表对某些具体判断形式的处理方式并不符合传统逻辑的做法。与此同时,由于判断表与范畴表之间存在的对应关系,使得多数学者会将判断表中那些"不符合传统逻辑规范"的处理归咎于范畴表,认为康德实际上是为了迎合范畴表而对判断表中的结构进行了如此安排。由此,这些学者认为,判断表并不能代表当时的逻辑学观点,而毋宁是一种有着鲜明的"先验特征"的认识结构,应当像范畴表一样归属于康德所尝试重构的形而上学部分。总之,由于以上两方面原因,导致学界对判断表形成了如下观念,即判断表自身并不具有独立性,是依附于范畴表而存在的。

明确了问题产生的主要原因,接下来我将有针对性地论证解决对策的可行性。针对文本材料不足这一情况,我认为,应当着重对康德1781年之前的文本材料加以考察。以往对判断表的研究文本仅局限于《纯粹理性批判》《未来形而上学导论》以及《逻辑学讲义》,而这些材料都是康德批判哲学思想成熟之后的作品,对判断表与范畴表各自的理解已基本成形,因此很难发掘出康德思想中判断表的独立形成过程。虽然从康德在1770年发表标志着其批判哲学开始形成的"就职论文",到1781年《纯粹理性批判》出版之间这段时间,他并没有发表任何作品,但就我所要论证的问题而言,仍然是有比较充足的文本材料的。比如,康德自入职起就长年教授逻辑学课程,因此可以从他早年的逻辑学课程讲稿着手,整理出1781年之前康德在逻辑学讲稿中关于传统逻辑的观点及其变迁。此外,康德于1770—1781年间在构思写作时所留下的手稿等文献,能够帮助我们确认在康德构思其先验哲学的过程中判断表究竟扮演了何种角色等。总之,对判断表独立性的论证是有足够的文本素材作为支撑的。

以这些文本材料为基础,如果我能够成功论证判断表的独立性,并尽可能还原判断表的形成过程,自然可以尽可能合理地对康德如此设置判断表中各标题、环节的理由做出解释。如果我所给出的解释确有充足的说服力,能够使人们相信判断表并非依附于范畴表,并且其结构设置也确实是康德在慎重考虑后的决定,那么自然可以反驳有些学者所声称的如下观点,即判断表中之所以存在某些不符合传统逻辑规则的判断形式是因为它是随意设置的,仅仅是为了对应于范畴表。如此,倘若我的解释确实有力反驳了判断表依附于范畴表这种观点,那么判断表是具有自身独立性的这种理解自然也是可以被学者们所接受的了。

三、判断表:逻辑的还是形而上学的

虽然论证判断表的独立性将是一项比较艰难的工作,但我已经从上述两个方面阐明了对该论题展开论证的可行性。需要注意的是,成功论证判断表的独立性并不是我研究判断表的最终目标,而只是对康德判断表问题进行研究的必要前提。人们需要清醒地认识到,一旦我们将判断表从范畴表的阴影中解脱出来,那么当它再次受到质疑时,也就不能像以往一样,将所有的过失都归结为是受到范畴表的影响,而是要正面回应由判断表的独立性所引发的一系列问题。这些问题都与康德批判哲学中的如下两部分内容相关:一是判断表的内部结构,二是判断表与范畴表的关系。其中,前者又可以展开为如下两个问题:一是有关表格局部,即判断表中各标题、环节在结构安排合理性上产生的争论,二是有关表格整体,即判断表作为各要素所构成的整体而言的完备性问题所产生的争论。所以,要面对的有如下三个主要问题。

第一,判断表中各标题、环节的结构安排是否合理?学者们在面对判断表时普遍存有以下这类质疑,认为康德在判断表中对某些环节的处理过于随意,不符合传统逻辑的形式规则,比如康德竟然将无限判断纳入质的标题之下,在关系标题下的定言的、假言的、选言的三个环节的设置也不符合传统逻辑的做法等。前面提到,"判断表依附于范畴表"这种观念产生的最根本原因,来自判断表中各标题、环节中凸显的问题,学者们无法合理解释这些标题、环节之所以如此构成的原因。然而,假如我能从早期文本材料中构造出判断表逐步形成的过程,成功论证判断表的独立性,那么参照判断表构成过程中各构成要素的变化状况,以及所能够推测出的变化原因,自然能够比较客观地解释判断表中各标题、环节之所以如此设置的原因。

第二,由各标题、环节所构成的判断表作为一个整体是否是完备的,以及由此引申出的问题,即如果判断表是完备的,如何证明?除了判断

表内部各要素的结构安排,判断表的完备性同样是学者们所格外关心的问题。如果判断表中各标题、环节的设置存在问题,也仅说明判断表不符合传统逻辑的规则,然而作为由各标题、环节所构成的判断表,如果无法证明其作为整体而言的完备性,就会影响到范畴表的完备性,而这种情况是康德的先验逻辑思想所不允许的。对该问题的论证,向来存在着两种思路:一种是试图严格依照形式逻辑的演绎规则,从判断表中的某个环节,逐步推导出判断表中其他的环节;另一种是试图从先验逻辑的先验统一性出发,依靠范畴表的完备性来保证判断表的完备性。然而,由于判断表在结构上就有不符合传统形式逻辑的内容,因此,依赖传统逻辑进行证明的第一种思路普遍被认为不可行。在第二种论证思路中,是借助范畴表与判断表的对应关系,通过范畴表的完备性来保证判断表的完备性。这种思路的确简单有效,但以这种方式也只是论证了作为整体的判断表应当具有完备性,并没有涉及判断表中具体的各标题、环节,这显然是与学者们所真正期望的令人信服的判断表的完备性证明存在一定差异的。因此,比较完善的解决方式,是提供一种一方面需要借助范畴表的完备性,同时又能够涉及判断表中每一个具体标题或环节的论证方式,这也是我借助康德早期文本,在随后工作中的努力方向。

第三,判断表与范畴表之间究竟是何种关系?学者们对该问题有着不同说法。由于范畴表被视为康德先验哲学的基础,因此,对判断表与范畴表的关系的讨论实际上是对判断表与先验逻辑的关系的讨论。而学者们之间之所以观点不同,也是由于他们对判断表的理解或定位存在明显差异。不承认判断表独立性的学者们,往往会认为判断表是依附于范畴表的,或者说,判断表中的某些标题或环节具有某种"先验性",因此无论要素设置还是完备性实际上都是由范畴表来保证的。而意识到判断表可能独立于范畴表的学者们,大多会认为判断表在对各标题、环节的设置上直接影响到了范畴表的结构设置,毕竟范畴表不可能是康德凭空杜撰的,需要以传统逻辑学对判断形式进行的分类为基础。以上两种不同观点中,第一种观点强调判断表所具有的来自范畴表影响的"先验性"特征,而第二种观点更强调判断表在建构上来源于传统的形式逻辑。正由于学者们对判断表所秉持的以上两种观点,使得对判断表与范畴表的关系的讨论往往被引申为对"形式逻辑"与"先验逻辑"的关系的讨论。尤其在两者之间谁是另一方的基础这种问题上,争论双方之所以都能给出比较合理的论证,是由于双方对该问题中有着关键作用的判断表的定位存在明显差异。

由此,产生争论的关键就是,判断表究竟属于形式逻辑还是属于先验逻辑?我借鉴了亚里士多德的表述,即康德的判断表究竟是"逻辑的"还是"形而上学的"?这里"逻辑的"指的是亚里士多德以来的传统逻辑,或者是康德所说的形式逻辑。与此同时,由于先验逻辑在康德重构形而上学计划中的核心作用,所以这里的"形而上学的"等同于"先验的"。这种表述的优势主要有三点:第一,便于明晰某些存在争议的概念或表述,比如用"逻辑"指亚里士多德以来的传统逻辑,也就是康德所说的形式逻辑,将先验逻辑成分表述为"形而上学的",避免了由"先验逻辑是否属于逻辑学"等争论所引起的语词上的混淆。第二,由于亚里士多德同时是"逻辑学"与"形而上学"两门学科的创始人,因此,我可以借助亚里士多德对两者关系的讨论方法,逐步构建起康德哲学中的"逻辑与形而上学"问题,并借助这种经典的关系结构,明确判断表所处的位置,以及在康德思想中所发挥的作用。第三,在随后的讨论中可以发现,确立判断表的独立性后可以将上述三个主要问题纳入"逻辑与形而上学"这一话题的讨论中,也就是说,对判断表的讨论可以在逻辑与形而上学的框架之下展开,在讨论结果的基础上又可以建构出逻辑与形而上学的关系问题在康德哲学中的面貌。

总之,回答康德的判断表究竟是"逻辑的"还是"形而上学的"这个问题,不仅是讨论判断表与范畴表的关系问题产生分歧的关键,也是涉及判断表内部结构问题的讨论中学者们在观点上产生分歧的关键。第一,判断表中各标题、环节等结构安排的合理性,涉及的是判断表中具有"先验性"特征的要素与传统逻辑的关系问题。虽然也有学者是从现代逻辑的角度对判断表中的构成要素表示不满,但更多的质疑是针对判断表中某些不符合传统逻辑形式规则的具体标题、环节等做出的,是站在亚里士多德以来的传统逻辑立场上对判断表中某些有"先验性"特征的构成要素的批判。第二,判断表的完备性问题,所讨论的是判断表得以建构的基础是来自传统逻辑,还是来自先验逻辑? 选择了前者的学者,或者尝试利用传统逻辑的演绎规则,以判断表的某个环节为起点尽可能地构建出囊括了所有环节的形式系统,或者在构建形式系统失败后否认判断表具有完备性。而选择了后者的学者,直接跳过判断表的标题、环节,凭借判断表与范畴表的对应关系,以后者具有"先验性"特征的完备性来确保前者的完备性。第三,关于判断表与范畴表的关系的讨论,原本就是以前两个问题的讨论结构为基础的。在前两个问题中,判断表中要素安排的合理性问题实际上讨论的是判断表与传统逻辑学的关系,而判断表的完备性问题实际上讨论的是判断表与先验逻辑的关系。通过上述两方面讨论,我能够比较准确地把握判断表在传统逻辑与先验逻辑之间所处的位置,以及所发挥的作用。以此为基础,就能客观准确地回答判断表与范畴表的关系、传统逻辑与先验逻辑的关系,以及康德思想中所蕴含的逻辑学与形而上学的关系问题。

第一章　判断表的形成过程

　　对康德的判断表展开讨论的必要前提是成功论证判断表的独立性，即证明判断表并非范畴表的附属物。这需要两方面的工作：首先，需要给出判断表独立于范畴表的形成过程；其次，需要给出有关判断表结构整体以及内部各要素构成动机的合理解释。虽然后一方面在论证中会占据更多的篇幅，比如涉及判断表与传统逻辑的关系，判断表的完备性问题等多个重要论题，但是，我在这些讨论中的种种观点都是以第一个方面的工作中的发现为基础的。考察文本的目的，就是构建出判断表在康德思想中逐渐形成的过程，以及形成的可能原因等。为此，首先要证实判断表在康德思想中确实是逐步形成的。

第一节　判断表的早期形态

　　康德在《纯粹理性批判》第一版中讨论"知性在判断中的逻辑功能"时谈到，"如果我们抽掉一个一般判断的所有内容，只关注其中的纯然知性形式"，"那么我们将发现，思维在判断中的功能可以归于四个标题之下,其中每一个又包含着三个环节"(A70/B95)①,他按照这种结构以表格的方式列举出知性在判断中的各种逻辑功能。此处以图表的方式展示如下:

表 1.1　《纯粹理性批判》:判断中的逻辑功能表(A70/B95)②

判断的量	全称的	特称的	单称的
判断的质	肯定的	否定的	无限的
判断的关系	定言的	假言的	选言的
判断的模态	或然的	实然的	必然的

随后,康德在第 10 节讨论"纯粹的知性概念或者范畴"时,给出了另一个具有相似结构的列举各种范畴的表格,此处以图表的方式展示如下:

表 1.2　《纯粹理性批判》:"范畴表"(A80/B106)

量的范畴	单一性	复多性	全体性
质的范畴	实在性	否定性	限定性
关系的范畴	依存性与自存性(实体与偶性)	因果性与隶属性(原因与结果)	共联性(行动者与承受者之间的交互作用)
模态的范畴	可能性—不可能性	存在—不存在	必然性—偶然性

从文本内容(A79/B105—A81/B106)可知,康德是借助于前一个表格推导出了后一个,并将后者称作"范畴表"。范畴表在康德随后的讨论中发挥了非常重要的作用。相比于范畴表,康德并没有为前一个表格命名,后世的学者们认为前一个表格与判断的分类相关,因此在讨论该表时对照"范畴表"的命名方式将前一个表格简称作"判断表"。

---

① 本书涉及《纯粹理性批判》中的文本出处,将主要以文中夹注方式标注 A、B 版页边码。
② 原文中的表格排列方式为菱形,此处采用正常排列,后文中的相似结构表格均采用该排列方式,不再进行单独说明。

一、1781 年之前的判断表

判断表在《纯粹理性批判》第一版中正式出现,并被用于推导出范畴表。此后,在康德的其他著作中,判断表一直以表 1.1 中展现的四个标题以及每个标题下三个环节共 12 个环节这种结构出现,其中的具体各标题以及各环节也没有出现任何变动。然而,判断表并非在产生之初就具有了表 1.1 中的结构。虽然该表格最早见于正式出版物是在 1781 年《纯粹理性批判》的第一版,但初步成形的判断表最早自 1777 年起就出现在康德的《百科全书讲座》《形而上学讲座》等讲稿中,此处将其中比较典型的一次列举以图表方式展示如下:

表 1.3 《百科全书讲座》:判断(Urteile)与思维标题(Titel des Denkens) ①

根据质	1. 判断	肯定的	否定的	
	2. 思维标题	实在性	否定性	
根据量	1. 判断	全称的	特称的	单称的
	2. 思维标题	单一性(omnitudo)	复多性(multitudo)	整体性(unitas)
根据关系	1. 判断	定言的	假言的	选言的
	2. 思维标题	实体与偶性	原因与结果	整体与部分
根据模态	1. 判断	或然的	实然的	必然的
	2. 思维标题	可能性	现实性(Wirklichkeit)	必然性

从表 1.3 可知,康德在《百科全书讲座》中对各种判断的列举已经具备了《纯粹理性批判》中判断表的主要特征,比如包含质、量、关系、模态

---

① Enzyklopaedievorlesungen (1777 - 1780),cf. Immanuel Kant,*Kant's gesammelte Schriften*,Herausgegeben von der Akademie der Wissenschaften der DDR,Band 29.1,1,Berlin:Walter de Gruyter&Co.,1980,S. 37. 后文统一将 *Kant's gesammelte Schriften* 缩写为 *KGS*,只注明卷次以及页码,各卷主要责任者、出版地、出版者、出版年等信息可对照文末参考文献部分。

四类划分标准,每类划分又被划分出三种逻辑功能,表格中的多数逻辑功能与《纯批》中判断表的各环节一致,最重要的是该表格与思维标题之间存在对应关系,在《百科全书讲座》中的这种对应关系也被康德解释为是逻辑功能与知性概念间的对应①,这种表述已经和《纯批》中的表述基本一致。然而,人们也可以注意到,表 1.3 与《纯批》第一版中的表 1.1 存在着几处明显不同。比如,表 1.3 中康德将标题"质"放在了"量"之前,除此之外,表格中根据质的划分无论是判断还是思维标题都还只是二分,缺少表 1.1 中的"无限的"环节等。② 此外,根据表 1.3 对判断的列举与《纯批》中判断表的差别可知,《百科全书讲座》中对思维标题的列举与范畴表的区别明显更大,比如在表 1.3 对思维标题的列举中,质标题下缺少"限定性",量标题下的三个环节仍是拉丁术语,关系标题下对应选言判断的是"整体与部分",模态标题并没有采用三对范畴的做法,对应实然判断的不是 Dasein-Nichtsein,因此范畴表的正式形成应该是要晚于判断表的。总之,早期的判断表不仅在《百科全书讲座》《形而上学讲座》等讲稿中与最终的表格存在差异,从《波利茨形而上学》中有关模态的部分看上去也没有像其余三个主要标题那样重要,更像是作为补充而被列举的。③

　　从康德在 1781 年之前的不同时间段尝试构建的结构各异的判断表可知,他在《纯粹理性批判》中提出最终的如表 1.1 的判断表之前,对该表格的具体结构安排也有多次比较大的改动。当然,在上述成形的各判断表中,我们也看到了与之相对应的范畴表的早期形态,也就是说,虽然

---

① 康德对判断、概念、功能之间的关系进行了说明,并指出"判断就是概念的功能",见 Immanuel Kant, *KGS*, Band 29.1,1, S. 37。

② cf. Immanuel Kant, *KGS*, Band 29.1,1, S. 35 – 38.

③ Metaphysik Poelitz A (1778 – 1780), cf. Giorgio Tonelli, "Die Voraussetzung der Kantischen Urteilstafel in der Logik des 18. Jahrhunderts", in: Friedrich Kaulbach und Joachim Ritter Hrsg, *Kritik und Metaphysik Studien: Heinz Heimsoeth zum achtzigsten Geburtstag*, Berlin: Walter de Gruyter & Co., 1966, S. 147.

判断表确有其形成过程,但毕竟早期的范畴表也是对应出现,判断表的独立性仍然会受到质疑。然而,对判断表思想形成过程的考察,虽然要涉及初步呈现为表格状的上述各判断表,但更为重要的在于康德在早期的其他文献中对判断形式等话题的讨论。在与后者有关的文献材料中,康德对判断表中具体各标题、各环节的理解上的变化只会更加明显,比如质标题与量标题先后顺序的改动,对无限判断的处理①,关系标题下三个环节的选择以及模态标题的加入等。此外,相比初步呈现为表格状的早期判断表,在有关判断形式话题的讨论中,我们更有可能寻找到康德对具体标题、环节在理解上产生变化的原因,而一般认为,与判断形式问题相关的早期文本材料主要集中体现于康德早期逻辑学讲稿,尤其是《布隆贝格逻辑学》以及《斐利比逻辑学》。②

二、"沉默时期"的《杜伊斯堡遗稿》

然而,有些学者认为,仅仅是这些文献仍然不足以论证判断表是独立于范畴表形成的。他们认为,在康德的沉默时期,他只在就职演说之后的两次逻辑学讲稿《布隆贝格逻辑学》以及《斐利比逻辑学》中有对判断形式划分的讨论。相比对判断形式的划分,康德在该时期对范畴等形而上学概念的讨论更加频繁。早期文献中康德提及判断形式时,也多是和范畴等形而上学概念同时讨论,比如《百科全书讲座》以及《波利茨形而上学》中判断表与范畴表同时出现的情况。他们由此推论,从现有材料出发,是有可能由康德对各形而上学概念的临时列举推进到范畴表的产生的,但仅仅由早期逻辑学讲稿中对判断分类的颇为偶然的表达,却无法推论出判断表的产生。因此,这些学者认为,康德对范畴的处理是

---

① 表1.3中无限判断以及限定性范畴的缺失,也表明康德当时并没有明确标题下各环节的"三分法",《纯粹理性批判》中出现的"三分法"的说法应当是受到基本成形的表格内容影响才产生的。

② Logik Blomberg (1771), Logik Philippi (1772. Mai), cf. Immanuel Kant, *KGS*, Band 24. 1.

一个渐进的过程,而判断表则几乎是通过当时康德提出的和范畴的平行结构而突然产生的,并以此推断康德的判断表是建立在范畴表的基础之上的。①

这种观点的核心论据有两个:一是认为,早期逻辑学讲稿《布隆贝格逻辑学》以及《斐利比逻辑学》中对判断种类的划分,仅是对传统逻辑学中判断种类划分的效仿,与《纯粹理性批判》中有着鲜明的先验性特征的最终版判断表之间差异明显,前者对于后者的形成显然无法构成明显影响;②二是认为,在上述两部逻辑学讲稿至《百科全书讲座》《形而上学讲座》等讲稿之间的这段时间,康德讨论更多的是与范畴密切相关的形而上学概念,那么直到在《百科全书讲座》《形而上学讲座》等讲稿中判断表与范畴表早期形态同时出现,康德早期逻辑学讲稿中对判断种类的划分到判断表的成形之间明显缺失了关键的环节。

如果仅从上述学者所掌握的文本材料来看,这两个论据的合理性是没有问题的。然而,随着我对康德沉默时期讲稿、手稿等材料的整理研究,尤其是在 1775 年左右的《杜伊斯堡遗稿》③中,我看到了康德在该时期手稿中留下的有关判断形式的深入讨论。在这部分讨论中,康德就判断形式构造出某种新的结构,并确立了判断形式与形而上学概念之间的平行关系等。由此,由于新的文本材料的出现,前述学者所提出的两个论据的合理性就变得相当可疑了。首先,既然早期逻辑学讲稿中对判断

---

① cf. Giorgio Tonelli, "Die Voraussetzung der Kantischen Urteilstafel in der Logik des 18. Jahrhunderts", S. 147 – 148.

② cf. Giorgio Tonelli, "Die Voraussetzung der Kantischen Urteilstafel in der Logik des 18. Jahrhunderts", S. 150.

③ 《杜伊斯堡遗稿》(Duisburgische Nachlass)是由康德在其"沉默时期"的部分手稿构成,大约写作于 1774—1775 年,该部分手稿后来作为散页(Losen Blaetter)被收入到普鲁士科学院版《康德全集》第 17 卷的"手写遗稿"部分,使用花体字记录。Theodor Haering 的《〈杜伊斯堡遗稿〉与康德 1775 年的批判主义》(1910)对该部分手稿进行了顺序编辑以及比较详尽的批注。该文献作为康德"沉默时期"比较少见的作品,对于研究康德先验哲学思想的形成过程有着重要的理论价值。后文如需在相近篇幅内需多次提及《杜伊斯堡遗稿》,则首次出现之后的名称缩写为《手稿》。

种类的划分与《纯粹理性批判》第一版中既成的判断表之间确实存在某种中间环节,那么或许可以从早期逻辑学讲稿中的某些思想变化寻找到康德构建判断表的最初动机。其次,《杜伊斯堡遗稿》中有关康德对判断结构的讨论,填补了早期逻辑学讲稿与《纯粹理性批判》第一版之间在思想上的断裂,从而能够完整地反映出康德从判断分类到判断结构到判断表的思想演进过程。最后,如果我能依据上述各文献推论出判断表产生的可能过程,那么该形成过程相比前面学者所提到的,由各形而上学概念的临时列举推进到范畴表的这种过程,无论在所涉及文献的时间跨度上,还是思想线索的文本可靠性上都更具说服力。如此,我将借助康德早期逻辑学讲稿、《杜伊斯堡遗稿》等文献,尝试构建判断表思想的逐步形成过程,以及该思想形成的主要动因等。

第二节　判断的形式与质料

在康德的诸多逻辑学讲稿中,时间上处于 1781 年之前,并且内容涉及对判断种类的划分的,目前来看只有《布隆贝格逻辑学》以及《斐利比逻辑学》。对判断分类的讨论,是康德同时代几乎每一个逻辑学者都会涉猎的课题。所以,康德在早期逻辑学讲稿中对判断的具体分类,难以避免会受到同时代学者们的影响。比如,除了量、质、关系、模态四类在判断表中被最终确定的分类之外,康德还给出了理论判断与实践判断、可证判断与不可证判断、简单判断与复合判断等不同分类方式。① 这些额外的对判断种类的划分与康德同时代其他学者的划分更为相似,在判断分类标准的制定上都还有着比较大的随意性。

但是,对康德早期逻辑学讲稿的考察仍然有其不可或缺的理论价值。首先,相比其他判断种类,康德在早期逻辑学讲稿中对量、质、关系、

---

① cf. Immanuel Kant,*KGS*,Band 24.1,S.278,463.

模态四类判断的讨论是相对集中的,最终成形的判断表中的具体各标题、环节等,大都来自他早期逻辑学讲稿中所整理的各判断种类。其次,康德在早期逻辑学讲稿中对判断进行分类之初,曾明确提出对判断的形式与质料的区分,该区分原则可以被视为是判断表思想形成的起点,除了提供判断表各标题、环节的思想来源之外,康德早期逻辑学讲稿对判断表的形成最为显著的影响就源于康德对判断的形式与质料的思考。最后,作为基本思想原则的判断的形式与质料的区分,虽然在早期逻辑学讲稿中康德对判断种类的划分过程中发挥了重要作用,但通过比较两次逻辑学讲稿中处理判断种类的差异之处,可以发觉康德在处理某些具体的判断形式时开始意识到区分判断的形式与质料所面临的一些问题。正是这些问题的出现,促使康德开始重新思考判断的形式结构问题。

本节主要分析康德早期逻辑学讲稿《布隆贝格逻辑学》和《斐利比逻辑学》中有关判断分类部分的文本。总体而言,康德在这两次逻辑学讲稿中对判断做出的分类更多是他对以往逻辑学者们工作的初步总结,虽然在对某些判断种类的处理上不足以称作原创,但仍能体现出康德自己的某些见解。该部分内容对于判断表的形成问题的理论价值主要体现在两方面。一方面,康德在两部逻辑学讲稿中对判断种类的讨论内容构成了建构判断表所需要的基本素材,比如判断表中具体的各标题、环节等;另一方面,对比前后两部逻辑学讲稿在判断分类上的差异,可以发觉康德开始重新思考判断的形式结构问题,而这种思想上的变化与判断表思想的形成紧密相关。

一、依照判断的形式的初步划分

康德在《布隆贝格逻辑学》中首先区分了判断的形式与质料。他认为,每一个判断都是由判断的质料与判断的形式两部分构成,主词与谓词这两个"被相互比较的概念"构成了判断的质料,判断的形式就是表述两个概念之间关系的系词"是",①康德在《斐利比逻辑学》中持同样的观点。这种对判断的理解也被表述为"S 是 P"(SiP),其中"S"与"P"分别代表作为判断的质料的主词与谓词两个概念,而"是"体现了判断的形式,也是联结两个概念的系词。康德在《布隆贝格逻辑学》与《斐利比逻辑学》中对判断进行分类时,都坚持了判断的形式和质料的区别,更强调判断的形式在他整理判断种类时的作用,经此整理后的诸判断种类为最终的判断表提供了充分的加工素材。

1. 判断的质

康德在《布隆贝格逻辑学》和《斐利比逻辑学》中坚持判断的形式和质料的区分,主要体现在对判断的质与判断的量这两种类别的划分中。在两部讲稿中,康德都是首先从判断的质开始划分的,他从判断的质进行的分类承接自判断的形式与质料的区分。从判断的形式与质料的区分可知,判断的基本结构"S 是 P"中的主词与谓词这两个概念是判断的质料,而系词"是"作为两个概念间的关系是判断的形式。康德认为,主词与谓词两个概念间的关系只有两种,即结合关系与矛盾关系,其中前者就是肯定判断,而后者是否定判断。康德强调,否定判断的否定是作用于系词也就是判断的形式的,比如句子"动物不是会死的",而如果这种否定不作用于系词而是作用于判断的质料,就会得出类似于"动物是不会死的"的肯定判断,这种系词没有被否定的判断被称作无限判断。②与康德1781年判断表中将肯定的、否定的、无限的三种判断的逻辑功能视为并列的不同,他在早期逻辑学讲稿中是将无限判断归属于肯定判断之下的,因此在随后的§310中,康德依照质将判断区分为肯定的与否定的。③

2. 判断的量

随后,康德依照判断的量对判断种类所做出的划分在前后两部逻辑

---

① cf. Immanuel Kant, *KGS*, Band 24.1, S.274.

② cf. Immanuel Kant, *KGS*, Band 24.1, S.274 – 275, 461.

③ cf. Immanuel Kant, *KGS*, Band 24.1, S.277, 465.

学讲稿中存在着不一致的情况,主要是对单称判断的处理出现了比较明显的变化。在《布隆贝格逻辑学》《斐利比逻辑学》比较靠前的章节中,康德依照量对判断做出的划分,尤其是对单称判断的处理,与《斐利比逻辑学》比较靠后的章节中的处理存在着明显差异。① 在《布隆贝格逻辑学》的§301、§310的讨论中,康德认为,依照判断的量,所有的判断只能被划分为全称的或者特称的,而单称的属于全称的。② 他在《斐利比逻辑学》相对靠前的章节中也重申了《布隆贝格逻辑学》中的这种观点③。结合上下文可知,康德依照量只区分出全称判断与特称判断这种做法所依照的标准是,主词的概念在谓词的外延中的包含或不包含是全部的还是部分的。我在前面对判断的质进行区分时曾提到,判断的"S是P"结构中系词"是"作为判断的形式,表示了两个概念间的关系。而主词与谓词两个概念间的关系只有两种,即结合关系与矛盾关系,前者是肯定判断,后者是否定判断。康德这里所说的主词的概念在谓词的外延中的包含或不包含,所表达的就是在肯定判断与否定判断两种情况下的系词的状态。主谓概念相互之间的"包含或不包含"所体现的全部还是部分这种量的差异,实际上是与作为判断形式的"系词"紧密相关的。在这种区分中,量的规定性是作用于系词上的。因此,这种划分标准的制定依旧是以康德对判断的形式与质料的区分作为基础的,而正是从这种标准出发,康德认为单称判断只能做出全部肯定或全部否定,进而认为单称判断属于全称判断或者与全称判断相同。④

3. 判断的模态

判断的模态在康德早期逻辑学讲稿中并没有像判断的质、量等一样

---

① 本小节仅对前一种情况进行说明,后一种情况将在下一小节具体论述,并就两种情况作对比说明。

② cf. Immanuel Kant,*KGS*,Band 24.1,S. 275 – 277.

③ cf. Immanuel Kant,*KGS*,Band 24.1,S. 462.对《斐利比逻辑学》中对量的区分的另一种观点随后单独进行说明。

④ cf. Immanuel Kant,*KGS*,Band 24.1,S. 275 – 277.

被着重讨论,康德只是附带地提到,所有的判断要么是或然的要么是实然的。而两者的差别在于,在或然判断中只能不确定地思考,不能认定主词与谓词两个概念间的关系,在实然判断中则可以认定两个概念间的关系。① 对康德而言,或然的与实然的相对应,就如同有关认识问题中"怀疑的"与"独断的"两种认识态度相对应一样。② 此外,康德在解释可说明判断时也提到了"模态"。他认为,可说明判断,首先根据 Qualis 可以确定是肯定的还是否定的,其次根据 Quanta 可以确定是全称的还是特称的,最后根据 Quae 可以确定是纯粹的还是模态的。模态判断就是,在其中谓词在某种特别的规定下被归于主词的那种判断,比如,"所有的人都是生来会死的",而没有这种规定的判断就是纯粹的判断。③ 在康德早期的两部逻辑学讲稿中,模态部分与最终判断表中各标题、环节之间的差异是最为明显的:首先,虽然提到了模态判断,但还没有将或然判断、实然判断与"模态"联系起来;其次,康德只是将判断区分为或然的与实然的,但缺少了必然的;再次,必然判断并没有出现在康德早期讲稿中讨论判断的章节,而是出现在《布隆贝格逻辑学》有关"认识的确定性"的 §178 中,他认为必然判断是先天判断,具有同样的必然确定性的认识是独断论的,比如数学等。④

总之,从康德早期逻辑学讲稿中对或然判断与实然判断的区分方式来看,他依旧是以"S 是 P"结构中主词与谓词之间的关系是否具有确定性作为划分标准的,或然判断是在其中只能不确定地思考,不能认定主词与谓词两个概念间关系的判断,实然判断则是在其中可以认定两个概念间关系的判断。⑤

---

① cf. Immanuel Kant, *KGS*, Band 24.1, S. 276, 464.

② cf. Immanuel Kant, *KGS*, Band 24.1, S. 212, 398 – 399.

③ cf. Immanuel Kant, *KGS*, Band 24.1, S. 277, 463.

④ cf. Immanuel Kant, *KGS*, Band 24.1, S. 206.

⑤ cf. Immanuel Kant, *KGS*, Band 24.1, S. 276, 464.

4．判断间的关系

康德认为，判断可以进一步被区分为正常判断与非正常判断，在前者中被比较的是一个概念与另一个概念，而在后者中被比较的是一个判断与另一个判断①，他也将考虑两个判断间相互关系的这些判断叫作关系判断。由于判断中的所有的关系要么是结合关系，要么是矛盾关系，因此两个判断间的关系与此相似，要么是结合关系，要么是矛盾关系。其中，表示两个判断间的结合关系的，就是假言判断；表示矛盾关系的，则是选言判断。② 可见，康德对判断的关系所进行的划分同样参照了定言判断的"S 是 P"结构。关于假言判断，康德在两个逻辑学讲稿中的说明是基本一致的，他认为在假言判断中总能找到原因与结果的关系，前者是后者的条件，表示为"如果……，那么……"前者被称作前件，后者被称作后件，二者间的关系被称作推论的。③ 关于选言判断，康德在《布隆贝格逻辑学》中将体现了判断间的矛盾关系的选言判断区分为两类④，要么是表现两个判断之间的关系，要么是表现多个判断之间的关系。康德认为，真正的选言判断是根本不会发生于多个判断的情况的，只能产生于两个判断之间，他认为只有在两个判断之间的彼此矛盾关系才是真正的纯粹的矛盾。当我们做出理性的判断时，选言判断应当是二分的，而那些非二分的选言判断则是产生于归纳，因为如果能将其中不同的情况进行充分的列举，只能通过对经验的归纳。⑤

可知，康德的这种看法，同他推导出假言与选言判断时就判断间的结构关系以"S 是 P"结构中主谓概念的关系作类比，有着直接关联。在定言判断的"S 是 P"中作为判断质料的主项和谓项只有两处位置，是无

---

① cf. Immanuel Kant，*KGS*，Band 24.1，S.464.

② cf. Immanuel Kant，*KGS*，Band 24.1，S.276.

③ cf. Immanuel Kant，*KGS*，Band 24.1，S.276 – 277，464.

④ 康德在《布隆贝格逻辑学》中对选言判断的这种解释与通常的理解存在差异，他在《斐利比逻辑学》中又对这种解释做出了修证，相关内容将在随后专门讨论。

⑤ cf. Immanuel Kant，*KGS*，Band 24.1，S.277.

法处理两个以上的概念间的关系的。此外,康德在《布隆贝格逻辑学》中虽然已经提出了"关系判断"的说法,并列举了相对重要的假言判断、选言判断,但与最终判断表相比,他在讨论判断的关系时并没有提到定言判断,而定言判断只是在《布隆贝格逻辑学》涉及推理的章节中作为与假言判断相反对的判断而被提到①。可知,在康德最初所理解的从判断的关系所进行的划分只是涉及不同判断之间的关系,并且这种关系依靠于与"S 是 P"的类比只呈现为肯定与否定两种情况,因此只包含假言判断与选言判断。

　　总之,相比《纯粹理性批判》所提供的最终版本判断表中已有的判断的质、量、模态、关系四种类别,在早期逻辑学讲稿中还存在着当时康德就判断问题所做的许多其他的分类。②但整体而言,康德在早期逻辑学讲稿中对判断的质、量、关系、模态四类的划分还是相对集中,并且是有规则可循的。从上述讨论情况可知,判断的形式与质料的划分在早期逻辑学讲稿的判断分类中是发挥着基础性作用的。康德所列举的判断形式,实际上是从"S 是 P"结构首先由对系词"是"的质的规定性区分出肯定判断与否定判断,对系词"是"的量的规定性进行区分得出全称判断与特称判断,从系词"是"在判断中的本身确定性区分出或然判断与实然判断,最后通过将"S 是 P"结构中的"S"与"P"替换为两个独立的判断,以"'S 是 P'是'S 是 P'"的形式结构,依靠系词的质的区别划分出了假言判断

---

① cf. Immanuel Kant,*KGS*,Band 24.1,S. 285.

② 前面我已经提到了可说明判断、正常判断与非正常判断等,它们的出现有助于理解质、量、模态、关系四种判断分类。此外,康德还区分了理论的判断与实践的判断、可证的判断与不可证的判断,并认为实践的不可证命题就叫作一个公设。他还比较简略地提到判断中的双重形式,即综合的与分析的形式,但并没有对此进行详细的展开论述。cf. Immanuel Kant,*KGS*,Band 24.1,S. 278 - 279,468。康德在《斐利比逻辑学》中区分了简单判断与复合判断,指出简单判断是在其中只将一个主词与一个谓词相比较的那种判断,而复合判断是在其中将两个谓词与一个主词相比较或者两个主词与一个谓词相比较的那种判断。值得注意的是,康德特意指出,后一种两个主词与一个谓词相比较的判断就是联言判断。cf. Immanuel Kant,*KGS*,Band 24.1,S. 463.

与选言判断。

二、康德在早期判断分类中的思想变化

有些学者认为,康德在早期逻辑学讲稿中对判断种类的划分,虽然和同时代其他逻辑学家的观点并不完全一致,但也谈不上特别原创,因此是无法为理解判断表的形成问题提供太大的帮助的。[①] 诚然,康德在早期逻辑学讲稿中对判断所做的分类偏重对以往学者观点的梳理汇总,但这并不是说,康德早期逻辑学讲稿中的内容对理解最终判断表的形成过程就没有帮助。问题在于,如果人们仅仅是静态地分别关注《布隆贝格逻辑学》或者《斐利比逻辑学》中对判断种类的划分结果的话,由于与康德同时代的学者们在对判断的分类上有着不同观点,使得康德对判断分类的任何一种理解几乎都可以在别的学者那里找到相似之处,如此自然无法体现出康德做出的分类有哪些特殊价值。但是,如果我们将关注点集中到两部逻辑学讲稿中在判断分类部分出现的前后差异,并对这种变化的可能原因进行推断,就有可能会帮助人们理解康德在构建判断表之初的思想变化,以及这些思想变化的原因。因此,在随后的内容中,我将考察康德两部早期逻辑学讲稿在判断分类部分出现的前后思想之间的差异,并尝试推测出这些变动的可能原因。

1. 两部讲稿中的分类差异

康德在《布隆贝格逻辑学》以及《斐利比逻辑学》中虽然也列举了其他的判断种类,但最着重讨论的部分仍是对判断的量、质、关系、模态的分类,这些分类的成果构成了建构判断表所需要的基本素材。其中,《布

[①] 持这类观点的学者比如托尼利就认为,对最终判断表而言,康德在《布隆贝格逻辑学》以及《斐利比逻辑学》中所提供的最重要的内容仅仅是实然判断与或然判断(以及区分之外的必然判断)。总体来看,就判断种类的划分情况而言,康德的观点虽然和当时其他逻辑学家的观点并不完全一致,但也谈不上特别原创。cf. Giorgio Tonelli, "Die Voraussetzung der Kantischen Urteilstafel in der Logik des 18. Jahrhunderts", S. 149 – 150.

隆贝格逻辑学》是 1771 年整理而成的,《斐利比逻辑学》的整理时间是
1772 年 5 月,两部讲稿的成文时间相差并不久。虽然两部讲稿对判断的
分类大致相同,但认真考察后仍旧可以发现,在对个别判断种类的处理
上,《斐利比逻辑学》中的做法相比《布隆贝格逻辑学》中的做法而言存在
比较明显的变化。为便于对比,我用表格的方式将两部逻辑学讲稿对判
断种类的划分进行如下展示①:

表 1.4　《布隆贝格逻辑学》(1771 年):判断种类的划分情况

1. 质	肯定判断(包括无限判断)	否定判断
2. 量	全称判断(包括单称判断)	特称判断
3.（模态）	或然判断	实然判断
4. 关系	假言判断	选言判断(二分的)
5. 其他		

表 1.5　《斐利比逻辑学》(1772 年 5 月):判断种类的划分情况

1. 质	肯定判断(包括无限判断)	否定判断	
2. 量	全称判断	特称判断	单称判断
3.（模态）	或然判断	实然判断	
4. 关系	定言判断	假言判断	选言判断(多分的)
5. 其他			

就说明了《布隆贝格逻辑学》判断种类划分情况的表 1.4 的内容而
言,有关判断的质,康德将无限判断归于肯定判断之下;有关判断的量,
康德将单称判断归于全称判断之下;有关判断的模态部分,虽然康德提

① 实际上,《斐利比逻辑学》中的观点也有前后不一致的地方,比如在部分章节中对判断种类的
处理与《布隆贝格逻辑学》一致,而在另一些章节中又与《布隆贝格逻辑学》存在差异。因此,
表 1.4 体现了《布隆贝格逻辑学》对判断种类的划分情况,表 1.5 则着重体现《斐利比逻辑学》
中不同于《布隆贝格逻辑学》的观点。但考虑到随后进行对比分析的表述便利,我将表 1.4
笼统表述为《布隆贝格逻辑学》中的观点,表 1.5 笼统表述为《斐利比逻辑学》中的观点。

到了或然判断、实然判断等,但尚没有使用术语"模态"称呼该标题;而涉及判断的关系时,选言判断被康德理解为是处理两个判断间的关系的,与最终判断表中的选言判断有着明显差异。就体现了《斐利比逻辑学》判断种类划分情况的表 1.5 的内容而言,有关判断的质,康德仍旧选择将不定判断归于肯定判断之下;有关判断的量,康德选择将单称判断与全称判断、特称判断并列;有关判断的模态部分,仍旧没有使用术语"模态",只有或然判断、实然判断;涉及判断的关系时,表 1.5 认为选言判断可以是处理多个判断之间关系的,定言判断也被加入进来与假言判断、选言判断并列。

对比表 1.4 与表 1.5 的具体内容:首先,康德在两部讲稿中的划分结果上差别并不明显的两个类别,是判断的质与判断的模态。两个表格在判断的质中都采用了肯定判断、否定判断的划分方式,将无限判断置于肯定判断之下,并且将判断的质放于判断的量之前进行讨论。康德在两个表格中都尚未使用术语"模态"来指称或然判断、实然判断。其次,两部讲稿中划分判断的量的差异主要在于对单称判断的处理,表 1.4 将单称判断归结于全称判断之下,而表 1.5 将单称判断与全称判断、特称判断并列。再次,判断的关系中出现的差异有两处。一方面,表 1.4 没有定言判断,而表 1.5 增加了定言判断,并与假言判断、选言判断相并列。另一方面,对选言判断的界定上出现了差异,表 1.4 将选言判断视为表现了两个判断之间的关系,表 1.5 则将选言判断视为表现了多个判断之间的关系。最后,从具体类别下所划分出的判断种类的数量来看,表 1.4 中判断的四项分类都是"二分"的方式,但是在表 1.5 中,则已经有两项开始出现"三分"的方式。

总之,通过对比表 1.4 与表 1.5 可知,两部逻辑学讲稿在对判断种类的处理上出现了明显变化,比如对单称判断、定言判断、选言判断的处理,以及从"二分法"逐渐向"三分法"的转变等。而这些差异实际上反映出康德在讲授两部讲稿期间,在判断种类划分问题上的思想变化,尤其是对判断的形式与质料这一区分标准的态度的逐步转变。这种思想变化,与判断表思想的形成有着密切关联。

2. 分类差异所蕴含的思想变化

从对前述两部讲稿中判断分类情况的对比可知,前后分类差异最明显的是判断的量中的单称判断、判断的关系中的定言判断与选言判断。而我想要阐明的是,这些判断分类上的变化并不是康德在教学过程中的随意之举,判断分类结果的变化恰恰反映了他当时的某种思想变化。这种思想上的变化,正说明了康德并不是简单因循其他学者对判断种类的划分结果,而是在改动其他学者的分类结果上有意识地逐步提出自己的分类观点。也许康德新提出的观点比如刚才提到的单称判断、定言判断、选言判断等,看上去与另一些学者的分类结果相似,但是,我所关注的并非仅仅是具体的分类观点,而是康德前后分类结果变化所反映的他的思想变化。

(1) 单称判断

康德在两部讲稿中对单称判断的处理有着比较明显的变动,这种变动不仅是单纯的分类结果上的变化,更体现了康德开始对判断形式与质料这种区分标准的反思,他在《斐利比逻辑学》稍后的章节中对单称判断的处理就确实地突破了他在以往判断分类中所坚持的这一标准。就单称判断而言,在《布隆贝格逻辑学》以及《斐利比逻辑学》相对靠前的章节中,康德认为,依照判断的量,所有的判断只能被划分为全称的或者特称的,而单称的属于全称的。但在《斐利比逻辑学》中稍靠后的章节§301中,康德却明确指出,一个判断要么是全称的,要么是特称的,要么是单称的。这里所体现的差别不仅仅在于划分的结果,更重要的是,康德在做出两次划分时所采用的标准产生了变化。根据康德本人的说法,他在《布隆贝格逻辑学》中所做的划分依照的标准是,主词的概念在谓词的外延中包含(或不包含)关系中的量的状况,这种包含(或不包含)是全部的就是全称判断,是部分的就是特称判断。与此同时,他在《斐利比逻辑学》的§301中所做的划分依照的标准是,主词的外延是全部还是部分被包含于谓词的概念。[①]对比上述两种划分标准,初看之下似乎并没有明显差异,因为遵照康德所说的这两种标准,都可以推出单称判断只能做出全部肯定或全部否定,这样的话,单称判断似乎理所当然地属于全称判断或者与全称判断相同。但是,如果我们仔细观察这两种表述,就可以发现其中是有着非常明显的差异的,而这种差异恰恰反映了康德在这一阶段所关注的重点从逻辑问题向认识问题的转变,或者说是向形而上学问题的一个重要转向。

康德在《布隆贝格逻辑学》中提出的判断的量的划分标准是,主词的概念在谓词的外延中包含(或不包含)关系中的量的状况,这种包含(或不包含)是全部的就是全称判断,是部分的就是特称判断。需要注意的是,虽然康德在这一表述中强调了"主词的概念"与"谓词的外延"两者,但真正与判断的"量"相关的,是两者之间的"包含(或不包含)关系"。结合亚里士多德逻辑学的内容可知,《布隆贝格逻辑学》所提供的标准中,量的规定性是作用于主谓词之间的包含关系,即系词的。当然,熟悉亚里士多德逻辑学的人会发现,康德此处提出的这种理解是与自亚里士多德以来的词项逻辑传统直接相关的。亚里士多德词项逻辑中的命题基本结构是"S 是 P",其中"S"指代主词,"P"指代谓词,而"是"作为系词表示主词与谓词之间的关系。结合康德提出的上述说法可知,所谓全称判断与特称判断所反映的量的差异,就在于对表示主词与谓词之间关系的系词的量的程度的规定。具体而言,就是说"所有的 S 是 P"与"有的 S 是 P"中,与"量"相关的量词比如"所有的""有的"所修饰的并非是主词"S",而是在说明系词"是"与"不是"所要体现的"S"与"P"之间的关系中所体现的量,即两者间的关系是全部的,还是部分的。这种对判断的量的理解,在康德那里就体现为,划分结果上取决于主词对谓词做出的肯定或

---

① cf. Immanuel Kant,*KGS*,Band 24.1,S. 275 – 277,462 – 463.

否定是全部的还是部分的。从这种标准出发,单称判断虽然主语是个体词,但主语与谓语之间的关系无论是肯定还是否定,在量上看都是全部的而不是部分的,因此,单称判断自然也被认为应该是属于全称判断的。可见,康德这种理解的基础是传统逻辑学的"S 是 P"的基本结构,这种结构对于理解各类判断的基础性作用在康德的判断分类中的体现,就是判断的形式与质料的区分。因此,康德的这种划分方式仍旧是以传统逻辑学观念为基础的。

与此同时,康德在《斐利比逻辑学》的§301中所因循的划分标准是,主词的外延是全部还是部分被包含于谓词的概念。这种表述看上去似乎与之前的提法没有明显差异,似乎判断的量都是与主谓词之间的包含关系相关的。但是,如果我们仔细观察会发现,在《布隆贝格逻辑学》中,康德认为主词的概念在谓词的外延中包含(或不包含)关系中的量,是全部的就是全称判断,是部分的就是特称判断,这种表述中与判断的量直接相关的是主谓词之间的系词。而在《斐利比逻辑学》的§301中,康德有关判断的量的表述变成了,主词的外延是全部还是部分被包含于谓词的概念。其中,与判断的量直接相关的成分从之前的"系词"变成了这里的"主词的外延"。可见,在后一种情况中,判断的量的规定性是取决于主词的外延的。

康德在两篇逻辑学讲稿中之所以就单称判断做出两种不同的处理结果,其原因就在于他所采纳的有关判断的量的划分标准的变动。在前后两次分类中,虽然康德都指出了单称判断的主词是个体,但前一种划分中判断的量取决于主词对谓词做出的肯定或否定是全部的还是部分的。在主词是个体的单称判断中,由于主谓间的关系是全部的而被归于全称判断。在后一种划分中,由于判断的量的衡量标准是与"主词的外延"直接相关的,因此,借用康德的表述,从主词的外延的角度出发,他认为全称判断的主词的外延是全部包含或不包含在谓词的概念中的,特称判断的主词的外延部分包含、部分不包含在谓词的概念中。除了这两种情况之外，单称判断的主词作为单称概念并没有外延，只是一个点（Punkt）[1]，因此从量上对判断的划分将得出三种并列的类别。以上两种划分的差异显然反映出康德对判断的形式的态度开始转变，这种转变的直接原因就是他对单称判断的重视。在"S 是 P"结构下，康德原本将系词所体现的主谓词之间的结合关系与矛盾关系（即肯定与否定，"是"或"不是"）看作判断的形式，将"主词"与"谓词"视为判断的质料。在《布隆贝格逻辑学》中，康德就坚持了这种观点，判断的量被看作是在判断的肯定或否定关系基础上的进一步划分，因而他在讨论判断的量时又将全称判断划分为全称肯定的与全称否定的，将特称判断划分为特称肯定的与特称否定的，以对应于 A、E、I、O。然而，传统逻辑学 A、E、I、O 四类判断中的主词与谓词都是类名或概念，单称判断的主词作为个体词并不是类名，它之所以可以被归在全称判断之下，也是考虑到在三段论推理中二者的相似等多方面原因。所以，在《斐利比逻辑学》的§301 中，由于单称判断的这种特殊情况，康德开始将他的关注点从主谓间的肯定或否定关系转向了"主词的外延"，并以此为标准重新审视判断的量的问题，并从"主词的外延"所具有的全部三种情况给出相应的分类。也就是说，全称判断是主词的外延全部地属于谓词，特称判断是主词的外延部分地属于谓词，由于单称判断的主词没有外延，因而也区别于全称的与特称的。

（2）定言判断与选言判断

在对判断的关系的分类中，能够比较明显地体现出康德前后思想变化的就是他对选言判断和定言判断的处理了。就选言判断来说，虽然康德在两部讲稿中划分判断的关系时都列举了选言判断，但他对这一概念的理解在两部讲稿中有着比较大的差异。康德在《布隆贝格逻辑学》中认为，体现判断间矛盾关系的选言判断要么是表现两个判断之间的关

---

[1] cf. Immanuel Kant, *KGS*, Band 24.1, S.463.

系，要么是表现多个判断之间的关系，但是，真正的选言判断是根本不会发生于多个判断之间的，只能产生于两个判断之间。① 康德这种对真正的选言判断的理解，显然和他在最终版判断表中对选言判断的理解有着显著差异，如果坚持真正的选言判断只能产生于两个判断之间，就无法推导出相对应的整体与部分等知性概念，以及范畴表中的交互性范畴等。在《斐利比逻辑学》中，康德虽然仍坚持认为，在选言判断中涉及两个判断的情况才是纯粹的对立，但在对待涉及多个判断的情况时，他的态度相比《布隆贝格逻辑学》产生了明显的变化。他认为，由于纯粹的对立只是与两个判断的情况相关，那么当出现多个判断的情况时，多个判断可以被减少到两个，减少到两个纯粹的对立面从而符合于真的选言判断的标准，在这种情况下，各判断中相对立的两方中的一方是由其他的那些判断共处于对立面之下而构成的。② 显然，康德实际上承认了真正的选言判断是可以讨论多个判断之间的关系的，至此，他对选言判断的理解已经与最终成形的判断表中的理解基本一致。

就定言判断来说，康德在《布隆贝格逻辑学》中对判断的关系进行分类时，只选择了假言判断和选言判断两者，并没有将定言判断纳入其中。考察《布隆贝格逻辑学》中相关文本可知，定言判断只是在康德讨论推理时，作为与假言判断相反对的判断而被提到。相比之下，康德在《斐利比逻辑学》中则开始将定言判断与假言判断、选言判断联系起来看待。康德也给出了他如此思考的理由：他首先区分了正常判断与非正常判断，其中，在非正常判断中被拿来比较的是一个判断与另一个判断，由此，可以进一步区分为假言判断、选言判断，而在正常判断中被比较的是一个概念与另一个概念，实际上指具有最基本的"S 是 P"结构的定言判断。③

总之，相比《布隆贝格逻辑学》，康德在《斐利比逻辑学》中对于判断

---

① cf. Immanuel Kant, *KGS*, Band 24.1, S. 277.

② cf. Immanuel Kant, *KGS*, Band 24.1, S. 464.

③ cf. Immanuel Kant, *KGS*, Band 24.1, S. 464.

关系的分类中存在如下改动:将定言判断解释为体现了概念间的关系,将假言判断、选言判断解释为体现了判断间的关系,并将选言判断中涉及多个判断的情况也处理为真的选言判断。从以上改动可知,康德在《斐利比逻辑学》中对于判断的关系的划分已经基本符合最终的判断表。然而,康德将选言判断处理多个判断的情况看作是真的选言判断,这种理解显然是不符合他在《布隆贝格逻辑学》中的说法的,他之前曾指出,当我们做出理性的判断时,选言判断应当是二分的,而那些非二分的选言判断则是产生于归纳,因为如果能将其中不同的情况进行充分的列举,只能通过对经验的归纳[1]。可见,即便康德认为可以将涉及多个判断的选言判断的情况处理为只涉及二分的情况,但实际上前者依旧无法回避他之前所提出的这种质疑,因此,康德的这种处理方式毋宁说是通过改动他之前的划分标准而得以完成的,具体说,就是在实际上承认了对经验的归纳方式在判断分类中的客观存在。

(3)感性对象:逻辑与形而上学的分界

康德对这些判断分类处理上的变化,反映了他思想中某些更为深刻的变动。康德所要反对的,是以往讨论判断问题时只关注判断的形式这种做法,这种反对态度的集中体现,是他在判断分类时在判断的量视角下,将单称判断与全称的、特称的并列。通过这种方式,康德在判断分类标准中不仅以判断的形式作为标准,也将感性对象这种状况纳入判断分类的考量标准中。接下来,我将对这一观点展开论证。

康德在《布隆贝格逻辑学》中对包括单称的、选言的等各种判断类型进行分类依照的是判断的形式,即主谓词之间的关系。在前文的单称判断部分,我曾着重分析了传统逻辑的"S 是 P"判断结构在判断形式这一标准中所发挥的基础性作用。如前所述,康德当时是依照传统逻辑的观点,将判断中的主词、谓词视为判断的质料,认为主词、谓词应当是概念

---

[1] cf. Immanuel Kant,*KGS*,Band 24.1,S. 277.

词而不是个体词。而在《斐利比逻辑学》§301 中，康德依照判断的量进行分类时，关注的是主词外延所具有的量的规定性，这种做法实际上是将康德原本并不重视的判断的质料作为与判断的量相关的考察对象。并且，在关注主词外延的量的状况时，康德曾声称，单称判断的主词作为单称概念并没有外延，只是一个点(Punkt)，而这种外延作为"点"的特殊情况是与全称判断、特称判断中外延的两种情况相并列的。

当然，康德在§301 中并没有明确说明，"单称概念"或者外延上的"一个点"就是指"感性对象"，但从他两部逻辑学讲稿的其他文本部分中，我们是可以把握到他的这种想法的。比如，在《布隆贝格逻辑学》的§319 中，康德曾用不少的篇幅讨论直观判断与推论判断的区别，这种区别也涉及他对全称判断与单称判断的理解。康德认为，直观的判断如果是直接被认识的话，那么实际上就是单称判断，而推论的判断则是一个封闭的判断，以往全称判断就被叫作是推论的，单称判断被叫作是直观的，他将后者也称作直观或者经验判断。[①] 类似的说法也出现在《斐利比逻辑学》的§319 中，康德将直观的判断与推论的判断的划分追溯到洛克，并指出前者是被直接认识的单称判断，后者是通过推论的方式从其他判断中被推出的。[②] 综上，康德在两部逻辑学讲稿中对直观的判断与推论的判断的划分是基本一致的，前者被视为与单称判断相关，后者被视为与全称判断相关。康德认为，单称判断实际上与直观判断相似，都是直接被认识的。而所谓"直接被认识"实际上指的就是，单称判断的主词是"感性对象"。

由直观的与推论的两种判断的划分，结合康德在两部逻辑学讲稿中对判断的量的不同分类可知，康德在有关量的判断分类中确实将主词是感性对象这种特殊状况纳入了判断分类的考量中。康德在《斐利比逻辑

---

① cf. Immanuel Kant，*KGS*，Band 24.1，S. 279 – 280.

② cf. Immanuel Kant，*KGS*，Band 24.1，S. 467 – 468.

学》的§301中依照判断的量进行分类时，关注的就是主词外延所具有的量的规定性，这种做法实际上是将康德原本并不重视的判断的质料作为与判断的量相关的考察对象。由于以判断的主、谓词的外延作为标准，康德将感性对象的外延看作是一个"点"，并以此将主词代表着感性对象的单称判断看作是与全称的、特称的判断相并列的第三种情况。这种做法虽然仍旧是建立在对判断的形式与质料所做区分的基础上的，但突破了他以往以判断的形式作为衡量标准的做法。而感性对象作为判断质料的一种特殊形式，说明康德在判断分类的标准中开始重视感性对象，也就意味着在判断分类中判断形式原本所发挥的基础性作用被削弱。

　　通过单称判断，康德将感性对象引入判断分类的考察标准中，但是，感性对象为康德的判断分类所带来的改变似乎不仅限于判断的量，在判断的关系中，康德加入了定言判断，使之与假言的、选言的并列，这就使得判断的关系所讨论的不仅局限于"逻辑真"，或者说是推理的有效性，同样也关注与感性认识对象相关的"事实真"。随后，康德对选言判断的理解发生了改变，实际上在判断分类问题上承认了归纳法，而归纳法原本所处理的就是诸多的感性对象。可见，康德通过单称判断将感性对象纳入判断分类的范围，不仅影响到了判断的量，对与真相关的判断的关系问题也存在影响。至此，康德在考察判断分类时对感性对象的额外关注，可以被视为康德判断表思想得以形成的发端。

　　判断表思想的这种发端，同样也预示了康德在判断问题上开始从逻辑向形而上学转变。在刚才的讨论中，我将康德在对判断分类时对单称判断尤其是感性对象的重视，视为其判断表思想形成的发端。而对于涉及感性对象的单称判断，或者说经验判断，康德本人就曾阐明过其所具有的形而上学特征。他在《布隆贝格逻辑学》中曾指出，直观的与推论的两种判断间的区别也体现了形而上学与逻辑的区别，一个判断是否是经验判断应当属于被形而上学考察的对象，而逻辑并不考虑形而上学所关心的判断是如何被给定的问题，只考虑判断中概念之间的比较。^① 如此,依照康德的说法,《布隆贝格逻辑学》从判断的量仅区分出全称判断与特称判断的做法实际上是属于逻辑学视角的考察,而在《斐利比逻辑学》中将判断的量区分为单称判断、全称判断、特称判断这种做法,实际上已经属于从形而上学的角度所进行的考察,并且这种考察显然是与认识相关的。两者的区别集中体现在单称判断中感性对象这一角色的出现,如果因循《布隆贝格逻辑学》中将单称判断视为与全称判断等同的做法,康德就无法通过单称判断获得直观经验,只能是判断中概念之间的比较。当康德开始考虑认识问题时,涉及直接认识的单称判断对于康德而言是必不可少的,因此,他在《斐利比逻辑学》中选择将单称判断从全称判断中独立出来,也是为将感性对象或者说直观经验引入判断结构,或者说引入传统逻辑提供一个契机。如此,虽然康德宣称传统逻辑只考虑判断中概念之间的比较,但通过康德的这种改造,以传统逻辑为基础研究认识问题就是可能的,就可以考虑形而上学所关心的,也是康德本人所关心的"判断是如何给定的"这种认识问题了。

康德的这种做法为他思考判断问题所带来的影响可以从两个方面进行说明。一方面,康德选择以逻辑为基础来讨论形而上学或者说认识问题。虽然康德在判断分类中对传统逻辑的某些内容表示了不满,因此引入了感性对象与归纳等新的要素,但不可否认的是,他所做的这些改动仍旧是以判断的"S 是 P"结构,以及判断的形式与质料的区分作为基础的。只是相比传统逻辑对判断形式的关注,康德同样关注判断的质料,也就是感性对象。这种做法使得康德的形而上学在很多场合中仍旧呈现出对传统逻辑的依赖。随着康德逐步关注单称判断中的"单称概念",或者说是感性对象,他显然开始摆脱之前传统逻辑对判断的某些理解。这种情况下,就体现出康德在其判断表思想构建之初与传统逻辑之间关系的微妙之处,具体而言就是,随着康德所关注的重点从逻辑问题

---

① cf. Immanuel Kant, *KGS*, Band 24. 1, S. 279 - 280.

逐步转向认识问题，他开始对传统逻辑只强调判断形式表示出不满，但又无法完全摆脱传统逻辑的"S 是 P"的判断结构，因为他仍需要借用传统逻辑所提供的"S 是 P"的判断结构等工具来建构或表达自己的新观点。另一方面，以逻辑为基础研究形而上学问题，这种方式固然有其优势，但同样也面临着一系列的问题。康德也曾提到直观的判断与推论的判断之间存在的差别，这种差别也就涉及逻辑与形而上学或者说认识问题的差别。既然存在这种差别，那么传统逻辑所秉持的判断的"S 是 P"结构，其中"S""P"所讨论的也局限于各概念。康德将单称判断从全称判断中独立出来，固然可以将与认识相关的感性对象以单称词的形式引入判断中，但是，单称词的特性与传统逻辑的"S 是 P"结构之间存在的根本性差异当然会使这两者的结合出现种种问题。比如，如果坚持用逻辑的"S 是 P"判断结构为基础讨论形而上学问题，那么就难免要区分判断的形式与质料，并且从判断的形式，或者说是表达前后概念词之间关系的系词"是"的角度来考察判断的量，然而，当康德将单称判断与全称判断、特称判断相并列时，他对判断的量的划分标准显然是从之前的对系词的量的规定性的考察，转变为对原本作为判断的质料的主词的外延的量的规定性的考察。可见，虽然康德尝试将感性对象引入传统逻辑并以此为基础讨论形而上学问题，但这种引入工作实际上反而从结果上突破了传统逻辑的固有框架，这种破坏性作用尤其体现在传统逻辑的"S 是 P"判断结构，以及该结构所坚持的形式与质料的区分上。

至此，在对康德两部早期逻辑学讲稿中判断分类的具体情况进行分析比较的基础上，我说明了随着康德对感性对象的关注，他在判断分类问题上所产生的从逻辑向形而上学的立场转变。康德以形而上学立场所做的最为典型的判断分类其实就是他的判断表，因此，针对本章最初有些学者所提出的种种质疑，人们可以确认康德早期逻辑学讲稿中有关判断分类等内容对于理解其判断表的形成与结构的重要价值。康德不仅仅从中获得了像单称判断、全称判断等构建判断表的具体要素，更为重要的是，随着他在思考判断形式问题时的立场变化，进一步引导出其在传统逻辑判断的"S 是 P"结构基础上对包含感性对象的判断结构的思考。正是在两部早期逻辑学讲稿中这些思想的基础之上，康德开始重新思考判断的形式结构问题，尝试构造出能够将感性对象包含在内的判断的形式结构。这些思考在随后的《杜伊斯堡遗稿》中有着比较充分的体现，最为重要的是，康德在其中提出了对分析判断与综合判断的区分，着重分析了综合判断的形式结构，并初步提出了判断表的主要框架。

第三节　综合判断的形式结构

就像我尝试证明的，康德的判断表思想应当是一个渐进形成的过程。在早期的两部逻辑学讲稿中，康德讨论了判断的分类问题，当时他所列举的分类情况为最终成形的判断表提供了基本素材，但似乎也仅此而已，毕竟，康德判断表思想的形成还需要某种理论动机，以及处于该动机下所做的初步规划。只有在这些要素的共同作用下，康德才能对其早期所做的判断分类进行有目的、有原则的改动，并逐步形成我们最终所看到的判断表。在以往的研究中，由于对判断表所具有理论价值的忽视，尤其是从康德早期逻辑学讲稿到《纯粹理性批判》出版之间这段时间恰好处于康德的"沉默时期"，从而缺少足够的文献支持，所以学界并没能对判断表产生的理论动机以及初步的构建原则等问题进行比较详尽的研究。然而，随着我对康德"沉默时期"讲稿、手稿等文献材料的整理研究，在 1775 年左右的《杜伊斯堡遗稿》中，我发现了康德在该时期手稿中对于判断形式以及形而上学概念等内容的比较详尽的讨论。在这部分讨论中，康德就综合判断这种情况构造出某些新的判断形式结构，并确立了判断形式与形而上学概念之间的平行关系。

一、分析命题与综合命题

如果判断表的建构过程确实是相对独立的，那么康德构建判断表的动机,应当是为了由此推导出他的范畴表。从历史角度看,这种观点也是有其合理性的。康德在 1772 年 2 月写给赫茨的信中谈到自己标题为《理性与感性的界限》的写作计划时曾表示,为了规定出形而上学的本性和界限,他计划将完全纯粹理性的所有概念归结为一定数量的范畴。虽然康德在信中没有具体说明如何寻找这些范畴,但当时他自信满满地宣称自己已经能够写出一部《纯粹理性批判》,并且大约可以在三个月内出版。① 然而实际情况是,直到 1781 年康德才出版了《纯粹理性批判》的第一版,而最终的范畴表以及判断表也是在此时才得以最终成形。结合前文《百科全书讲座》(1777—1780)的表 1.3 中的内容可知,康德对范畴表的构思是一个渐步完善的过程。与最终的范畴表相比,表 1.3 中的质、量两个标题顺序就是相反的,并且在质标题下也只有肯定、否定两项等。考虑到《百科全书讲座》的记录时间,康德在 1772 年就曾宣称能够归结出"一定数量的范畴",但直到 1777—1780 年为止,他所列举的范畴仍旧与《纯粹理性批判》中的范畴表存在明显差别,尚需要进一步的改动。

既然范畴表思想的确是渐变形成的,就肯定存在这些范畴之所以如此变动的依据。笔者认为,在 1772 至 1781 年间,康德对范畴列举的改动过程,主要是基于对判断形式的思考而得以逐步完成的。② 与此同时,虽然康德对判断形式的思考在《纯粹理性批判》中以判断表的方式被呈现出来,但这种思考同样有一个渐进的形成过程:是以寻求"一定数量的范畴"这一动机为方向,在传统逻辑的判断形式思想基础上逐步进行的变动。在康德原本的写作计划《理性与感性的界限》中,他所寻求的这些范畴是与认识中的感性对象相关的,这就使得他对判断形式的思考必然受到这一动机的影响,与传统逻辑在判断形式问题上不重视判断质料,也就是所谓感性对象的观念产生分歧。而这种分歧的直接表现,或者说

---

① 参见《康德书信百封》,李秋零编译,上海:上海人民出版社 2006 年版,第 35 页。
② 我的这一观点将在本节随后的具体讨论中得到证明,此处优先说明判断表构建的最初动机,以及这种动因对于康德讨论判断形式问题的最初影响。

康德对判断形式问题的原创性思考的真正开端,就是他对分析命题与综合命题的区分。

其实,康德在早期逻辑学讲稿中就曾提到判断中的两种情况,即综合的与分析的,但他并没有对此进行详细论述。[①] 就目前的材料来看,康德最早应该是在《杜伊斯堡遗稿》中才开始强调分析判断与综合判断的差别的,并且这种区分与《纯粹理性批判》中的区分还是有着比较明显的差异的。相比后者,前者对这两种判断差别的说明是通过康德提出的新的判断结构而推导出的。众所周知,康德在早期逻辑学讲稿中沿用了传统逻辑"S 是 P"的判断结构,但随着他更加关注认识问题,尤其是认识中的感性对象,传统逻辑以判断的形式与质料的区分为基础的"S 是 P"这种只适用于判断中属于分析情况的判断结构,显然无法再满足康德在认识论背景下对包含有综合情况的判断结构的需求。因此,康德需要考察一种能够将感性对象包含在其中的判断结构,这种结构实际上指的就是他所提出的相对于分析判断的综合判断,因此,对综合判断与分析判断的区分也就顺理成章了。

此外,以康德区分综合判断与分析判断为基础,他对综合判断结构的形式化所进行的思考,在他构建先验哲学体系时同样发挥着极为关键的作用。康德对综合判断的结构形式化方面的思考结果,表现为《纯粹理性批判》中最终成形的判断表、范畴表,但不能被忽视的是,这两个表格所体现出的形式、内容都是以整个先验哲学体系为思想基础的。康德对综合判断形式结构的思考,在他构建先验哲学思想时应当发挥着关键作用,结合康德"沉默时期"书信中的线索就可以佐证这种观点。康德在 1776 年 11 月写给赫茨的信中坦言,之前提到的标题为《理性与感性的界限》的"写作计划",直到 1776 年的夏天才越过了"最后的障碍"。卡尔(Wolfgang Carl)由此认为,康德花费精力清除"最后的障碍"所获得的成

---

① cf. Immanuel Kant,*KGS*,Band 24.1,S. 278 – 279,468.

果,在 1775 年也就是被称作《杜伊斯堡遗稿》的反思中就已经完成。① 笔者是支持卡尔的这一观点的,从时间上看《杜伊斯堡遗稿》处于康德开始规划《纯粹理性批判》具体思路的 1772 年以及越过"最后的障碍"的 1776 年之间,其中当然会涉及康德所要构思的批判哲学的具体方案或"雏形"。然而,《杜伊斯堡遗稿》中所提出的先验哲学中某些主要思想的"雏形",都是建立在他对综合判断形式结构思考的基础之上的。如此,康德对综合判断的形式结构的思考,自然应该在他构建先验哲学思想时发挥了关键作用。

当然,由于在这里优先讨论的主题是判断表,最多扩展到判断表对于范畴表的影响,所以,在《杜伊斯堡遗稿》中有关判断形式结构的诸多讨论内容中,也将着重讨论与康德的判断表、范畴表等思想的形成关系最为紧密的部分。也就是说,笔者将首先分析康德在《杜伊斯堡遗稿》中对综合判断形式结构的思考,随后,对《杜伊斯堡遗稿》中由上述思考引申出的,可能影响到《纯粹理性批判》中判断表、范畴表最终形成的诸种观点进行分析说明。

二、综合命题的"a－b－x"结构

康德在《杜伊斯堡遗稿》中对命题结构的讨论,虽然适用于包括分析命题与综合命题在内的所有命题,但讨论的难点以及创新点却集中在对综合命题的形式结构的思考上。众所周知,康德将所有命题区分为分析命题与综合命题两类,而亚里士多德以来的传统逻辑已经为分析命题提供了比较完善的"S 是 P"结构,那么康德在思考能够适用于所有命题的可能的形式结构时,主要的任务就在于构造出适合于综合命题的形式结构。

---

① cf. Wolfgang Carl, *Der schweigende Kant：Die Entwürfe zu einer Deduktion der Kategorien von 1781*，Goettingen：Vandenhoeck u. Ruprecht，1989，S. 74.

基于分析命题与综合命题之间的异同关系，这种结构就需要满足以下两方面要求：一方面，由于分析命题与综合命题的差异集中在是否涉及感性对象，那么，相比分析命题而言，综合命题的形式结构就需要将感性对象纳入形式结构，这就要求找到新的合适的方式（传统逻辑的系词"是"已经不再适用）来理解并表示感性对象与概念之间的关系；另一方面，虽然分析命题与综合命题的主要差别在于后者加入了对感性对象的考虑，但综合命题的基本结构应当是建立在分析判断形式结构的基础之上的，这就要求，康德新提出的判断结构在某些特殊情况下（比如不存在"感性对象"的情况）应当可以还原为传统逻辑的"S 是 P"结构。正是在这样的背景下，康德在《杜伊斯堡遗稿》中以"a""b""x"三个符号为基础，构造出了符合上述两方面要求的判断的形式结构。为便于讨论我将其称作判断的"a－b－x"结构。

1. 符号"a""b""x"的含义

提到"a－b－x"结构，自然要先阐明其中"a""b""x"三个字母符号各自的含义。实际情况是，康德对这些字母的理解也是有着逐渐具体化的过程的，前后可以有三种解释：第一（解释 1），根据舒特思考证，康德早在1769 年左右就已经开始使用"a""b""x"这三个字母序列来解释谓词性判断，当时，"x"表示要被概括的对象，"a"表示属于"x"的主词概念，而"b"表示与"a"相比较的谓词；①第二（解释 2），在《杜伊斯堡遗稿》中，这三种符号的含义又得到进一步明确，当康德使用"a""b""x"讨论命题结构时，"a""b"类似于通常而言的"S""P"，尽管前者仍有名词特征，但康德有时仍会将两者都视为谓词，而 x 可以被看作表示了"a""b"间的关系；②第三（解释 3），在《杜伊斯堡遗稿》中，当讨论涉及作用于客体以获得确定的综

① cf. Peter Schulthess, *Relation und Funktion-Eine systematische und entwicklungsgeschich-tliche Untersuchung zur theoretischen Philosophie Kants*, Berlin: Walter de Gruyter&Co., 1981, S. 248.
② cf. Immanuel Kant, *KGS*, Band 17, S. 653－654; Theodor Haering, *Der Duisburg'sche Nachlass und Kants Kritizismus um 1775*, S. 58－60.

合时,康德又赋予了这三个符号以相应的认识论解释,他使用"a－b－x"结构解释"综合"或者"综合的原则"中所包含的先天思维准则,将"x"视为该准则的资料(das Datum),即感性的客体或者感性的实在表象,"a"被看作准则的资质条件(Aptitudo),或者说由之被联系到一个准则所具备的条件,而"b"则被看作准则的指数(Exponent)。①

对比以上三种对符号"a""b""x"所做的解释可知:首先,从内容上看,对"a""b""x"的定义方式其实有两种,一种是借助判断的语法结构术语进行解释(解释 1 和解释 2),另一种则使用了与认识相关的术语进行解释(解释 3);其次,虽然在不同解释情况下各符号的含义略有变动,尤其是在前两种与第三种解释之间,各自的表述上存在语法结构术语与认识论术语的差异,但从各符号在各自结构中所处的位置以及各符号间的关系来看,仍然保持有内在一贯性;再次,从时间上看,使用判断的语法结构术语的解释法要早于使用认识论术语的解释法,也就是说,康德对"a""b""x"的使用是以语法结构为基础向认识论方向转化的。

2. 结合实例对"a－b－x"结构的说明

解释完该结构中"a""b""x"三个符号各自的含义之后,这里借助康德在《杜伊斯堡遗稿》中举出的两个例子来说明判断的"a－b－x"结构。

句 1:"没有 x,x 是物质[a],是不可分的[非 b]";

句 2:"没有 x,x 是有教养的[a],是没有科学知识的[b]"。②

其中,"句 1"可以转换理解为"没有物质是不可分的","句 2"可以转换理解为"没有教养的人是没有科学知识的"。从以上例子,能够比较清晰地看出康德"a－b－x"在句子中的应用状况,其中的"x""a""b"在日常

①　cf. Immanuel Kant, *KGS*, Band 17, S. 656; Theodor Haering, *Der Duisburg'sche Nachlass und Kants Kritizismus um 1775*, S. 58－60.

②　Satz 1:"Kein x,was ein Koerper[＝a]ist,ist unteilbar[＝non b]",Satz 2:"Kein x,welcher gelehrt[a]ist,ist ohne Wissenschaft[b]". cf. Immanuel Kant, *KGS*, Band 17, S. 653－654;Theodor Haering, *Der Duisburg'sche Nachlass und Kants Kritizismus um 1775*, S. 60－61.

语言的表述中都有了各自清晰的定位,并且都与传统的"S 是 P"结构中要素所发挥的作用迥然不同。首先,在传统逻辑"S 是 P"结构中是无法找到康德"a－b－x"中所给出的"x"这种要素的,相比以往学者的思想,"x"显然是康德具有独创性的内容;其次,康德所使用的"a""b"虽然表面上仍对应于自然语言中的"S""P",但其含义已经有了根本性的变动,传统的"S""P"代表的是名词、概念,而康德的"a""b"在例句中对应的实质上是"( )是物质""( )是不可分的"这种谓词性表述;再次,相比以往,康德的"a－b－x"结构增加了"x",将传统的"S""P"改变为"a""b",更为重要的是,他改变了对句子形式结构的理解,从而将传统逻辑学中最为重要的表示了判断形式的联结"S""P"的系词"是"取消了。

接下来,结合两个例句,从句子的整体结构上分析这两种结构相比以往的理解存在的差异。在《纯粹理性批判》中,康德在讨论判断中所蕴含的概念间的结构时,曾举出如下例子:

句 3:"一切物质都是可分的"。(A68/B93)

对比可知,"句 1"与"句 3"只是表述方式不同的表达着同样思想的句子。如果将"句 3"按照"句 1"的双重否定式改动,就是如下句子:

句 3 改:"没有物质是不可分的"。

对比"句 1"与"句 3 改"可以发现,作为康德讨论问题时经常使用的同一个例子,却采用了两种截然不同的表述结构,尤其是"句 1"中所使用的结构,显然并不是人们在日常表述时的用法,同样也不像当时逻辑学家们讨论问题时惯常的表述方式。如此,康德在提出"a－b－x"结构时以"句 1"这种特殊结构为例,显然是为了突出"x""a""b"在日常语言结构中所处的具体位置。这种方式就表明了"a－b－x"结构相比"S 是 P"结构的最根本差异,即"S 是 P"是以日常语言的语法结构为基础的,因此该结构更符合"句 3""句 3 改"这些日常表达,因为"a－b－x"结构无法通过日常语言表述被鲜明地体现出来,也正说明了康德所提出的"a－b－x"结构恰恰是尝试摆脱日常语言中的语法结构影响的,因此只能用"句 1"

"句 2"这种表述方式来说明。

康德在判断结构上所采用的去语法化态度,其实正凸显出其对认识结构的看重,他所理解的概念、对象,与传统判断结构中对概念、对象的理解已经有了差别。因此,康德对认识内容格外看重,而在他构造的判断结构中,相比传统结构变动最为鲜明的是"x",这在他所举的"句 1""句2"两个例子中表现得尤为明显。之所以是"x",是因为该符号实际上所代表的是认识过程中的"感性对象",康德提出的新判断结构中的其他要素相比以往所产生的变化,就是围绕感性对象,也就是"x"的引入而产生的。因此,从结构的整体角度来看,以往判断结构中的"S""P"与"a""b"的差异也随着"x"的出现而逐渐明显起来。"S""P"所象征的概念实际上未能突破主词与谓词等成分的语法层次特征,因此以往会将判断形式,即主谓所表示的概念间的联系简单等同于系词"是"。但是,从康德所举的例句"句 1""句 2"可见,在康德依据认识内容而构建的判断结构中,并不是像"S""P"那样直接建立起"a""b"两者间的联系,而是分别建立"a"与"x","b"与"x"之间的联系,"a""b"两者实际上是通过"x",也就是感性对象才建立起关联的。比如"句 1"所表述的,"没有 x,x 是物质〔a〕,是不可分的〔非 b〕",补充上被省略的部分应该是,"没有 x,x 是物质〔a〕,并且 x 是不可分的〔非 b〕"。在康德这里,实际上并没有"a"与"b"之间的直接联系,而是以"x"为中介建立起来的间接联系,"a""b"所直接关联着的是象征着感性对象的"x"。因此,在康德的表述里,"a"与"b"所标志的成分实际上是包含有以往的系词"是"这部分的,即"(　　)是物质""(　　)是不可分的"。相应的,在对"x"与"a""b"关系的理解上也就更加与以往不同,尤其是在康德对"b"的理解上更是鲜明地体现出来,从语法角度看虽然可以简单解释为谓词(解释 1 和解释 2),但随后在与认识相关的解释 3 中,康德将"b"看作准则的指数(Exponent),而"指数"作为一种数学符号,也可以理解为"函数"。虽然康德将数学概念引入对判断的讨论这种做法相比其他学者而言比较特别,但结合"函数"在数学上的使用方式可知,使用该术语来描述"a""b"在"句1"中对应的"(　)是物质""(　)是不可分的"这种结构确实是十分贴切的。①

3. "x"的两种情况:综合的与分析的

康德提出"a－b－x"结构的直接目的,是为含有"x"即"感性对象"的句子提供一种合理的形式结构,但是这种结构的价值却不仅于此。前面提到,如果康德所思考的是能够适用于所有命题的可能的形式结构,那么他要解决两方面的问题。一方面,由于综合命题相比分析命题的差异集中体现在与感性对象的关联,因此需要找到新的合适结构来表示感性对象与概念之间的关系。为此,康德通过在命题的形式结构中引入代表"感性对象"的"x",并相应地将原本的"S""P"调整为"a""b",从而满足了该方面的要求。另一方面,如果康德希望他为综合命题构造的"a－b－x"结构能够同样适用于所有命题,那么即便分析命题与综合命题在感性对象上存在差别,综合命题的基本结构仍然要建立在分析命题的形式结构的基础之上,也就要求,"a－b－x"结构在不涉及"感性对象"的情况下,应当是可以还原为传统逻辑的"S是P"结构的。

上述要求,其实康德在构造"a－b－x"结构之初就已经考虑到了,这也是他之所以构造新结构的初衷,就是从结构上区分出分析判断与综合判断。正如前文所讨论过的,康德在《杜伊斯堡遗稿》中针对"a－b－x"结构所列举的两个例子,实际上就是他针对判断的分析与综合两种情况所提出的。在他所提出的"a－b－x"结构中,区分判断的分析与综合两种不同情况的关键因素是"x","x"成分在句子中所发挥作用的不同直接影响到句子是分析的还是综合的。比如,"没有x,x是物质[a],是不可分的[非b]"(句1),以及"没有x,x是有教养的[a],是没有科学知识的[b]"(句2),在这两个句子中,康德就认为,"句1"是分析判断,"句2"则

----

① 从《杜伊斯堡遗稿》到《纯粹理性批判》的第一版和第二版,"a"与"b"两者之间的差异实际上在逐步减少乃至于被视为相同,后文会对该部分内容进行具体讨论,此处不再展开论述。

是综合判断。因为"句1"中在"x"之下的"a"与"b"没有被划分开,"x"在这里也就是无用的。也就是说,可分的[b]本身就是物质[a]的属性,"b"被"a"所包含,并没有涉及具体的客观内容"x",因此是分析判断;而在"句2"中,"知识的匮乏"(b)虽然与"有教养性"(a)相矛盾,但并不与有教养的"人"(x)相矛盾,"x"的使用涉及了"a"之外的具体客观内容,因此是综合判断。① 所以,"x"的具体状况决定了该句子是分析的还是综合的。对于"x"在命题中的两种不同参与情况,康德做了比较详细的说明。他认为,同一命题与反对命题这类分析命题包含着两个谓词"a"和"b"与"x"的比较,但只是关于"x"的两个概念"a"与"b"进行比较,也就是说"x"并没有直接参与。这样的同一命题或反对命题是涉及形式而不涉及内容的,因此仅仅是逻辑的,从分析的原理中我们并不能看出任何客观的,与对象或者是内容性相关的东西。而当我们"将这两个谓词都指向 x 并由此将 a、b 两者重叠起来,这个判断或是认识就是综合的"②。可见,"x"在命题中是否直接参与,决定了该命题是分析的还是综合的。

　　前面反复提到的"x"参与命题的不同情况与命题的分析与综合的关系,在实际上满足了前面所提到的"a-b-x"结构在必要情况下可以还原为"S 是 P"结构这种要求。比如,符号"x"被解释为"客体的条件",即作为客体被思维的某物所给予的条件,分析命题显然是不需要"x"起作用的,而"x"对于综合命题而言则是必要的。由于综合判断中概念间的联系不是分析的,也就是说不是直接说明命题的同一与矛盾,而是涉及客观性关联,而这种关联只有基于对感性给予物的理智综合才会产生,所以"x"是直接参与命题内容的,因此在综合命题的情况下,"a-b-x"结构中的三种符号都得到了真正意义上的功能的发挥。相比之下,当"a-b-x"结构所要解决的是分析命题这种情况,由于该类命题并不涉

---

① cf. Immanuel Kant,*KGS*,Band 17,S. 653 – 654;Theodor Haering,*Der Duisburg'sche Nachlass und Kants Kritizismus um 1775*,S. 58 – 60.

② cf. Immanuel Kant,*KGS*,Band 17,S. 653 – 654.

及客观性关联,"x"实际上是缺席的,只涉及"a"与"b",那么,在这种情况下,"a-b-x"结构实际上是"a-b"结构。这种"a-b"结构实际上与分析性的"S是P"结构是一致的,只不过由于"a""b"两者都是谓词性表述,所以不需要借助于系词"是"。也就是说,康德的"a-b-x"结构既可以满足综合命题的形式结构需要,同样又可以还原为分析命题传统的"S是P"结构,因此是可以满足表达所有命题普遍性结构的需要的。

对比可知,康德在《杜伊斯堡遗稿》中对分析判断与综合判断的理解与在《纯粹理性批判》中是基本一致的,只是在前者中他使用了符号的形式来表述。① 康德从一般判断中区分出涉及客体的综合判断,而综合判断中所蕴含的先天思维规则结构同样借助了"a-b-x"结构才得以表现出来,其特点就是各符号被额外赋予了认识论的解释。对此,卡尔认为,通过发展出"a-b-x"结构的"准则理论"的解释,康德并不是给出对综合判断的逻辑语义形式的描述,而是将这种形式解释为处于诸显像、诸概念、诸范畴之间的一种关联。② 也就是说,康德借助"a-b-x"结构表示先天思维规则,并非是提供一种语法形式的逻辑语义上的解释,而是为认识、思想提供一种形式结构。当然,从《杜伊斯堡遗稿》中对"a""b""x"初步界定的三种情况可知,康德确实是借助于语法形式结构才发展出来这种相应的认识结构的。综合判断之所以能够获得其确定性所需要的"先天思维准则"所需的构成部分,并从对"a""b""x"这些构成部分的相应认识论解释入手分析认识的客观性结构,是以"a""b""x"最初的符号特征为基础的。

接下来的问题是:我们应当如何看待这种既与命题相关又与认识相关的"a-b-x"结构对判断表构建的影响?

---

① 有关该问题的文本对比与分析将在后文中进行,此处不再展开。

② cf. Wolfgang Carl, *Der schweigende Kant : Die Entwürfe zu einer Deduktion der Kategorien von 1781* , S. 80.

三、"a-b-x"结构与判断表的构建

无论从时间线还是思想线索上来看,康德在《杜伊斯堡遗稿》中提出的判断的新结构都应当对判断表思想的成形有着重要影响。以"a-b-x"这种新提出的判断结构为基础,康德建立在传统逻辑知识基础上的有关判断问题的一系列观点都将产生相应的变化。并且,由于新结构可以关涉"感性对象"这种特征,使得该结构所引发的观念变动不仅局限在逻辑领域,也会影响到认识领域。而以上种种观念上的变化,都将集中体现在康德将要提出的判断表思想之中。接下来,我将从三个方面说明,康德提出的"a-b-x"判断结构对于判断表思想的形成所存在的比较重要的影响。①

1. 新结构与判断形式的选择

判断的"a-b-x"结构影响到了康德对应当放入判断表中的具体判断形式的选择。在前文对康德两部早期逻辑学讲稿中相关内容的讨论中,我指出了康德在判断分类上的前后变化,尤其是对与认识相关的"感性对象"的关注等特征,已经初步体现出对传统逻辑中"S是P"判断结构的突破。有关"a-b-x"结构对判断表中具体判断形式的选择所造成的切实影响,可以具体到《杜伊斯堡遗稿》中,即康德借助于"a-b-x"结构尝试完备地列举出按照关系被区分的判断种类,即定言的、假言的、选言的三者。从之前的考察可知,康德在早期逻辑学讲稿中按照关系对判断进行区分时最初只列出了假言的与选言的,并没有将定言的与前两者并列。在《杜伊斯堡遗稿》中,康德使用了"a-b-x"结构对分析判断与综合判断进行了区分,其间他认为,同属于分析命题的同一命题或反对命

---

① 关于"a-b-x"判断结构对判断表思想的影响,该部分讨论更注重具有明确文本基础的发现性的"现实影响",而强调通过论证获得的其他"可能影响",将在各章节具体话题中作进一步具体论证。毕竟,关于前一类影响的讨论更多基于现实文本,而关于后一类影响的讨论更多需要借助于假设与推论。

题是"涉及形式而不涉及内容的,因此仅仅是逻辑的","从分析的原理中我们并不能看出任何客观的,与对象或者是内容性相关的东西,这能从定言的、假言的、选言的形式中看出"①。可见,康德这里区分出的定言的、假言的、选言的三种判断形式,都被他首先认定为是作为"综合判断",并非是作为"分析判断"而在判断的关系这一条目下被列举的。这一点,从康德前面所做的,这些判断应当是与"客观的,与对象或者是内容性相关的东西"产生关联,而不是"仅仅涉及形式而不涉及内容的"这些表述中可以明显地看出。由此,可以再次印证我们之前的观点,康德对判断表本身以及表中各构成部分的考量,已经从传统所认为的"逻辑的"视角,转移向"认识论的"或者说"形而上学的"视角。

需要注意的是,虽然从结果上看,康德此处对判断的关系的划分与早期逻辑学讲稿中的划分存在某些相似,但是前后这两次划分的依据存在着非常明显的变化。虽然都涉及判断中的"关系",但康德在早期的《斐利比逻辑学》中对定言判断的考察是基于不同概念间的关系,对假言判断与选言判断的考察是基于不同判断间的关系,相比之下,康德在《杜伊斯堡遗稿》中依据的是谓词间的不同关系,也就是依靠"a""b""x"之间存在的关联的不同情况,推导出假言判断、选言判断、定言判断的。通过文本考察,康德在《杜伊斯堡遗稿》中明确使用了"a－b－x结构"构造出上述三种判断所表示的谓词间的关系。他认为,我们是通过谓词来思维一切的,因此在每一次思维中都会产生各谓词对"x",即感性对象的关系,这种关系在判断中有三种情况:第一种,是 $\overset{\text{x}}{\underset{\text{a}\ :\ \text{b}}{\diagdown}}$ 的关系(在该关系中,"a""b"两者都被处于两者之上的同一个"x"所指向,即"a"与"b"都

---

① cf. Immanuel Kant, *KGS*, Band 17, S. 654; Theodor Haering, *Der Duisburg'sche Nachlass und Kants Kritizismus um 1775*, S. 59.

处于"x"中);第二种,是 a:x:b;第三种,是 a + b = x。① 可知,康德依靠"a－b－x"结构中谓词关系的不同情况,给出上述三种符号结构,进而由这三种符号结构对应于定言的、假言的、选言的这三种涉及判断关系的判断种类。至此可以明确,"a－b－x"结构在对判断表中有关判断关系的判断种类选择上确实发挥着基础性的作用。笔者认为,从《杜伊斯堡遗稿》到《纯粹理性批判》出版这段时间,康德将"a－b－x"结构的这种基础性影响从判断的关系扩展到了整个判断表。

2. 判断形式与范畴种类的平行关系

判断的"a－b－x"结构是判断表与范畴表之间平行关系得以建立的关键。如前所述,康德早在 1772 年就曾宣称能够归结出"一定数量的范畴",但直到 1781 年《纯粹理性批判》第一版出版,范畴表才得以最终成形。正如前文论证的,范畴表的形成原本就是一个渐进的过程。笔者认为,以新结构为基础的判断表或判断分类学说,在范畴表的渐进形成中发挥了关键的推动作用。根据康德的描述,判断表与范畴表之间存在着所谓平行关系,也就是说,两个表格的结构及具体构成要素之间存在着相对应的一致性。如果否认这种平行关系的真实性,比如认为判断表只是简单地模仿范畴表的结构和构成要素,那么这种"平行关系"只不过是康德为范畴表所寻找的"遮羞布",如此的话,范畴表中内容的合理性根据自然是值得怀疑的。

那么,康德的判断分类学说对范畴表的影响是如何可能的呢? 这就需要正视康德提出的判断的新结构所带来的关键的思想变革。康德准备寻找与认识相关的"范畴"的时间是在 1772 年,然而,他在几乎同时的两部早期逻辑学讲稿中对判断种类的划分,整体而言仍没有摆脱当时传统逻辑学的影响。如果以传统逻辑思路为主的判断种类与康德所提出

---

① cf. Immanuel Kant, *KGS*, Band 17, S. 650, 657; Theodor Haering, *Der Duisburg'sche Nachlass und Kants Kritizismus um* 1775, S. 71, 71n, 106.

的"范畴"之间建立起某种平行关系,自然会引起诸多不满,因为一方仅仅涉及逻辑的、形式的东西,另一方却关涉感性的、认识的对象,在两者间是无法看到具有同构性的可能的。然而,当康德提出了判断的一般性的"a-b-x"结构,并以该结构逐步构建起他的判断表时,所涉及的判断种类与早期逻辑学讲稿中所区分的那些判断种类是存在着"质"的差异的。这种"质"的差异最为核心的部分在于,受传统逻辑影响的判断的"S是P"结构适用于仅关涉形式的分析判断,而康德提出的判断的新结构在适用于分析判断的同时也适用于综合判断,也就是说,新结构是可以用于讨论感性的、认识的对象的。前文对新结构中符号"x"的两种情况的讨论,已经对这一点有过比较充分的说明。如此,以判断的"a-b-x"结构为基础,康德才具备了在判断种类与"一定数量的范畴"之间建立起平行关系的可能性。此外,康德在新结构中对象征着谓词的符号"b"做出了具有数学特征的"功能"这种理解,该观点成为构建起判断种类与涉及认识的"范畴"之间关联的关键。对照康德在《纯粹理性批判》第10节中的表述,"为一个判断中的各种不同表象提供统一性的同一种功能,也为一个直观中的各种不同表象的纯然综合提供统一性,用一般的方法来表达这种功能,叫做纯粹知性概念"①,从上述文本不难看出,康德为解决"感性对象"的问题在新判断结构中引入的"功能"概念,最终成为沟通"判断"与"范畴"的关键,进而成为判断表与范畴表之间平行关系之所以可能的基本前提。②

当然,判断的"a-b-x"结构在建构判断表与范畴表之间平行关系的过程中所发挥的作用,不仅仅是在判断新结构中引入"功能"概念,在《杜伊斯堡遗稿》中,康德正是依靠"a-b-x"结构才初步建立起纯粹知性概念的种类与判断种类之间的对应关系,虽然这种对应关系只局限在

---

① B104 – B105.
② 关于"功能"概念含义的前后变化,以及其在"判断"与"范畴"之间所发挥的具体作用,会在后文进行具体讨论,此处不再展开。

关系范畴与按照关系被区分的判断种类之间。前面提到，康德依靠"a-b-x"结构中谓词关系的不同情况，给出三种不同的符号结构，并进而由这三种符号结构对应于定言的、假言的、选言的三种涉及判断关系的判断种类。然而，康德依靠"a-b-x"结构中的三种不同的谓词关系所做的工作并没有仅仅止步于推导出三种判断种类。凭借三种谓词关系所对应的三种符号结构所建立的关联，康德通过谓词关系直接导向了关系谓词。三种谓词关系分别是作为基础的定言判断、分析的假言判断、选言二分法（Disjunktion Dichotomie），所对应的三种关系谓词，也就是关系概念，则是实体与偶性、原因与结果、处于实在统一性下的集合。[①] 借用海茵的说法，由这里建立的三种符号结构，既可以得到相应的 3 种判断种类，也可以得出 3 类关系概念[②]。由此可见作为三种符号结构基础的"a-b-x"结构的重要性。至此，虽然判断表与范畴表之间尚未建立起完整的对应，但依靠判断的"a-b-x"结构，康德初步建立起了关系标题下的判断功能与知性概念之间的对应关系，而"a-b-x"结构在两者之间对应关系的初步建立过程中所发挥的基础性影响，在康德随后构建判断表其他部分的过程中应当同样是贯穿始终的。

3. 范畴的先验演绎

借助于判断的"a-b-x"结构，康德的范畴先验演绎思想得以初步成形。康德通过"a-b-x"结构区分出"集合"（Aggregat）与"整体"（Ganzes）两个概念的差异，并强调"统觉"是三对关系概念的"整体"而不是"集合"，在将"统觉"概念从莱布尼茨式的心理主义理解转换为认识论层面的理解的同时，也初步提出了"范畴先验演绎"思想。

[①] cf. Immanuel Kant，*KGS*，Band 17，S. 645；Theodor Haering，*Der Duisburg'sche Nachlass und Kants Kritizismus um 1775*，S. 89，89n.

[②] cf. Immanuel Kant，*KGS*，Band 17，S. 650，657；Theodor Haering，*Der Duisburg'sche Nachlass und Kants Kritizismus um 1775*，S. 71，71n，106.

　　"统觉"概念是康德的范畴先验演绎思想的核心概念。从康德在《纯粹理性批判》中的表述可知,该概念的主要特征可以归结为两点:一是"统觉"凭借范畴与直观中被给予的感性杂多建立关联;二是"统觉"并不是对感性杂多的简单"综合",而是使它们"统一"(Einheit)。① 然而,"统觉"概念最初在莱布尼茨那里被理解为某种"心理学过程",直到在康德这里才将这一概念理解为"认识论的抽象"而被应用于范畴的先验演绎中。②至于"统觉"概念含义上的变动,以及范畴先验演绎思想的初步形成,都是在《杜伊斯堡遗稿》中借助于判断的"a－b－x"结构得以实现的。接下来,我将结合"统觉"概念在《纯粹理性批判》中的前述特征说明判断的"a－b－x"结构所发挥的作用。

　　一方面,"统觉"与"范畴"之间的关联是依靠判断的"a－b－x"结构才初步建立起来的。如前所述,康德在《杜伊斯堡遗稿》中依靠"a－b－x"结构,以定言的、假言的、选言的三个判断种类为前提,推导出了"实体与偶性""原因与结果""处于实在统一性下的集合"三对关系概念。随后,他宣称这三对关系概念都处于思想的意识,也就是"统觉"之下。③ 此处的"三对关系概念"也就是《纯粹理性批判》中关系范畴的思想雏形,康德以此建立起了"统觉"与范畴之间的初步关联。此外,由于推导出三对关系概念的"a－b－x"结构是与感性对象相关的,这使得"统觉"可以与直观中被给予的感性杂多建立起关联。

　　另一方面,康德对"统觉"概念的理解,依靠了建立在判断的"a－b－x"结构基础上的对"集合"与"整体"概念的区分。莱布尼茨将"统觉"理解为某种"心理学过程",而康德在《纯粹理性批判》中则将其理解为"认

---

① 参照康德在《纯粹理性批判》中所说:"范畴只是这样一种知性的规则,这种知性的全部能力都在于思维,也就是说,在于使另外在直观中被给予它的杂多的综合获得统觉的统一的行动……但是,我们的知性只有借助于范畴并且恰恰仅仅通过这些范畴的品种和数目实现先天统觉的统一的特性。"(B145－146)

② cf. Theodor Haering, *Der Duisburg'sche Nachlass und Kants Kritizismus um 1775*, S. 43.

③ cf. Theodor Haering, *Der Duisburg'sche Nachlass und Kants Kritizismus um 1775*, S. 94.

识论的抽象"。我认为,康德对"统觉"概念在理解上发生转变的解释,最早体现在《杜伊斯堡遗稿》中,其中同样也借助了判断的"a-b-x"结构。康德在《杜伊斯堡遗稿》中借助"a-b-x"结构,从三个关系判断种类推导出三对关系概念,并宣称这三对关系概念都处于"统觉"之下。随后,康德宣称这些概念在"统觉"的作用下所构成的不是"集合"而是"整体"。也就是说,并非是互不相关的各部分所构成的松散的集合体,而是内部各成分相互关联所构成的整体。① 对比这种观点与《纯粹理性批判》中先验演绎部分对统觉的理解以及"源始的综合的统一"等说法可知,此处对"统觉"的理解已经基本符合他在《纯粹理性批判》中对"统觉"的理解。在"集合"与"整体"两个概念的区分中,判断的"a-b-x"结构贯穿于两个概念提出的过程。康德在理解"集合"概念时,认为从三个关系判断种类推导出三对关系概念,其中,三对关系概念里对应于选言判断的关系概念就是"处于实在统一性下的集合"。而康德在理解"整体"概念时,认为从三个关系判断种类推导出的三对关系概念在"统觉"作用下所构成的就是"整体"。而正如我们所知,无论作为"集合"的与选言判断对应的关系概念,还是作为"整体"的三对关系概念,都是借助判断的新结构被康德提出的,而其中的区别在于,作为"集合"的前者在该结构中的思想来源是判断中"各谓词"之间的"关系",而作为"整体"的后者的思想来源是判断中各谓词之间可能存在的"各种关系"之间的"关系"。从判断的"a-b-x"结构出发,该结构中的谓词"a""b"确实以判断功能的方式统一于"x",但由于两个谓词自身是被任意选定的,因此,由之得出的概念之间的关系也只是互不相关的各部分所构成的松散的"集合"。与此同时,依照对判断的新结构中谓词间关系的分析,康德认为,判断中谓词间的关系只有三种情况并得出对应的三种关系判断,而与此对应的各种概念

---

① cf. Alison Laywine, "Kant's Metaphysical Reflections in the *Duisburg Nachlass*", *Kant-Studien*; *Philosophische Zeitschrift*, vol. 97 (1), 2006, S. 89.

自然在其内部相互关联,并共同构成"整体"。综上,依靠判断的"a-b-x"结构,康德对"集合"概念与"整体"概念做出明确的区分,进而将"统觉"概念从莱布尼茨的"心理学过程"这种理解逐步推进到"认识论的抽象"。此外,依靠判断的新结构,康德也建立起了具有新含义的"统觉"与"范畴"乃至"直观中被给予的感性杂多"之间的关联。由此,在《杜伊斯堡遗稿》中,康德以判断的新结构为基础,初步构想了《纯粹理性批判》中最为关键的"范畴的先验演绎"部分。

经论证可知:一方面,判断的"a-b-x"结构在康德判断表思想的形成过程中确实发挥了关键性作用;另一方面,判断的新结构对判断表思想的具体作用或影响等问题,仍旧需要具体展开论证。关于前者,从康德在《杜伊斯堡遗稿》中的讨论可知,以判断的新结构为基础,建立在传统逻辑基础上的一系列固有观点都产生了相应的变化,这些变化在我的讨论中体现在对判断表中判断形式的选择、判断形式与范畴之间的平行关系以及范畴的先验演绎三个方向。判断结构在这三个方向上的影响,其实分别涉及判断表内部的素材选择、判断表与范畴表的关系、判断表经由范畴表获得"整体性"的根据这三部分内容,产生变化的根源肇始于康德对判断结构的理解从传统逻辑的"S是P"结构逐步转变为具有认识论特性的"a-b-x"结构。而关于后者,由于康德在他的相关文献中并没有明确说明过自己构思判断表的过程,所以对该思想形成过程的了解都仅是通过对康德各时期文本材料相关内容的分析与推论。通过对1781年《纯粹理性批判》第一版给出最终版判断表之前康德本人文献材料的分析与推论,有关判断表形成过程可以大致总结为三个阶段:首先,在1771—1772年的《布隆贝格逻辑学》《斐利比逻辑学》中,康德基本沿袭了传统逻辑有关判断分类的观点,同时,在两部讲稿中处理某些判断分类细节的前后变化上也体现出康德对认识的感性对象的愈加关注;其次,在1775年左右的《杜伊斯堡遗稿》中,康德提出了不同于传统逻辑观点的涉及认识问题的判断的"a-b-x"结构,并以该结构为基础初步构造了判断表中的三个关系判断、三个关系判断与三对关系范畴之间的对应关系，以及范畴的先验演绎的初步形态等；再次，在1777—1780年的《百科全书讲座》《形而上学讲座》等讲稿中，康德提出的判断表无论在自身结构、要素，还是和范畴表的对应这种特点上，都已经与1781年最终成形的判断表基本一致。相比之下，康德在1775年左右的《杜伊斯堡遗稿》中提出以判断的新结构为基础的一系列观点显然对于判断表的形成是最为关键性的。但是，部分由于《杜伊斯堡遗稿》中判断的"a－b－x"结构对判断表形成的影响仅仅局限于关系标题下的内容，并且在此影响下产生的一系列思想也仅仅是雏形，部分由于康德在随后的《百科全书讲座》《形而上学讲座》以及《纯粹理性批判》中也没有具体明确说明由判断的"a－b－x"结构为基础得出的新观点是如何逐步影响到判断表的最终成形的，[①]这就使得关于判断的新结构是如何具体影响到判断表产生的研究，既是困难的又是必要的。

如果能够还原判断表在康德思想中形成的具体过程，那么就能够尽可能全面地理解他的判断表思想、范畴思想以及整个先验哲学。通过论证，我证明了判断的"a－b－x"结构确实对判断表的形成存在关键影响，但这些影响究竟是如何使得康德早期逻辑学讲稿、《杜伊斯堡遗稿》中的思想雏形最终成长为《纯粹理性批判》中完善的判断表思想的，却需要在接下来的工作中逐步说明，这种说明的过程也是逐步理解康德判断表思想的过程。已知判断的新结构在《杜伊斯堡遗稿》中引起的观点变化主要体现在三个方向，即判断表中判断形式的选择、判断形式与范畴之间的平行关系、范畴先验演绎的雏形（判断表经由范畴表获得"整体性"的根据）。这三个方向恰巧对应了学界讨论判断表时争议最大的三个问

---

① 对比《纯粹理性批判》A、B版可以发现，康德在1781年之后的相关作品中确实刻意避免正面提及"a－b－x"结构。《纯粹理性批判》A版在区别分析判断与综合判断时，虽然没有直接提及"a－b－x"结构，但仍然出现了"主词A""谓词B""概念A""概念B""X""未知之物＝X"等相对于其他文本在风格上有些格格不入的表述，然而，在接下来的B版中，康德又将A版中出现的上述术语做了比较大的删减（A6－A10，B10－B14），对该问题将在后文中具体讨论。

题,即判断表内部素材选择的合理性问题、判断表与范畴表的关系问题、判断表的完备性问题。随后,我将在对这三个问题的讨论中证明判断的"a‐b‐x"结构在理解判断表思想中的重要性,并以该方式尽可能还原判断的新结构对判断表的形成所产生的具体作用。

第二章 判断表的构成要素

在有关判断表的讨论中,表格中各标题、环节等构成要素在设置上的合理性问题一直备受学者们的关注。对于表格中各要素的设置,康德曾宣称,是借助了"逻辑学家们的现成的、虽然还不是完全没有缺陷的工作"①,与此同时,他又认为,"这种划分在一些虽然不是本质性的方面显得偏离了逻辑学家们惯常的做法"(B95)。由于康德并没有对他的这两种表述给以更详尽的说明,这使得后世学者们在讨论判断表构成要素的合理性时大多对此持质疑态度。这种质疑可以分为三类:第一类,有些学者从历史性考察的立场出发,认为康德的判断表是对前人及同时代学者们判断分类观点的单纯照搬或抄袭,因此认为判断表不能被视为康德本人的独创性思想;②第二类,有些学者以传统逻辑的立场,批评判断表中的某些构成要素不符合传统逻辑的形式规范,或者说遗漏了某些应当出现的构成要素;第三类,有些学者从现代逻辑的立场出发,认为判断表中的各要素设置依旧没有摆脱传统逻辑的桎梏,

---

① 康德:《未来形而上学导论(注释本)》,第 64 页。
② 关于这三类观点的代表人物及出处,请参见后文讨论,此处不再展开。

因而无法在先验哲学里实现康德为判断表所设定的目标。以上三类质疑，都是基于他们各自对判断表与传统逻辑关系的理解而做出的。可以说，之所以产生这些争论，其思想根源在于康德在交代判断表与传统逻辑的关系时所表现出的暧昧不清。康德在判断表构成要素的思想来源问题上，一方面表示自己"借助了"逻辑学家们现成的工作，另一方面又承认自己在某些方面"偏离了"逻辑学家们存在缺陷的做法。最为关键的是，对于判断表中哪些要素是"借助"的部分，哪些要素是"偏离"的部分，以及之所以如此作为的原因，康德自己并没有给出足够清晰的说明。与此同时，有些学者又认为判断表仅仅是康德效仿范畴表的内部构成而构建出来的，并不具有独立性，那么所谓判断表与传统逻辑的关系问题自然也就无从谈起。在这些情况下，判断表构成要素的合理性自然备受学者们的质疑。

然而，尽管康德并没有清晰地说明判断表中各要素与传统逻辑间的具体关系，但在前一章中讨论判断表是如何独立形成的问题时，笔者曾依据康德早期的讲稿和手稿归纳出判断表思想的初始要素，尤其是分析判断与综合判断的区分，以及为该区分奠定基础的判断的"a - b - x"结构等内容。至此，我们可以对应于针对判断表构成要素合理性而提出的三类质疑观点，首先分析现有争论观点的思想根源。结合上文，在整理把握上述三类质疑观点的思想根源的合适方式上，笔者认为：对第一类质疑的回应需要首先对比康德稍早或与康德同时代的逻辑学家们有关判断分类的观点进行比较充分的了解，对第二类质疑的回应需要重新审视康德在相关文献中对判断表中各要素的解释说明，对第三类质疑的回应需要对学者们指出的判断表各构成要素在现代逻辑视角下暴露的各种缺陷进行尽可能全面的整理，并归纳出这些学者之所以如此认为的思想根源。在妥善完成上述各项工作后，笔者将根据不同的话题内容，在康德早期文献所提供的有关判断表思想的初始要素中寻找可能的解决线索，在此基础上尝试对上述有关判断表构成要素合理性的三类质疑做出恰当回应，以阐明康德的判断表思想与传统逻辑的关系。

第一节　判断表与 18 世纪逻辑学

第一种质疑认为，康德的判断表并不具有独创性。康德声称他的判断表"仅仅只是接受了他在那个时代的逻辑教科书里发现的那些判断形式"[①]，却没有说明在这种接受过程中是如何选择那些判断形式的。如果对以往学者的划分进行比较全面的历史性考察，康德的工作很容易会被视为对前人成果的简单照搬或抄袭。豪克认为，"当我们依照所有康德的判断形式，回顾沃尔夫、鲍姆加登、迈埃尔、兰伯特的工作时，除了没有恰好构成 12 种判断形式之外，总能要么发现相同的术语，要么发现术语不同但相同含义的构成部分"[②]。托尼利更是通过将考察范围扩大到康德之前 18 世纪的主要逻辑学家，在此基础上补充了豪克的观点，认为仅从判断表的构成成分来讲，无论其意义还是所使用的术语基本上都已经在前人的工作中出现过。通过历史性考察，人们得知康德判断表中的标题以及各标题下的要素都是被前人使用过的。但多数学者包括豪克、托尼利仍然认为康德的判断表应当被视为具有一定程度的独创性。这些学者通常将这种独创性归结为两方面：一方面，尽管康德判断表中的要素基本都来自前人的成果，但从整体来看并不与其中任一单独的逻辑学家的工作完全一致；另一方面，尽管判断表中的要素来自前人，但判断表所采用的四个标题以及每一标题下含有三个环节这种结构，却可以看作是康德独创的。学者们也试

[①] 亨利·E. 阿利森：《康德的先验观念论：一种解读与辩护》，第 176 页。
[②] cf. P. Hauck, "Die Entstehung der kantischen Urteilstafel", S. 206.

图通过强调康德所做的这项工作的总结性的特征,来印证其影响上的重要性。比如认为康德构建的判断表"仅对单纯的形式逻辑来说就已经是一个相当重要的工作了",毕竟整个逻辑学"在亚里士多德之后的数个世纪里几乎没有实际的变动"。① 考虑到康德之前的 18 世纪逻辑学在判断的划分问题上并没有统一的说法——尽管在德国几乎每一位逻辑学家都会或多或少地提到相关的划分,但是大家都可以有自己的划分标准,而且彼此之间并不会发生争论②——从统一了当时在判断的划分问题上产生的混乱局面来讲,康德的判断表也应当被视为是具有独创性的。而笔者认为,以上为康德判断表的独创性提供辩护的观点中,最具说服力的是康德的判断表为其他学者所列出的要素提供了新的结构这种说法。为证实该观点,笔者将对比康德稍早或与康德同时代的逻辑学家们在判断分类上的观点进行比较充分的了解,也就是说,对 18 世纪逻辑学学者们有关判断分类的观点进行尽可能全面的把握。此外,在考察过程中也会发现,康德为所有构成要素提供新的排列结构这种观点,仍然没能触及康德判断表思想的原创性的根源性因素,也就是康德对判断自身基本结构的新理解。

对 18 世纪逻辑学家们关于判断分类的讨论情况所进行的历史性考察,看上去似乎并没有对康德判断表构成成分本身的讨论那么重要。从近些年对判断表构成要素的研究状况可以看出,围绕表格中具体的某标题或者某标题下某个具体环节的讨论层出不穷,与此同时,在谈到判断表构成要素的思想来源时,学者们却大多只提到亚里士多德以及斯多亚学派的逻辑学。的确,康德判断表中的多数构成要素确实早在亚里士多德、斯多亚学派那里就已经有所讨论。亚里士多德从

---

① cf. P. Hauck, "Die Entstehung der kantischen Urteilstafel", S. 206.
② cf. Giorgio Tonelli, "Die Voraussetzung der Kantischen Urteilstafel in der Logik des 18. Jahrhunderts", S. 157 – 158.

词项逻辑的角度出发,在判断"S 是 P"结构的基础上区分出命题的质的肯定与否定,量的全称与特称,构造出 A、E、I、O 四种命题基本形式所构成的对当方阵,在《工具论》中还讨论了单称判断、无限判断、实然判断以及含有偶然、必然两个模态词的判断等内容。斯多亚学派则从命题逻辑的角度,将复合判断区分为假言判断、选言判断以及联言判断等。至此,我们似乎已经找到了康德判断表中几乎所有的构成要素。但问题在于,虽然亚里士多德以及斯多亚学派等对判断表思想的形成确实有着历史根源性的影响,但是,康德在构建判断表时受到的最直接的影响依然是来自 18 世纪的逻辑学家们关于判断分类问题的讨论。判断分类问题在康德所处的时代几乎是每一位逻辑学者都会有所涉及的内容,这些讨论无论在基本素材还是讨论的形式上显然都比亚里士多德以及斯多亚学派更为精致,也更加接近于康德的判断表,从对判断表的影响上看也更值得进行专门的研究。

正如洛夫乔伊(Lovejoy)所指出的,这项历史性的考察工作对于理解康德文本以及对康德观点进行评判都是十分必要的。一方面,该考察可以帮助我们了解《纯粹理性批判》中某些文本所针对的或提及的观点的思想来源,从而加深对文本的理解;另一方面,该考察能够呈现出康德处理某些问题时所经历的思想变化过程,从而尽可能了解他之所以如此处理的逻辑动因等。① 通过这种考察,我们看到的不再仅仅是康德在《纯粹理性批判》中已经最终定形的判断表,而是在前人思想基础上以及康德本人的不断思索中那个表格的逐步成形的过程。

---

① cf. O. Lovejoy, "Kant's Classification of the Forms of Judgment", in *Philosophical Review* 16 (6), 1907, pp. 588 – 603.

一、量

在判断表中,康德使用"量"作为判断分类的标题之一,并在该标题下列举出全称、单称、特称三个环节。如果要追溯"量"作为判断分类的标题这种表述的渊源的话,沃尔夫、兰伯特等学者在进行判断分类的过程中并没有格外强调判断的量这种说法,只是从作为主词的量词的角度来看待全称、特称等判断之间的区别,相比之下,迈埃尔、鲍姆加登等则相对明确地指出,区分全称、特称等判断就是将"判断归于量"。如果要追溯判断表中"量"标题下全称、单称、特称三个环节的历史渊源,那么,沃尔夫、兰伯特、迈埃尔以及鲍姆加登等学者在进行判断分类的过程中,都曾提到过单称判断、全称判断、特称判断这三个要素。如此,仅就以"量"作为判断分类的标题,以及该标题下的全称、单称、特称判断而言,判断表中"量"的部分的构成要素在同时代逻辑学家们的工作中都已经出现过,虽然并非都出现在同一位逻辑学家的工作中。但是,以"量"这种表述作为判断分类的标题,列举全称、单称、特称三种判断等做法,并不能反映出康德在判断表判断的量部分思考的全部,判断表所反映的不仅仅是对作为个体的构成要素的简单列举,而是呈现出这些个体构成要素之间的关系,而且对要素间关系的设置又将涉及对各要素划分标准的设置。如此,我认为,如果因为判断表的判断的量部分中各要素与同时代逻辑学家们的工作存在重合而认为康德在该方面的做法不具有原创性,那么,其原创性最有可能体现在对构成要素之间关系的处理,以及处理标准的设置上。这里主要涉及的就是如何看待全称判断、特称判断、单称判断三者间的关系,或者说如何对判断的量之下的这三种要素进行具体的类别划分。通过对康德同时代学者们的划分方式的尽可能全面的考量,大致可以归纳出以下三类。

第一类,是将单称判断、全称判断、特称判断进行简单并列的"三分法",代表人物有 C. 沃尔夫等学者。根据考察,在 18 世纪逻辑学家们有

关判断分类的观点中,将全称判断、特称判断、单称判断进行并列的做法
并不少见,甚至可以说是一种主流的做法,[①]比如,C. 沃尔夫[②]就将全称
判断、特称判断、单称判断三者进行了并列式的说明。[③] 应当注意的是,
这种并不少见的将三种判断种类并列的分类方式,似乎并不是通过对三
种判断种类各自特征的精确分析,而毋宁说仅仅根据传统逻辑的结果自
然因循了这种分类方式。 比如,在将全称判断、特称判断、单称判断三种
判断种类进行并列的学者中,多数学者并没有将这种划分与判断的量相
关联,其中的不少学者还进而发展出第四个判断种类比如无限判断等,
有些学者还以这三种判断为基础又做出了进一步区分。[④] 因此,虽然这
些学者所采用的分类方式被称作"三分法",但其中大多数学者只是对传
统逻辑中出现的全称判断、特称判断以及单称判断等判断种类进行了单
纯罗列,并没有着重论证被并列的三者之间的具体关系。 仅从分类结果

---

① 豪克认为康德并没有采纳在当时与传统亚里士多德逻辑学观点最为接近的兰伯特的"二分
法",而托尼利则持不同观点,他通过对 18 世纪逻辑学各版本教材中相关内容的统计认为,
康德所使用的将全称、特称、单称三种判断并列的划分方式反而是被逻辑学家们采纳得最为
广泛的,"只有 10 名学者只是将量划分为全称判断与特称判断(注:这些学者将单称判断看
作属于全称判断,因为在单称判断中谓词被用于整个主词,而不是如同特称判断,只会涉及
主词的一部分)。42 名学者不同意前述做法,而是采用了全称判断、特称判断以及单称判断
的划分。这其中的 15 人还有第四种种类,即无限(unbestimmt)判断,其中 9 人还有进一步的
区分(这也可以看作是《纯粹理性批判》中 die judicia communia 的线索,B96)。在这种情况
下,康德追随了多数学者的观点,与他之前在 1770 年代初的讲稿(Vorlesungen)中的观点相
违背——在这里之所以这么做,可能是那三个已经被确定了的量的范畴(Quantitaetskate-
gorien)起到了引导作用"。cf. Giorgio Tonelli, "Die Voraussetzung der Kantischen Urteil-
stafel in der Logik des 18. Jahrhunderts", S. 151.
② 讨论中会分别提到当代学者 Micheal Wolff 与近代学者 Christian Wolff,在相近文本中同时
提及两人时会采用 M. 沃尔夫与 C. 沃尔夫的表述进行区别,如果两人在相近文本中并没有
同时被提到,则仅在该文本部分第一次出现时对名字首字母大写进行标注,随后统一使用中
文译名。
③ 我们无论从豪克所引证的拉丁文版文献(1728)的§240 还是托尼利所引用的德文版(1713)
的§§241-243 的内容,都只是看到沃尔夫仅仅列出了这三种判断,而没有提到判断的量的
说法。
④ cf. P. Hauck, "Die Entstehung der kantischen Urteilstafel", S. 196-208; Giorgio Tonelli,
"Die Voraussetzung der Kantischen Urteilstafel in der Logik des 18. Jahrhunderts", S. 142-
151.

看,这种"三分法"与康德在判断表"量"标题下所做的判断种类划分是最为接近的,因此,很多学者由此认为,康德与这些学者们一样,只是简单因循了这种多数人所采纳的划分方式,并没有深究全称判断、特称判断、单称判断三者之间的具体关联。当然,由于两种分类方法在结构上的相似性,C.沃尔夫等学者所使用的"三分法"方式或许确实为康德所采用的"三分法"提供了借鉴价值。但是,考虑到康德在早期逻辑学讲稿有关判断的量的划分中曾明确采用全称判断与特称判断的"二分法",那么,他在判断表中就判断的量所做的"三分法"应当是在反思"两分法"缺陷之后所做的有意识的选择,这种选择应当是在比较充分地思考过全称判断、特称判断和单称判断三者间的关系之后做出的,而并非是简单因循大多数人的做法。①

第二类,是首先将单称判断归于全称判断,随后将全称判断与特称判断进行并列的"二分法",代表人物有兰伯特等。虽然沃尔夫等学者提出的"三分法"在因循传统的基础上,尽可能全面地列举了与判断的"量"相关的判断种类,但其缺陷同样明显,比如缺乏对判断种类间关系的说明以及明确的划分标准。因此,这种"三分法"自然引起了其他学者的不满,像兰伯特、迈埃尔、鲍姆加登等学者在认真分析了全称判断、特称判断和单称判断三者间的关系之后,都选择采用"两分法"来处理对于判断的量的分类,并以此反对以沃尔夫为代表的"三分法"。然而,虽同为"二分法",在兰伯特、迈埃尔、鲍姆加登等学者那里却有着明显的不同。其中,以兰伯特为代表的"二分法"是将全称判断与特称判断进行并列,同时将单称判断归于全称判断之下,这种"二分法"实际上是在将单称判断归于全称判断的前提下,只区分全称判断与特称判断。部分学者对兰伯特的"二分法"给出了很高的评价,认为这才是"真正的逻辑简化的

---

① 结合第一章对判断表形成过程的讨论,可知康德提出的"三分法"显然是经过本人反复考虑后作出的。

思路"。①

　　仔细审视兰伯特提出"二分法"的划分标准可知,他的观点基本是沿袭自亚里士多德以来的逻辑思想,相比沃尔夫等学者不在意三种要素间相互关系的"三分法",是更严格地执行了传统逻辑的形式标准。兰伯特在划分判断种类时,首先区分了肯定判断与否定判断,随后是全称判断与特称判断,在此基础上构建出全称肯定、全称否定、特称肯定、特称否定四类判断。② 兰伯特对判断进行分类的做法与亚里士多德在《解释篇》中对命题分类所做的区分基本一致,可以说,兰伯特对判断的量进行的"二分法",在此处所讨论的三种对判断的量的分类方法中是最符合传统逻辑的思路的,而康德在 B96 中所展现的将"单称判断与全称判断等同看待"的立场,以及对该立场合理性原因的解释说明,同样是符合传统逻辑的理解的。③ 根据传统逻辑的观点,之所以将单称判断与全称判断等同看待,是出于两者在推理过程中判断的主词外延的相同情况,或者说,是出于判断的"使用性"角度考虑所得出的相似性。然而,如果暂且不考虑判断的所谓"使用性",而从判断是一种承载了认识内容的载体这种视

---

① 持这种观点的学者的代表人物是豪克,他对兰伯特的"二分法"给予了很高的评价,并认为,兰伯特的这种想法使他"走上了另一条逻辑简化的思路,并且以此证明了他是位极具敏锐洞察力的思想家"。cf. P. Hauck, "Die Entstehung der kantischen Urteilstafel", S. 196 – 208.

② Lambert, *Novum Organon* (1764), §121 – §123. cf. Giorgio Tonelli, "Die Voraussetzung der Kantischen Urteilstafel in der Logik des 18. Jahrhunderts", S. 142.

③ 豪克认为,康德或许理解了兰伯特"二分法"如此区分的原因,因为康德曾承认,"逻辑学家们有理由说","在理性推理中使用判断时可以将单称判断与全称判断等同看待"(B96)。从文本来看,康德认为这种对单称判断处理方式的合理性在于,"单称判断根本没有外延,所以它们的谓词就不能仅仅与包含在主词概念之下的一些东西相关,而被另一些东西排除在外。因此,这谓词毫无例外地适用于那个概念,就好像那个概念是一个拥有外延、谓词适用于其全部意义的普遍概念似的"(B96)。豪克结合康德的上述说明对兰伯特将单称判断归于全称判断的可能原因做了进一步的阐释,他假设单称判断"这个人是会死的"与全称判断"所有人是会死的"各自作为一个推理中的大前提的两个判断,而这两个作为推理中的大前提的两个判断所表达的思想,都是普遍适用于判断的主词的全部外延的。此外,豪克也指出了兰伯特的这种做法与传统逻辑的渊源,"是与当时的形式逻辑立场最为符合的,尽管对我们当今的逻辑学来说首先可能被考虑到的会是其他观点",是从判断的"使用性来看待并区分"的。cf. P. Hauck, "Die Entstehung der kantischen Urteilstafel", S. 196 – 208.

角出发,那么兰伯特这种因袭自传统逻辑思路的"二分法"就不再适用于
对判断的量所进行的划分了。

然而,与康德同时代的逻辑学家们在制定判断种类的划分标准时,
所着重考虑的并不仅仅是判断的"使用性",而更多地看重判断作为认
识载体所具有的特征,因而也更关注判断中所谓认识的"对象"。康德
在 B96 中曾指出,单称判断的主词是"没有外延"的个体,而不是"普遍
概念",这种"个体"与"普遍概念"的区分方式,很自然的也是迈埃尔、
鲍姆加登等学者在判断的量的问题上提出另外一种"二分法"的思想
基础。

第三类,是首先将全称判断与特称判断统称为普遍判断,随后将普
遍判断与单称判断进行并列的"二分法",代表人物主要有迈埃尔、鲍
姆加登等。不同于兰伯特的"二分法",迈埃尔、鲍姆加登等学者所提
出的"二分法",将原本在前者那里作为最终划分结果的全称判断与特
称判断合并为"普遍判断",并将这种"普遍判断"和在兰伯特那里被并
入全称判断的"单称判断",并列为有关判断的"量"的最终划分结果。
对于此处讨论的后一种"二分法",有如下比较清晰的描述,"判断的主
词或者是一个个体概念或者是一个抽象概念。前者是单称判断,后者
是普遍判断。普遍判断的谓词要么归于全部主词之下,要么被主词部
分肯定或否定。前者是一个全称判断,后者是一个特称判断。就一个
判断或者是一个单称判断或者是一个普遍判断来说,人们将这个判断
归于量"①。

① 该表述出自迈埃尔《理性学说摘要》(*Auszug aus der Vernunftlehre*)的 §301,而鲍姆加登在
判断的量的划分中采用了与迈埃尔同样的方式,参见 Baumgarten, *Acroasis Lodica*,
§§221-224. cf. P. Hauck, "Die Entstehung der kantischen Urteilstafel", S. 196-208。
注:为便于不同版本间比对,以下涉及沃尔夫、兰伯特、迈埃尔、鲍姆加登等学者作品的出处
时,将统一使用章节数标示,沃尔夫、兰伯特、迈埃尔、鲍姆加登等学者的拉丁文、德文文本中
的章节数转引自豪克、托尼利以及布兰特的相关研究文献以及普鲁士科学院版《康德全集》。

相比兰伯特的"二分法",迈埃尔、鲍姆加登等学者提出的这种"二分法"提供了有关判断的量的新的划分标准。对此,可以从三个方面了解这种新标准:首先,全称判断与特称判断之间的区别,是因为前者表现的是在一个判断中的"谓词……归于全部主词之下",后者体现的是在一个判断中的"谓词……被主词部分肯定或否定";其次,从全称判断与特称判断这种"区别"反而可以推出两者所具有的"共同点",也就是说,无论是全称判断还是特称判断,所讨论的都是判断中谓词与主词之间关系的问题,这恰恰是能够将全称判断与特称判断并称为"普遍判断"的关键要素;再次,正如学者们都熟悉的,"普遍判断"与"单称判断"之间的差别在于,前者中的主词是一个抽象概念,而后者中的主词是一个个体概念,而其共同点就在于,两者都在关注判断的主词中所涉及的概念。

结合上述各方面,似乎能够发掘出以兰伯特为代表的"二分法"与迈埃尔、鲍姆加登等学者提出的"二分法"之间更为鲜明的区别,就是两种"二分法"在对判断的"量"的理解上所呈现的截然差异。在围绕判断的量对判断种类的众多划分的观点中,无论是以兰伯特为代表的"二分法",还是迈埃尔、鲍姆加登等学者提出的"二分法",从各自给出的两种"二分法"的详细分类过程来看,都比沃尔夫等学者沿袭习惯而来的"三分法"更加精密严谨并富有逻辑性。可以说,两种"二分法"从论证的角度而言都是可以合乎逻辑地自圆其说的,是无法用对错来评判两者在分类结果上的差别的,只能归结于两者在前提性观念上就已经存在的差异,也就是说,两种"二分法"在对判断的"量"的理解上原本就存在差别。如前所述,在涉及判断的"量"的划分中,兰伯特"二分法"最终列举的是全称判断与特称判断,迈埃尔"二分法"最终列举的是普遍判断与单称判断。其中,全称判断与特称判断之间存在的"共同点"是,两者所讨论的都是判断中谓词与主词之间关系的问题,相比之下,普遍判断与单称判断之间存在的"共同点"是,两者都关注判断的主词中所涉及的概念。如此,兰伯特"二分法"对判断的"量"的理解,是判断中谓词与主词之间的关系中的"量",而迈埃尔"二分法"对判断的"量"的理解,是判断主词所对应的对象(概念或个体)的"量"。这种差别的根源,可以进一步追溯到双方对"判断"的不同理解,前者沿袭传统逻辑的观念重视作为形式结构的"判断",所以强调主谓之间的关系,而后者受时代影响更强调"判断"在认识上的含义,所以更强调其认识对象。

通常认为,兰伯特"二分法"对量的理解主要受到亚里士多德以来传统逻辑的影响,而迈埃尔"二分法"对量的理解则被认为不涉及逻辑的形式,是有关对象的认识问题。这里涉及两种对判断的"量"的理解,暂且将前者简称作"形式的量",后者简称作"对象的量"。亚里士多德本人对两种"量"都有讨论,主要体现在他对"全称判断"的说明上。在《解释篇》中,亚里士多德区分出全称命题与特称命题,以及肯定命题与否定命题,进而构建出 A、E、I、O 四类命题,这里对量的理解显然是符合"形式的量"的观点的。亚里士多德对"对象的量"的关注则出现在区分全称命题与单称命题时,他首先区分了"全称的主词"与"单称的主词",认为命题必然有时涉及全称的主词,有时涉及单称的主词。然而,命题主词是单称主词的命题是单称命题,但命题主词是全称主词的命题却不见得一定是全称命题,"作为有关一个全称主词而却不属于一般性的命题的例子,我们可以举出像'人是白的''人不是白的'这些命题。'人'是一个全称,但这个命题却不见得具有一般性;因为'每一个'一词,并不使主词成为一个全称,而是对命题给以一种一般性"。① 在亚里士多德看来,全称命题的主词是全称主词,并且命题本身还要有"一般性",而这种一般性是由"每一个"种类量词提供的。此外,"每一个"这种能够提供给命题以一般性的词,只是针对于命题本身而不是针对主词,因此不影响主词是单称还是全称。由此,亚里士多德明确了全称命题需要的两个条件:首

---

① 参见亚里士多德《范畴篇 解释篇》,方书春译,北京:商务印书馆 2009 年版,第 66 页。

先,需要命题主词是全称;其次,要有能够提供给命题以一般性的量词。上述两个条件中就蕴含了判断的"量"的两种标准:前一种涉及主词,是与"对象的量"相关的;后一种涉及命题,是与"形式的量"相关的。从前面"全称的主词"与"单称的主词"的区分可知,明确了第一个条件我们可以区分出单称命题,而明确了第二个条件,可以通过给出全称命题的否定来推出特称命题。比如,"肯定命题'每个人都是白的'的恰当的否定命题是'并非每个人都是白的'",是对全称判断中赋予命题"普遍性"的量词"每一个"进行否定,而实际上得出了等值的单称命题"有些人不是白的",也是符合"对象的量"的观点的。同样,"肯定命题'有些人是白的'的恰当的否定命题是'没有一个人是白的'",是通过否定"有些(至少有一个)"的方式从特称判断实际上得到了全称判断"所有人都不是白的",符合"形式的量"的观点。①至此可见,不同的划分结果,取决于对"判断"的"量"的不同理解,也就是说,所讨论的究竟是判断结构中哪一部分的"量"。兰伯特与迈埃尔所代表的两种"二分法"有各自对判断的"量"的理解,而沃尔夫的"三分法"显然是在忽略这两种理解差别的情况下进行的判断分类。

　　有些学者认为,相比兰伯特的"二分法",迈埃尔式的"二分法"与康德在《纯批》中提出的"三分法"的差距是更为明显的,最为明显的根据就是,在康德对判断的量所划分的全称判断、特称判断、单称判断中,根本就没有出现迈埃尔"二分法"中最为特殊的"普遍判断"。② 但是,康德在《纯批》中对判断的量进行阐明的过程中,为明确对单称判断的理解曾借

---

① 参见亚里士多德《范畴篇　解释篇》,方书春译,北京:商务印书馆 2009 年版,第 67 页。
② 比如豪克就认为,在判断的量的划分中,迈埃尔、鲍姆加登的划分方式与康德有着重要的区别,"这种区别主要在于'普遍判断'的出现"。具体来说就是,"在康德的判断表中是没有普遍判断的","而在迈埃尔以及鲍姆加登这里,在与康德做出区分的相应的层面上其实只有单称判断与普遍判断两种形式,特称判断以及全称判断只是作为对普遍判断的再次具体分类而出现的"。cf. P. Hauck, "Die Entstehung der kantischen Urteilstafel", S. 196 - 208.

助了迈埃尔"两分法"中的"普遍判断"概念。① 此外,如果不从表面呈现出的划分结果,而是从划分所依照的标准,尤其是对"量"的理解上看,迈埃尔、鲍姆加登的观点相比兰伯特、沃尔夫等,应当是更接近康德在判断表中所持的观点的。沃尔夫为代表的"三分法"自不必说,兰伯特的"二分法"所看重的是判断"形式"或者说主谓关系的"量",这也是最符合传统逻辑的逻辑形式观念的,迈埃尔式的"二分法"更看重作为认识的判断中的主词的"量"。康德提出的"三分法",虽然在划分结果上与迈埃尔的"二分法"差别最大,但是在划分标准或者说对判断的"量"的理解上反而是关联性最为紧密的。比如,在区别单称判断与普遍判断的方式上,迈埃尔是从判断中主词是个体还是抽象概念来区分的,而康德则更强调"作为一般知识按照它与其他知识相比所拥有的量来作出估价"(B96)。当康德将判断的"量"与知识相关联时,其实已经和沃尔夫、兰伯特、迈埃尔等学者对判断的"量"的理解产生了截然的差异,但是这种差别的程度还是有不同的。从兰伯特象征了传统逻辑的对判断的"量"的观点,到康德从知识角度考察判断的"量",中间起过渡作用的是迈埃尔所选择的对判断的"量"的理解,也就是说,判断的"量"其实经历了从传统逻辑思路的判断中主谓关系的量,到判断中主词的量,到判断中所蕴含的知识的量的转变。而且,恰恰是由于迈埃尔的"两分法"将判断中"量"的视角转移到"主词"上来,才使得主词是感性个体对象的单称判断获得重视,进而为康德从认识角度看待判断的"量"提供了契机。从上述角度而言,在对划分所依照的标准,尤其是对"量"的理解上,迈埃尔、鲍姆加登的观点

---

① 在《纯批》的 B96 中康德曾提到,"一个单称判断……当然与普遍判断有区别"。从其中"普遍判断"对应的德文原文 gemeingültigen Urtheilen 看,李本译作"普遍有效的判断",邓本译作"普适性判断",而根据康德标注的拉丁文 judicia communia,结合迈埃尔、鲍姆加登相关思想的讨论中使用的拉丁文说法,可知此处所指应当是迈埃尔等学者所说的"普遍判断",因此将此处译作"普遍判断"以与"单称判断"等译法保持某种一致,而通过迈埃尔的定义我们了解到它具体包括全称判断和特称判断。此外,托尼利等学者同样认为康德此处文本中所说的"普遍判断"应当与迈埃尔等学者做出的划分相关。cf. Giorgio Tonelli, "Die Voraussetzung der Kantischen Urteilstafel in der Logik des 18. Jahrhunderts", S. 151.

相比兰伯特、沃尔夫等应当更接近于康德在判断表中所持的观点。

需要注意的是,即便迈埃尔所理解的判断的"量"是判断中主词的"量",在单称判断的情况下相比沃尔夫等学者的观点也更接近于康德对于判断的"量"的理解,但是,迈埃尔与康德的观点之间仍旧有着截然的差别,这种差别不再是局限于传统逻辑的"S 是 P"判断结构内部的差异,更多是两种判断结构之间的差异。尽管彼此的划分结果与划分标准存在差别,但以沃尔夫、兰伯特、迈埃尔为代表的三种有关判断的量的划分方式,都是以传统逻辑的判断的"S 是 P"结构为基础的,几种分类方法间的不同仅仅局限于该结构内部的差别。前文曾提到,亚里士多德所讨论的全称命题需要的两个条件中,蕴含了判断的"量"的两种标准:前一种涉及主词,是与"对象的量"相关的(此处简称"标准一");后一种涉及命题,是与"形式的量"相关的(此处简称"标准二")。无论迈埃尔还是兰伯特的"二分法",都共同遵循了亚里士多德提出的两条划分标准,而两种"二分法"的差异的产生,主要在于两种区分方法在对亚里士多德提出的两条划分标准究竟哪一条更为根本的问题上产生了分歧。迈埃尔的"二分法"首先按"标准一"考察判断的主词,在此基础上区分出了单称判断、普遍判断,随后按照"标准二"从普遍判断区分出全称判断、特称判断。兰伯特的"二分法"首先依据"标准二"划分出全称命题、特称命题,随后依据"标准一"从全称命题推导出作为其特殊情况的单称命题。尽管两种"二分法"在哪种标准更根本的处理上存在不同,但两种标准都在二者的判断分类过程中得以贯彻,之所以如此,归根结底在于两种"二分法"对判断的讨论都是以亚里士多德以来传统逻辑的"S 是 P"结构为基础的。在判断是"S 是 P"结构的情况下,对判断的"量"的考察将涉及两种因素:一是主词"S"本身的量,主词可以分为全称的与单称的;二是为判断提供了一般性的"量词"所表示的量,体现为"所有 S 是 P""有些 S 是 P"。而迈埃尔所重视的判断的量其实在于判断的主词"S"所体现的量,兰伯特重视的则是谓词"P"与主词"S"之间的量的关系,体现在附加量词中。值得注意的是,附加量词并不直接修饰主词"S",而是表示谓词"P"与主词"S"之间的关系,因此是与判断的形式即系词有关的,对上述两个量词的完整理解应该是"所有的……是……""有些……是……"相比之下,康德为了便于对知识的"量"的讨论,提出了区别于"S 是 P"判断结构的新判断结构;他对判断的"量"的理解,同样也是以这种新判断结构为基础的。这种判断结构上的差异,也是康德与之前学者们所做划分的最根本差异,即使像沃尔夫等学者虽然也曾在判断的量的标题下列举了全称判断、特称判断、单称判断,和判断表在内容上一致,但这种对判断的"量"的理解,以及划分所依据的标准等,都因为二者所使用的判断结构的不同而有着鲜明的差别。①

二、质

在判断表中,康德使用"质"作为判断分类的标题,并在该标题下列举了肯定判断、否定判断、无限判断。而相比于对判断的量的众说纷纭,与康德同时代的逻辑学家们在判断的质的标题下所做的判断种类划分其实是相对简单的。所有的学者都承认,在对判断的质所做的划分中必然要有肯定判断与否定判断,与此同时,主要争议则集中在对无限判断的处理上。总体而言,学者们就判断的质而言基本有如下两类观点:少部分学者选择将无限判断与肯定判断、否定判断并列;而多数学者则拒绝承认无限判断是判断的质之下的判断种类,只承认肯定判断与否定判断。②

---

① 第一章讨论判断表的形成时曾提到康德在早期思想中提出的判断的"a-b-x"结构,虽然《纯批》中并没提到该结构,但该结构仍旧在判断表中存在影响,具体论证将在后文中进行,此处不再展开。

② 托尼利对 18 世纪各种版本的逻辑学教科书进行了尽可能全面的梳理后统计出,在对判断的质的分类上,有 33 名学者拒绝将无限判断列入其中,另外有 16 名学者选择接受无限判断,此外,只有 Weis 与 Osterrieder 将判断的真或假(Wahrheit bzw. Falschheit)看作是与质相关的,将肯定与否定归结于"形式"。cf. Giorgio Tonelli, "Die Voraussetzung der Kantischen Urteilstafel in der Logik des 18. Jahrhunderts", S. 151.

　　在前一种观点中,持该观点的学者选择将无限判断与肯定判断、否定判断并列,更多是出于尽可能全面地列举质的判断种类这一动机,主要是对传统逻辑中出现过的相关判断种类的尽可能全面的单纯罗列,因此并不着重对无限判断与另两类判断间的关系进行解释。在后一种观点中,尽管大多数学者认为判断的质只在于肯定判断与否定判断,并不赞成将无限判断与前述两种判断并列,但由于无限判断同样是在亚里士多德以来的逻辑传统中曾出现的与判断的量相关的判断种类,所以,这些学者需要给出不将无限判断与前两种判断相并列的原因。学者们大都选择从无限判断与肯定判断的关系出发,将无限判断视为肯定判断的一种特殊情况。比如,迈埃尔就将判断的质明确处理为肯定判断与否定判断,其中,谓词归属于主词则是一个肯定判断,谓词不归属于主词则是否定判断,而无限判断属于肯定判断之下的特殊情况,是主词或谓词中至少出现一个否定情况的肯定判断。[①] 迈埃尔对无限判断的这种处理方式在当时是被普遍接受的,沃尔夫、鲍姆加登等学者在各自的逻辑学著作中也都陈述了相同的观点。[②]

　　上述对肯定判断、否定判断以及无限判断的阐明,其实体现出三种判断在质的划分时所因循的两种不同划分标准,以及对判断的质的两种不同理解。在学者们对肯定判断与否定判断给出的定义中,其判定标准在于判断中谓词与主词的关系,当两者的关系是肯定的,即"谓词归属于

[①] 迈埃尔的处理方式比较典型,他对判断的质做出如下说明:"我们在一个逻辑判断中要么设想谓词归属于主词,要么设想为不归属于。前者是一个肯定判断,后者是一个否定判断。并且在一个判断中,其主词或者其谓词或者以上两者同时是一个否定,那这个判断就是一个被称作无限判断的肯定判断。判断的性质在于肯定或否定。"cf. Georg Friedrich Meier, *Auszug Aus Der Vernunftlehre*, Kessinger Publishing, 2010, §294. 为便于与康德的逻辑学讲座、反思集进行对比,该本文献出处统一采用章节码进行标识。

[②] 据豪克的考证,沃尔夫的§204、§208、§209与鲍姆加登的§213、§214、§216等文献陈述了与迈埃尔相同的观点,相比之下,只有兰伯特仅在§121中提到了"肯定的和否定的判断或命题",并没有提到无限判断。cf. P. Hauck, "Die Entstehung der kantischen Urteilstafel", S. 196 – 208.

主词"时是肯定判断,当这种关系是否定的,即"谓词不归属于主词"时是否定判断,而兰伯特更是直接将象征主谓关系的语法成分系词看作区分肯定判断与否定判断的关键点①。相比之下,划分出无限判断的标准却并不是基于系词或者主谓词间的关系,而是对谓词"P"与主词"S"本身肯定或否定情况的反映,即无论是主词或者谓词中的某一个还是两者是否定的,就是无限判断。当时的学者们认为,在无限判断这种情况下,即便谓词或者主词本身存在否定的情况,但由于谓词与主词之间的关系依旧是肯定的,所以无限判断依然被看作是属于肯定判断的。至此可见,上述在对判断的质所进行的划分中同时存在着两种划分标准:一种考察的是判断中主词与谓词之间的关系,另一种考察的是判断中的主词与谓词自身的状况。与之对应,在对判断的"质"的理解上,可以区分出判断的主谓词关系中所蕴含的肯定与否定,以及判断的主谓词自身所具有的肯定与否定。如同迈埃尔在前文中曾指出的,"判断的性质在于肯定或否定",这也是所有学者都共同承认的观点。表面上看,无限判断与传统的肯定、否定判断的关键性差异,在于无限判断中的"质"("肯定"或"否定")是同时出现在主谓间关系以及主谓词自身中的,而肯定判断与否定判断中的"质"仅仅体现在主谓词间的关系上。但严格来讲,无论无限判断还是肯定、否定判断,其中的"质"都应当是同时作用于主谓词间的关系,以及主谓词自身的,只不过在肯定、否定判断这种情况下,主谓词中的"质"是肯定的状况,是潜在地存在于判断中的,而无限判断定义中要求主谓词中至少有一个是否定的情况,就使得判断中的主谓词所具有的"质"暴露出来了。

之所以如此,根本上在于上述学者们对判断的"质"的讨论,仍旧是以传统逻辑思想中的"S 是 P"判断结构作为基础性前提的,采用这种结

---

① Lambert,§121, cf. Giorgio Tonelli, "Die Voraussetzung der Kantischen Urteilstafel in der Logik des 18. Jahrhunderts", S. 142.

构讨论判断的"质",必然会出现两种标准并行的情况。亚里士多德认为,命题最基本的单位就是简单的肯定命题与简单的否定命题。①肯定与否定这两种简单命题在亚里士多德那里有两种讨论方式:一种是使用"某事物""某些东西"等表述讨论两种判断的使用情况;②另一种是使用主词、谓词等语法成分进行讨论。③亚里士多德有关肯定、否定单称命题的讨论最初是以"某事物""某些东西"的方式进行的,随后开始更频繁地使用主词、谓词等语法成分取代了"某事物""某些东西"进行讨论。显然,使用"某事物""某些东西"时所讨论的肯定、否定命题是具有认识论含义的,"一个肯定命题是关于某一事物正面地断言了某些东西,一个否定命题是关于某一事物作了一种反面的断言"④。相比之下,使用主词、谓词等语法成分所讨论的判断或命题,更强调判断在形式结构上的特征而非认识对象等内容,而这种讨论方式也是之后传统逻辑在讨论判断形式时所惯常使用的,并逐步形成针对判断提出的"S 是 P"形式结构等。

　　虽然传统逻辑更重视判断的形式结构,但即便是亚里士多德,在讨论无限判断时也无法仅从判断的语法形式方面进行说明,而需要同时涉及判断的认识内容方面。亚里士多德在对肯定命题进行说明时实际上指出了判断所蕴含的双重含义:一是认识层面,比如认为肯定命题是对"一件事实"的陈述,其主词和宾词"必须各指一件单一的事物"等;二是形式结构层面,虽然肯定命题涉及"事实""事物",但直接构成肯定命题

---

① 亚里士多德在《解释篇》中就曾指出,"第一类的简单命题是简单的肯定命题,第二类的简单命题是简单的否定命题;其他的都是由结合而形成的"。亚里士多德将所有命题区分为简单命题和复合命题,而复合命题又是"由简单命题合成的命题",因而所有命题最基本的单位就是简单的肯定命题与简单的否定命题。参见亚里士多德《范畴篇　解释篇》,第63页。
② 简单的肯定、否定判断被亚里士多德解释为,"对于某事物断言了或否认了某些东西的命题",或者"说出一个主体中某一东西的存在或不存在"。参见亚里士多德《范畴篇　解释篇》,第64页。
③ 参见亚里士多德《范畴篇　解释篇》,第65—73页。
④ 亚里士多德:《范畴篇　解释篇》,第64页。

的是主词和宾词。①由于亚里士多德使用"S 是 P"结构来理解无限判断，该结构中的"S""P"等是在内容上具有否定性，所以要明确否定性用语或者不确定的名词、动词等，比如，"'非人'这一个用语不是一个名词。实际上并没有一个被公认的词，足以用来指称这一个用语。因为它既不是一个句子，也不是一个否定命题。那么，就让它被称为一个不确定的名词"②。当然，尽管无限命题中存在由不确定的名词或动词所构成的否定性用语，但这并不是说这个命题就是否定命题。③ 此外，亚里士多德尝试将"不确定名词"解释为某种形式上是肯定性的对象，是一个"单一的东西"。即便这种对象的内容是否定性的。④可见，如果用"S 是 P"结构来理解无限判断，即便其中的主词、谓词是否定性名词等，判断的质只能取决于主谓词之间的关系，因为这些否定性语词只是在内容上存在否定。比如说，使用判断"S 是 P"结构的学者通常会认为，无限判断是对肯定判断"S 是 P"中的主词"S"或谓词"P"进行否定，即"S 是非 P""非 S 是 P""非 S 是非 P"等。然而，这种表述其实是有问题的，以无限判断"S 是非 P"为例，依照判断的基本结构，其中的谓词其实不再是"P"而应该是作为整体的"非 P"。也就是说，原本在肯定判断中作为形式的"P"，在无限判断的情况下却是作为内容出现的，真正形式化的是"非 P"。

---

① 此处的"宾词"即"谓词"。亚里士多德认为，"肯定命题是关于一个主词的一件事实的陈述，而这个主词或者是一个名词，或者是那没有名称的东西；在一个肯定命题中，主词和宾词必须各指一件单一的事物"，他在该表述中实际上给出了对于判断的两个层次的说明。参见亚里士多德《范畴篇 解释篇》，第 60—61 页。
② 亚里士多德：《范畴篇 解释篇》，第 61 页。
③ 亚里士多德曾指出，"由像'非人'或'不公正'这样的不确定的名词或宾词所构成的否定性用语，可以好像是一种不包含着正当意义下的名词或动词的否定命题。但它们并不真是如此"。参见亚里士多德《范畴篇 解释篇》，第 61 页。
④ 对照亚里士多德的说法，"严格的说来，'非人'这一个用语不是一个正当意义的名词，而是一个不确定的名词，它在某种意义上也表示着一件单一的东西"。参见亚里士多德《范畴篇 解释篇》，第 73 页。

　　如此，与康德同时代的学者们之所以在判断的质的问题上产生争议，归根结底在于传统逻辑提出的"S 是 P"判断结构自身在处理与内容相关的判断时天生带有的局限。而康德在讨论他的先验哲学时，自然是要涉及认识对象或者判断内容的，如此，康德首先要在判断问题上突破传统逻辑的判断结构，新结构将能够同样应用于包含有判断内容的感性对象等，因而，结合前面在判断的量的部分的讨论，或许就不难理解，康德为什么没有因循以往的逻辑传统将判断的质列于量之前这种做法，而是恰恰相反。

三、关系

　　在判断表中，康德使用"关系"作为判断分类的标题，并在该标题下列举了定言判断、假言判断、选言判断。坦白来讲，与康德同时代的逻辑学家们中似乎并没有用"关系"这一术语进行判断分类的，至于将定言判断、假言判断、选言判断纳入判断的"关系"标题之下这种做法，同样也可以算是康德的独创。① 然而，如果要追溯"关系"标题下出现的定言、假言、选言三种判断的历史渊源，那么，它们在沃尔夫、兰伯特、迈埃尔、鲍姆加登等学者进行判断分类的过程中却经常被提及，而这些学者之间分类的差异集中在对三种判断的归类方式上。在众多学者之中，与康德将选言、定言、假言判断并列这种做法最为接近的，似乎只有舒茨（Schuetz）和约泽（Roesser），他们的判断分类中确实存在一个既包含定言判断与假言判断又包含选言判断的独立类别，当然这二人并没有使用"关系"这

---

① 根据托尼利的考证，与康德同时代的 18 世纪的诸多逻辑学教材中，在讨论判断的种类划分时确实没有出现过"判断的关系"这种说法。cf. Giorgio Tonelli, "Die Voraussetzung der Kantischen Urteilstafel in der Logik des 18. Jahrhunderts", S. 152, 135 – 145. 豪克更是宣称，康德的这种从关系的角度将判断划分为定言判断、假言判断、选言判断的做法，无论在古代还是中世纪都是绝对没有相似情况的。cf. P. Hauck, "Die Entstehung der kantischen Urteilstafel", S. 196 – 208.

种说法对三种判断进行概括。① 总之,在判断分类中以"关系"作为标题,应该是康德独创的做法,与此同时,判断的"关系"标题下所列举的定言、假言、选言判断,却是与康德同时代的其他逻辑学家大都讨论过的。②

　　由于学者们对定言判断、假言判断、选言判断等的划分结果比较繁杂,各人的划分标准不同,有的还在分类中加入了联言判断等要素,很难进行比较合理的归类,因此下文仅就几位与康德思想关系紧密的学者所持的划分方式进行说明,主要涉及沃尔夫、鲍姆加登、兰伯特、迈埃尔等。这几位学者的划分方式各异,难以依照某些标准进行合理分类。当然还是有如下共同之处,即都进行了简单命题与复合命题的区分,其中,定言命题通常被归于简单命题,假言、选言命题则被归于复合命题。在各学者具体的划分中,本书主要关注与定言判断、假言判断、选言判断相关的内容。其中,沃尔夫在区分了定言命题与假言命题的同时,也区分了简单命题与复合命题,其中复合命题又被他区分为要么是联言命题,要么是选言命题。③ 可见,在沃尔夫的划分中,相对明确的是定言命题与假言命题,以及联言命题与选言命题这两个并列关系。鲍姆加登同样区分了

---

① 具体统计数据及相关学者的观点,详见托尼利的考证。其中,有 29 位学者所写的逻辑学教材涉及定言、假言、选言三类判断的讨论,但是,上述三种判断通常是和其他判断种类在一起,被宽泛地归为简单判断与复合判断。以上 29 位学者中,有 7 人给这三种判断以某种总称,即拉丁文 Quidditas 或者 Quaeitas。在对判断的划分中,只有 6 人的划分中同时出现了定言判断、假言判断、选言判断(包含还有其他判断种类与三者并列的情况);有 14 人只提到了假言判断与选言判断,有 2 人只提到了定言判断和假言判断,有 4 人只提到了假言判断。有 10 位学者独立于其他判断形式将定言判断与假言判断二者归入单独的分类,比如沃尔夫、鲍姆加登等,这 10 人中虽然也有 4 人提到了选言判断,却是将选言判断归类到了复合判断中,比如鲍姆加登的做法,而并不是像康德那样将选言判断与定言判断、假言判断并列,只在舒茨(Schuetz,1773)和约泽(Roesser,1775)的相关作品中,才确实存在一个既包含定言判断与假言判断,也包含选言判断的独立类别。cf. Giorgio Tonelli, "Die Voraussetzung der Kantischen Urteilstafel in der Logik des 18. Jahrhunderts", S. 152, 135 – 145.

② 关于这些说法,洛夫乔伊也与豪克、托尼利等持相似观点。cf. O. Lovejoy, "Kant's classification of the forms of judgment", p. 597。

③ cf. Giorgio Tonelli, "Die Voraussetzung der Kantischen Urteilstafel in der Logik des 18. Jahrhunderts", S. 136; P. Hauck, "Die Entstehung der kantischen Urteilstafel", pp. 201 – 202.

假言命题与定言命题以及简单命题与复合命题，此外也提到选言命题，并将其归类到了复合判断中。① 在鲍姆加登的划分中，相对明确的是假言命题与定言命题之间的并列关系。兰伯特在区分了简单命题与复合命题之后，对复合命题做了进一步区分，他从复合命题中区分出假言命题，并在补充说明中指出与假言命题相对的简单命题被称作定言命题，随后又区分了联言命题和选言命题。在兰伯特的划分中，呈现出并列关系的是假言命题与定言命题两者。②迈埃尔区分出了简单判断与复合判断，从复合判断中区分出了联言判断，随后进一步区分出假言判断与选言判断。以上是与康德思想关联相对紧密的几位学者的基本划分方式，其中，迈埃尔的划分方式比较具有代表性。③ 在迈埃尔的讨论中基本涵盖了沃尔夫等学者所讨论的各种判断，比如定言判断、假言判断、选言判断、联言判断等。如前所述，迈埃尔最先区分了简单判断与复合判断。在随后的判断划分中，虽然所讨论的对象大多是复合判断，但迈埃尔仍然充分利用了判断的"S 是 P"结构形式，尤其是复合判断中构成主谓词的概念之间的关系的不同差异。首先，根据复合判断中构成主谓词的概念间是否存在相互思维的关系，从复合判断中区分出联言判断；④其次，根据构成主谓词的概念间相互关系的不同，又区分出假言

---

① cf. Giorgio Tonelli, "Die Voraussetzung der Kantischen Urteilstafel in der Logik des 18. Jahrhunderts", S. 142, 152.

② 豪克就认为，这种划分情况在兰伯特看来"能够属于并列的类的只有定言判断和假言判断"。cf. P. Hauck, "Die Entstehung der kantischen Urteilstafel", S. 202.

③ 迈埃尔的典型性主要体现在两方面：一是迈埃尔的《理性学说摘要》是康德几十年讲授逻辑课的教材，因此相比其他人对康德的影响更为真切；二是《理性学说摘要》作为当时官方认定的逻辑学教材，也吸收了前面几位学者的思想，在沃尔夫等人仅仅列出观点的地方，迈埃尔往往补充了对该观点比较详细的论述过程，通过他可以相对准确地了解前人观点，尤其是划分方式。

④ 复合判断中构成主谓词的概念间如果存在相互思维的关系，就可以区分出主要主词和主要谓词，以及从属主词和从属谓词；如果不存在这种相互思维的关系，这个复合判断就是联言判断。cf. Georg Friedrich Meier, *Auszug Aus Der Vernunftlehre*, § 304.

判断与选言判断。①

　　从迈埃尔的以上划分出发,可以窥见当时学者们在面对复合判断的划分时所因循的某些根据,尽管对复合判断的讨论已经进入命题逻辑的范围,但当时学者在划分时采纳的标准大多仍是以传统逻辑在词项逻辑部分的"S 是 P"判断结构为基础的。此外,仔细分析迈埃尔在复合判断中的划分,他实际上将联言判断与假言、选言判断区分开来,并将后两者视为具备并列关系的两种判断。② 从上述几位与康德思想比较紧密的学者所做的划分可知,沃尔夫在划分中比较明确地表述了定言与假言、联言与选言两对判断间的并列关系,鲍姆加登在划分中明确了定言与假言这对判断间的并列关系,兰伯特在划分中也同样明确了定言与假言判断间的并列关系。但是,在迈埃尔这里,被明确的是假言判断与选言判断间的并列关系。如果结合康德在判断表"关系"标题下将定言、假言、选言判断相并列的做法,那么迈埃尔的工作相比其他学者而言显然与康德更为接近,他一方面将沃尔夫认为应当是并列关系的联言与选言判断之中的联言判断独立出来,另一方面将沃尔夫、鲍姆加登、兰伯特等学者所认为的定言与假言判断间的并列关系发展为假言判断与选言判断之间的并列。仅从思想进展而言,迈埃尔的工作确实是从沃尔夫、鲍姆加登等学者的立场向康德的立场的接近。③

---

① 迈埃尔定义了假言判断,"从条件推出,而不是被给出为真或为假的一个肯定判断,是一个假言判断"(§305),随后又定义了选言判断,"一个选言判断是一个在其下的许多判断中只有一个为真外其余都为假,并且没有确定哪些是真哪些是假的这样一个肯定的判断","这些复合在一起的判断,叫作对立或反对的各部分"(§307)。cf. Georg Friedrich Meier, *Auszug Aus Der Vernunftlehre*, §305, §307.

② 托尼利认为,依照迈埃尔的理解,实际上存在一个包含了假言判断与选言判断的独立的区分类别。cf. Giorgio Tonelli, "Die Voraussetzung der Kantischen Urteilstafel in der Logik des 18. Jahrhunderts", S. 152.

③ 豪克认为,迈埃尔将假言判断与选言判断进行并列的做法,是从沃尔夫和鲍姆加登的立场向康德的立场的一个进步,从而通过对整个理论的这种简化使得他自己的工作与康德做出的形式区分更加接近。cf. P. Hauck, "Die Entstehung der kantischen Urteilstafel", S. 202.

　　通过对以上学者逻辑思想的考察可以确认:虽然定言判断、假言判断、选言判断都已经在前人的讨论中出现过,但康德不仅在使用判断的"关系"这一术语上具有原创性,而且将定言、假言、选言三种判断进行并列的这种做法也体现出相对其他学者而言的鲜明个人特征①。那么,上述学者们的划分方式与康德的划分之间可能存在着怎样具体的关联呢?从与康德同时期学者们的划分情况来看,对判断的"关系"之下定言、假言、选言判断的划分情况,相比之前对判断的"量"和"质"的讨论情况而言要复杂得多。仅就以上多数学者在区分中的共同思路而言,可大致将划分总结为不分先后的两重划分:一是从判断本身是否是"有条件"的,来区分出定言判断和假言判断;二是通过区分简单判断与复合判断得出选言判断。其中,第二重划分中对简单判断与复合判断的区分,自亚里士多德时就已经出现,②而上述第一重划分中区分出来的假言判断,其实也是可以被归到第二重划分中区分出来的复合判断中的,这也说明当时学者们所采纳的两重划分之间并非是严格的先后递进关系,只是从不同的视角进行的划分。如果依照当时学者的这种划分立场,康德在判断表中将定言、假言、选言三种判断进行并列的做法显然是不符合上述两重划分标准的。对比以往学者依照两重划分标准得出的分类结果可知,康德实际上将第二重划分中被区分出的"简单命题"转换为

①　虽然如同托尼利所考证的,舒茨和约泽也做出了将定言判断、假言判断和选言判断并列的划分——舒茨是在1773年出版的 *Grundsaetze der Logik* 中,而约泽是在1775年出版的 *Institutiones Logicae* 中,从时间先后看虽然要略早于《纯粹理性批判》的出版,但是从康德的逻辑学讲座等早期文献可知,康德做出这种区分与二人是几乎同时或者是早于二人的。而无论康德做出这种区分与二者是否存在关联,至少如同托尼利所认为的,康德并没有追随大多数学者的观点。
②　亚里士多德在《解释篇》中曾说明:"在命题中间,有一种是简单的命题,即是,那种对于某事物断言了或否认了某些东西的命题;另一种命题是复合的,即是,那些由简单命题合成的命题。"简单命题和复合命题的区分在亚里士多德那里已经出现,但亚里士多德明显更为关注作为基本单位的简单命题,并没有对复合命题进行进一步的区分。参见亚里士多德《范畴篇　解释篇》,第64页。

自己判断表中出现的"定言判断",以此为基础,一方面接受了沃尔夫、鲍姆加登、兰伯特等学者将定言判断与假言判断并列的传统做法,另一方面又借鉴了迈埃尔将假言判断与选言判断并列的做法,将定言、假言、选言三种判断进行并列。①

康德在判断的关系划分中的独创性,显然不止于使用了"关系"这种特殊术语以及将定言、假言、选言三种判断相并列的做法,他所采用的分类的独创性更集中体现于其划分时所因循的划分标准,这种划分标准与之前学者们所采用的划分标准存在明显差异。通过对前述逻辑学家们所做分类的说明能够发现,他们在区分时往往因循的是语法规则,其根源在于传统逻辑"S 是 P"结构成分所具有的鲜明语法特征。② 在与康德同时代学者对复合判断的划分中,出现了多种多样的划分方式和判断种类,出现这种状况与使用的划分标准是直接相关的,也就是说,他们划分所因循的标准更多的是单纯的语法规则而非逻辑规则。③ 由前述学者们的区分可见,定言判断和假言判断的区分以及简单判断和复合判断的区分,都是比较常见的做法。前一种区分之所以被普遍接受,主要是着眼于句子本身的取值条件,后一种区分则是借助了判断的"S 是 P"结构形式来区分复合判断中的不同句子关系,但对句子关系的归类却难以避免地具有着鲜明的语法特征。虽然传统逻辑的"S 是 P"结构中同样参照了语法成分,但在复合判断的划分中所表露的语法特征显然与前者存在着

---

① 洛夫乔伊指出,就以往学者所使用的"简单命题"和"定言判断"来说,"康德是将术语'简单的'替换成'定言的'",并在此基础上将"沃尔夫学派的双重划分"中包含的三种判断进行了同一层次的并列。cf. O. Lovejoy, "Kant's Classification of the Forms of Judgment", p. 598.

② 豪克曾经就鲍姆加登将复合命题进一步区分指出,"这种区分实际上并没有为该问题的讨论提供任何实际上新的意见,而只是采纳了以往的划分方式",是"按照单纯的语法观点"所进行的划分。cf. P. Hauck, "Die Entstehung der kantischen Urteilstafel", S. 202.

③ 洛夫乔伊指出,"沃尔夫学派的学者们所做的划分之所以出现如此明显的琐碎的情况,是由于他们划分的基础是单纯语法性质的复合物中的非逻辑的部分"。cf. O. Lovejoy, "Kant's Classification of the Forms of Judgment", p. 598.

明显差别,亚里士多德将两者之间的差异称作"逻辑学与修辞学或诗学的区别"。① 可见,与康德同时代的逻辑学家们在划分中,最能体现出因循"语法规则"的就是对复合判断所做的区分。② 不仅从复合判断中区分出选言判断、联言判断,乃至于因果性判断、情态判断等,有的学者也将假言判断归入复合判断中。相比之下,康德在判断的关系标题下的独创性则主要体现为划分时所采用的新标准,而这种新标准是建立在他对判断结构的新理解上的。康德显然意识到,源自亚里士多德最初定义的"简单命题",基本可以与"定言判断"等同看待,因为两者都是"S 是 P"结构的基本句式,只是区分时的出发点不同而已。但是,即使将"简单命题"与"定言判断"视为等同,也并不意味着原本和"简单命题"有着并列关系的"复合命题"(即"选言命题"等)和曾与"定言命题"存在并列关系的"假言命题"两者之间就是并列关系。因此,在关系标题下的划分标准被康德称作与"认识"相关,定言、假言、选言判断不再仅仅是判断形式,而是与知识对象相关的。③

四、模态

在判断表中,康德使用"模态"作为判断分类的标题,并在该标题下列举出或然的、实然的、必然的三个环节,以对应于可能性—不可能性、

---

① 在亚里士多德的逻辑思想中,虽然区分了简单判断和复合判断,但他并没有就复合判断做进一步的划分,而是认为与他所讨论的问题直接相关的是简单命题,并且明确意识到了这是他所要讨论的逻辑学与修辞学或诗学的区别。"让我们撇开所有其他类型的句子而只谈命题,因为命题才是与我们目前的研究有关的,而对于其他类型句子的探讨,不如说是属于修辞学或诗学的研究范畴","只有那些在其中或有正确或有错误存在的句子,才是命题"。参见亚里士多德《范畴篇　解释篇》,第 63 页。
② 当然,这种对"语法规则"的依赖也是相对来说的,严格来讲"S 是 P"结构同样借助了语法成分的作用,然而,鲍姆加登等学者在划分复合判断时显然直接依照了部分语法结构作为划分的标准。
③ 参见 B99/A74 从"知识"角度对三种判断的描述。当然,由于康德在《纯批》等文献中仅仅是笼统地用"知识"的说法进行了比较简短的说明,使得这种原本就比较特别的解释很难被学者们接受,后文将结合判断表思想的形成过程,尝试更详尽清晰地说明康德所做的这种理解的思想基础。

存在—不存在、必然性—偶然性三对模态范畴。对康德选择使用的"模态"这种表述进行历史性溯源可知,他所处的时代在讨论相关问题时已经出现对"模态"这种表述的使用了。当时学者们对"模态"的使用大致有两种不同方式:一种并没有将"模态"视为独立的分类,该情况中的"模态"大都被认为是区别于简单判断的某种复合判断;一种是将"模态"视为独立的分类,只是该分类下的具体要素在各学者间并不一致。整体来看,将"模态"视为独立分类的观点在当时占据主流,因而有些学者会认为,康德只是追随了当时的主流观点,但是,尽管当时多数学者将"模态"视为独立分类,但该分类下的要素在各学者间并不统一,比如宽度、量、被证实的真与假、可能的真与假等,而这些要素之间的截然差异显然表明,尽管当时多数学者将"模态"视为判断的某种独立分类,但对于"模态"的理解仍旧是因人而异的,并没有某种确定的统一的说法。①在对"模态"彼此各异的诸多理解中,与康德的使用方式最为接近的应当是鲍姆加登。鲍姆加登根据"模态"对判断的区分与中世纪的做法相似,②在具体分类中考虑了必然与偶然等。③ 但更为关键的是,鲍姆加登将"模态"理解为是与肯定或者否定紧密联系着的某种变形,体现出了确定性感觉

---

① 通过对与康德同时代不同版本逻辑学教材的对比考察,托尼利指出,在 18 世纪的逻辑学教材中已经出现了"模态"这种说法,其中,没有选择将"模态"看作独立的分类的学者中有 12 人将模态归属于简单判断与复合判断这种分类,而 24 名学者选择将模态构造为独立的分类,但该分类中的要素并不一致,比如 Crusius 和 Mueller 将"宽度(Weite)"或者量也归入这一分类,而 Ruediger 还将模态与被证实的或者可能的真与假相联系起来。可知,虽然有些学者并没有将模态视为独立的分类,但多数学者选择将模态作为单独的类别看待。此外,托尼利也承认,尽管已经出现了将模态作为独立分类的做法,但模态之下的具体要素并不统一,因而仍然被视为一个"用途很广泛的术语"。cf. Giorgio Tonelli, "Die Voraussetzung der Kantischen Urteilstafel in der Logik des 18. Jahrhunderts", S. 153.

② 鲍姆加登使用了 Modi 这个术语,参见鲍姆加登,§243。cf. P. Hauck, "Die Entstehung der kantischen Urteilstafel", S. 204; O. Lovejoy, "Kant's Classification of the Forms of Judgment", p. 599.

③ 参见鲍姆加登,§160. cf. Giorgio Tonelli, "Die Voraussetzung der Kantischen Urteilstafel in der Logik des 18. Jahrhunderts", S. 142.

的上升或者减弱，①这种理解显然与康德的理解最为接近。可见，虽然康德在模态标题下设置的具体要素与其他学者存在差异，但对"模态"的理解则或多或少受到了其他学者的影响。总之，康德将"模态"视为独立的分类，他在该标题下提出了与别人不同的要素，也就是给出了对于判断的"模态"的个人的独特理解。

在对康德的判断表的模态标题下所设置的具体环节进行讨论时，笔者留意到康德在模态标题下所设置的是或然的、实然的、必然的三个环节，然而以往对模态词或者说有关模态做列举时，被列举的要素往往和康德的几对模态范畴更为接近。考虑到这些因素，下面的历史性考察将主要涉及两方面的问题：一是对当时的逻辑学家们有关模态的划分情况进行说明；二是对康德在模态标题下所使用的术语的出处进行说明。对当时的逻辑学家们有关模态的划分情况的说明，也可以理解为是对可能性、偶然性、必然性等模态词使用情况的历史性考察。模态词自亚里士多德时起就已经被提出，当时被讨论的有可能性、不可能性、偶然性和必然性，②但有些学者认为，亚里士多德并不是十分确定地给出这些模态词的，这也使得模态的数量在亚里士多德之后的整个中世纪一直变动不定。③ 这种情况直到康德所处的时代仍旧没有得到根本性的改变，学者们对模态下的判断的分类并没有比中世纪有多少改进。多数学者仍旧因循亚里士多德以来的逻辑传统，在模态之下只提到必然的、偶然的、可能的、不可能的四类，当然，有些学者也选择将上述四个模态词缩减到必然的、偶然的、不可能的三类，乃至于必然的和偶然的两类，此外，还有学

---

① cf. P. Hauck, "Die Entstehung der kantischen Urteilstafel", S. 204.
② 亚里士多德在《解释篇》以及《前分析篇》中都曾讨论过可能性、不可能性、偶然性和必然性。此处参见亚里士多德《范畴篇　解释篇》，第82—89页。
③ 豪克就认为，亚里士多德提到的这些模态词并不是十分确定地被给出的，此外，"在亚里士多德之后的整个中世纪模态的数量也是一直变动无限的"，比如模态词在 P. Hispanus 那里是六个，随后在奥卡姆（W. von Occam）那里又变成了只有四个。cf. P. Hauck, "Die Entstehung der kantischen Urteilstafel", S. 204.

者在模态下列举出六种,比如本质的、正常的、偶然的、单纯可能的、反常的、不可能的等。① 总体而言,模态词的这种自产生之初就具有的随意性仍旧体现在当时对模态的判断分类之中。在与康德思想关系紧密的几位学者中,除了刚才提到的鲍姆加登之外,沃尔夫、迈埃尔等人的逻辑作品中都没有出现对模态的判断划分的足够明确的表述。② 此外,在这些学者中,与康德的划分最为相近的是兰伯特所给出的划分。兰伯特指出,对那些附加了"相关词"的、起源于"普遍确定"的某些命题而言,还有其他的划分方式,这种"确定"是以"可能的"(Moeglichen)、"现实的"(Wirklichen)和"必然的"(Notwendigen)以及这三者的对立面等之间的不同作为基础的,这些表达式的最为简明的表述如下:1. A 可能③是 B;2. A 是 B;3. A 一定是 B,以及否定。④ 如此,兰伯特列举的可能的、现实的、必然的,与康德提出或然的、实然的、必然的三个环节在项目内容上基本一致。兰伯特还将可能的、现实的、必然的三者的对立面也纳入考虑,这与康德列举出"可能性—不可能性""存在—不存在""必然性—偶

---

① 据托尼利考证,有关 18 世纪的逻辑学教材中对模态下的分类情况,总数中有 24 人提到了必然的、偶然的、可能的、不可能的四类,有 3 人只提到了必然的、偶然的、不可能的,有 5 人只提到了必然的和偶然的,此外,Crusius 和 Mueller 给出了六种:本质的、正常的、偶然的、单纯可能的、反常的、不可能的。cf. Giorgio Tonelli, "Die Voraussetzung der Kantischen Urteilstafel in der Logik des 18. Jahrhunderts", S. 135–147, 153.

② 沃尔夫和迈埃尔并没有像鲍姆加登一样独立地讨论判断中的模态词,他们是在讨论假言判断等判断形式时同时谈到了"或然的"等模态关系,也出现了使用"先天(a priori)"这类术语来讨论"必然的"情况,但这种讨论只是顺带性质的。但康德在 B99–101 中对判断的模态的讨论方式,显然受到了沃尔夫和迈埃尔以上做法的影响。有关沃尔夫及迈埃尔的相关论述以及与康德观点的比较,主要参见 Ian S. Blecher, "Kant on Formal Modality", *Kant-Studien*, 104(1), 2013, S. 44–62;沃尔夫以及迈埃尔有关模态的论述也可参见 P. Hauck, "Die Entstehung der kantischen Urteilstafel", S. 204; Giorgio Tonelli, "Die Voraussetzung der Kantischen Urteilstafel in der Logik des 18. Jahrhunderts", S. 136, 141。

③ Lovejoy 将其译作"A *is capable* of being B",参见 O. Lovejoy, "Kant's Classification of the Forms of Judgment", p. 599。

④ Lambert, *Novum Organon* (1764), §137. cf. P. Hauck, "Die Entstehung der kantischen Urteilstafel", S. 204; O. Lovejoy, "Kant's classification of the forms of judgment", p. 599; Giorgio Tonelli, "Die Voraussetzung der Kantischen Urteilstafel in der Logik des 18. Jahrhunderts", S. 135–147, 153.

然性"三对模态范畴的做法也极为相似。可见,在与康德思想关联相对紧密的几位学者中,兰伯特有关判断模态的分类最有可能对康德的分类产生影响。

尽管兰伯特与康德在模态的大致分类上有着相似的结果,但两人使用的却是截然不同的术语。相比兰伯特使用的可能的、现实的、必然的(Notwendig)等术语,康德却使用了或然的、实然的、必然的(Apodiktisch),因此,有必要对康德在模态标题下所使用术语的出处进行溯源。康德在模态下使用的或然的、实然的、必然的这三个术语,从其使用方法和大致含义来看,与可能的、现实的和必然的等三个德文词是相似的,但是,由于这三个术语本身在德语的学术使用中相对少见,因此需要在其他语言体系中进行溯源。首先,表示句子种类的"Problema"在康德那里是作为"存疑的命题"的意义使用的,该术语被广泛使用于逻辑学的多种意义。据考证,法语的"problematique"有时候会作为怀疑论判断方式的标志而出现,这种用法不仅在 17 世纪的法国格外流行,同样也适用于英语中的"problematic""problematicall"等术语。其次,"实然的"在当时尤其是在德语学界其实是较少被用作哲学术语的,而在法语学界常被使用的"assertion""assertivement"以及在英语学界常被使用的"assertion""assertively""assertive",在当时的逻辑学传统中都是作为"被断定的句子""属于断言的""独断句(dogmatischer Satz)""独断的"等含义而被普遍使用的。[1] 最后,"Apodiktisch"相比前两者而言在用法上的变化却并不大,在传统逻辑语境下往往意味着"属于必然真""清楚明了的",直到 18 世纪依然保持了"必然的"这种用法。[2]

通过对康德使用的或然的、实然的、必然的这三个术语在其他语言

---

[1] 此处涉及 Richelet,Furetiere,Trevoux 以及《牛津词典》中的相应解释。cf. Giorgio Tonelli,"Die Voraussetzung der Kantischen Urteilstafel in der Logik des 18. Jahrhunderts", S. 154.

[2] 此处涉及 Jungius(1681)以及 J. Hoeker(1613)的观点。cf. Giorgio Tonelli, "Die Voraussetzung der Kantischen Urteilstafel in der Logik des 18. Jahrhunderts", S. 154.

中使用的情况,可以确证它们所表达的意思确实和之前所列举的可能的、现实的和必然的三个德文词是基本一致的,然而问题在于,康德为什么选择使用意义相近的另外三个术语。表面来看,康德没有采纳兰伯特使用的可能的、现实的、必然的三个术语,而是舍近求远地选择了另外三个相似的术词,似乎是为了避免判断表与范畴表中出现同样的术语,以强调两个表格之间的差异而刻意为之。但笔者认为,康德之所以引进这三个不同于兰伯特的术语,不单纯是为避免两个表格在术语上的重复,更是考虑到他所挑选的或然的、实然的、必然的这三个术语原本就与认识状态相关,而不仅仅是单纯的模态词。康德在他早期的逻辑学讲座中已经使用过这三个术语,而且都是与知识相关的,只是还没有和模态判断的分类建立起明确联系。比如,康德在《布隆贝格逻辑学》中就将"必然的"视为与"先天的"意义等同的术语来使用,认为"必然的"确定性是一种以证明为根据的确定性,或者认为必然判断是数学的先天独断的判断。[1] 有些学者认为,"实然的"与"必然的"在以往判断划分的传统中并没有出现过,"或然的"也仅仅是从康德开始才在这种相互关系中被使用的,而"或然的"与"实然的"这两个语词的使用应当是来自当时占据主流的怀疑论和独断论两种思维方式间的对立。[2] 这种观点是有其合理性的,当"或然的"与"实然的"各自代表知识问题中的两种不同思维方式时,"必然的"则在早期逻辑学讲稿中被康德理解为"先天的",也恰好体现出康德的先验哲学相比怀疑论与独断论在知识上的不同思维方式,而无论是怀疑论、独断论还是康德的先验哲学,都集中体现着学者们对待知识,尤其是对"真"的不同态度。康德认为,这三类视之为真的样式都可以用判断的方式表达出来,也就是或然的、实然的、必然的三种判断。

---

① cf. Immanuel Kant,*KGS*,Band 24.1,S.206,226.

② 托尼利在考察当时的模态判断划分情况后认为,"'或然的'与'实然的'两词的使用,毫无疑问是来自18世纪70年代对康德来说曾经十分重要的怀疑论与独断论思维方法间的对立"。cf. Giorgio Tonelli,"Die Voraussetzung der Kantischen Urteilstafel in der Logik des 18. Jahrhunderts",S.156.

从康德的表述比如"意见是一种或然的判断"等来看,或然的、实然的、必然的这三个术语最为根本的含义并不是作为某种判断形式,而是作为对待认识的真的不同态度。① 因此,由于兰伯特等学者所选择的可能的、现实的、必然的三个术语显然是作为判断中的模态词被使用的,这并不符合康德用于描述认识的真的态度的理论需求。② 可见,康德没有选择兰伯特给出的现成的术语,而是挑选了或然的、实然的、必然的三者,是因为需要用这三个语词体现对认识尤其是对真的某种态度。其中,无论是怀疑论、独断论还是先验哲学,或者说是意见、信念和真知,都不再仅仅是单纯模态词之间的区别。

至此,在对 18 世纪学者的判断的分类状况进行了比较充分的考察后,可以针对部分学者就判断表构成要素提出的原创性的质疑进行回应。之前提到,这些学者通过对比同时代的其他学者与康德的判断分类状况,认为康德的判断表中的很多要素在他之前的学者那里都曾出现过,因而是康德对其他人观点的单纯照搬或抄袭,算不上是原创性思想。对比康德稍早或与康德同时代的逻辑学家的观点进行了解后可知,判断表中出现的基本要素确实大多在其他学者那里出现过,如果仅从单独的要素本身进行对比,康德的独创性要素几乎是没有的。但是,判断表思想相比其他学者分类的独特之处,实际上应当更多地体现在各要素在各环节、标题下的结构关系中。此外,正因为康德就这

---

① 康德认为,"真是知识的客观属性,是某种东西借以被表象为真的判断;与一个知性的关系,也就是与一个特殊的主体的关系,主观上就是视之为真。……视之为真有三个种类或者样式:意见、信念和真知"。其中,"意见是一种或然的判断,信念是一种实然的判断,真知则是一种必然的判断"。参见《康德著作全集》第 9 卷,李秋零主编,北京:中国人民大学出版社 2013 年版,第 64 页。

② 康德的表述支持了这种观点,"我仅仅有所意见的东西,我在判断中是有意识地仅仅视之为或然的;我相信的东西,我视之为实然的……我知道的,我视之为必然确定的"。他还举例进行了说明,"例如,我们对不死的视之为真,如果我们如此行动,就好像我们会不死似的,则它就仅仅是或然的;但如果我们相信我们是不死的,则它就是实然的;最后,如果我们大家都知道,在今生之后还有来生,则它就是必然的"。参见《康德著作全集》第 9 卷,第 64 页。

些构成要素提出了新的结构关系,也使得判断表受到许多有着传统逻辑立场的学者的批评,认为判断表中的某些构成要素不符合传统逻辑的形式规范,或者说遗漏了某些应当出现的构成要素等,而康德之所以对这些要素进行如此的新结构设计,又在于他在传统逻辑判断形式的基础上提出的对判断结构的新理解,而这种对判断结构的新理解同样应当属于康德判断表思想相比其他学者而言的独创之处,并且应当被视为其思想的独创性的根基。①

第二节　康德对判断表构成要素的阐明

对判断表与18世纪逻辑学的考察,回应了有些学者对康德判断表思想并不具有原创性的质疑。接下来将对第二类质疑,即以传统逻辑的立场对判断表中某些构成要素的批评进行回应。虽然都涉及传统逻辑观点,但接下来不再仅仅关注历史性的对比与溯源,而是从思想本身对判断表构成要素的合理性进行讨论。讨论的重点集中在,应当如何理解康德对判断表构成要素所做的合理性论证。在对判断表内容的说明中,康德既承认判断表的构建借助了"逻辑学家们的现成的……工作"②,又认为"这种划分……偏离了逻辑学家们惯常的做法"(B95)。这种含糊的说明显然无法被多数持传统逻辑观点的学者们所接受。这些学者从传统逻辑的立场出发,对康德判断表中的各标题、环节提出了批评,这些质疑主要针对判断表中某些标题或环节的设置并不符合逻辑形式规范等问题。相比之下,有些学者在为康德判断表中对传统逻辑所进行的改动提供合理性辩护时,往往会以康德解释判断表内容的文本为根据,认为判断表具有认识特征,是"先验的表格",以此驳斥

---

① 后文将集中论证,康德在《杜伊斯堡遗稿》中提出的判断的"a－b－x"结构,同样被应用于《纯粹理性批判》中的这种观点。
② 康德:《未来形而上学导论(注释本)》,第64页。

来自传统逻辑立场的种种质疑。但是,这种解释并没有正面回应批评者的质疑,反而又容易造成判断表作为"先验的表格"与传统逻辑截然割裂的印象,这显然又无法自然地解释康德所宣称的判断表借助了"逻辑学家们的现成的……工作"这种说法,所以这种辩护仍旧是难以让人满意的。

　　笔者认为,仍然有必要重新对康德关于判断表构成要素的说明部分进行考察,并结合其他学者所理解的观点,寻找到康德做出这些解释的更为深层的原因,而不是简单地将一切变动的原因都归结到判断表相比传统逻辑而言所具有的所谓"认识特征""先验特征"上来。考察的核心问题是判断表与传统逻辑的关系,因此,笔者将首先整理持传统逻辑立场的批评者们的意见,梳理出判断表中受到质疑的主要具体标题或环节。随后以康德文本内容为基础,结合学者们对康德文本内容的理解,印证在历史溯源部分得出的有关康德判断表要素设置原因的某些推断,并尽可能寻找康德在构建判断表时,在某些构成要素的处理上与传统逻辑观点产生悖离的深层原因的线索。

一、来自传统逻辑立场的质疑

　　对判断表构成要素合理性的第二种质疑观点认为,各种构成要素并不符合逻辑规范。康德本人在第二版序言中曾强调过,"逻辑学自古以来就已经走上这条可靠的道路,这从以下事实就可以看出:自亚里士多德以来……逻辑学是不曾允许后退一步的;……逻辑学值得注意的还有:它直到今天也未能前进一步,因而就一切迹象来看似乎已经封闭和完成了"(BⅧ)。传统逻辑自亚里士多德以来已经历了足够长时间的考量,其间经过众多学者的努力也没能给它带来实质性的发展。即便是现代逻辑,依旧没有完全摆脱亚里士多德的词项逻辑以及传统逻辑中的命题逻辑等内容。有些学者虽然承认康德的判断表具有某种程度的独创性,但他们认为,康德在判断表中对以往判断分类观点所做的改动并不符合传统逻辑的观点,康德通过判断表改动传统逻辑,只是为了给他的范畴表提供表面上的基础,①毕竟康德的先验逻辑需要从成熟的学科比如逻辑学出发。② 所以,康德的判断表受到了许多具有逻辑学背景乃至现代逻辑学知识背景的学者的批评。这些学者主要针对的是康德所列判断表中的各具体要素的设置,比如有些要素不符合逻辑学标准,同时也遗漏了许多应当被列入表中的要素。如果判断表的构成受到质疑,会直接影响到康德先验逻辑核心要素的范畴表的合理性基础。因此,有必要给出康德在他的判断表中对传统逻辑学中的某些要素所做处理的理论根据,而在这项工作之前,我们需要了解以上学者从结构要素的角度给出的具体批评情况。

对康德判断表中要素设置合理性的批评意见主要集中在三个方面:第一,康德判断表中的某些环节并不是严格的逻辑判断形式,因此不应当出现在表的体系中,主要涉及单称判断、无限判断以及模态标题下的三个环节等。针对单称判断与无限判断,帕茨西认为,尽管康德想要按照纯粹普通逻辑的规则建立起判断表,但判断的量与质标题下的单称判断与无限判断明显是在先验逻辑的帮助下才被引入判断表的。按照现代形式逻辑的观点,单称判断或许是没有问题的,但是由于否定判断的存在,无限判断从现代的形式逻辑意义上讲却是多余的。兰克同样认为无限判断并没有体现出逻辑形式。与此同时,兰克认为模态标题下的三个环节是不应当出现在表的体系中的,因为它们并不是逻辑判断形式或者逻辑功能③。帕茨西从形式性考虑,同样认为判断的模态并没有依照

① 部分学者如黑格尔等是从判断表与范畴表之间关系的角度对判断表提出质疑的,针对这种观点,将在随后讨论判断表与范畴表之间关系的章节中进行回应,本章内容仅限于对判断表结构中要素提出的质疑进行讨论。
② 参见亨利·E. 阿利森《康德的先验观念论:一种解读与辩护》,第 176 页。
③ cf. Hans Lenk, *Kritik der logischen Konstanten — Philosophische Begruendungen der Urteilsformen vom Idealismus bis zur Gegenwart*, S. 34. 有关判断的模态部分,参见 S. 21—23。

形式的标准。比如康德所说的"所有的身体都是有外延的"这个句子，在康德本人看来体现了模态中的必然性环节，是一个必然的句子，但是从形式上来讲这个句子和"所有的鲸鱼都是哺乳动物"这个句子并没有什么区别。

　　第二，康德的判断表中遗漏了某些应有的构成判断的逻辑形式，其中有些是被认为可以替换康德判断表中原有要素的逻辑形式，比如与关系相关的不相容联结、否定联结等，有些则是被认为完备的判断表所应当具有却被判断表所遗漏的逻辑形式。前一种情况，由于量、质、模态等标题下的要素基本来自当时的逻辑学成果，只有关系标题这种区分具有更多的原创性，因此这种质疑也主要集中在关系标题下。比如，兰克认为，康德在判断表中只强调了假言判断和选言判断，尽管这种安排所构成的关系的三个环节被看作是最精简的系统，但是对这个系统而言我们依然还有许多其他任意选择的可能性，比如也可以用"不相容联结"或者"否定联结"来代替，这两种联结同样也符合判断表关系标题下最小系统的要求；在假言判断与选言判断相对于其他判断形式并不存在明显特殊性的情况下，康德选择将这两个纳入关系标题之下的做法显示出一定的随意性。[①]　这种观点只是认为康德所列举的判断形式是可以被相似的判断形式替换的，而在接下来的质疑中，学者们则是认为康德的判断表缺乏了某些本应具有的判断形式，或者说康德给出的表格无法容纳本应该具备的某些判断形式。比如，帕茨西认为在判断表的关系标题下缺乏"并列关系"，也就是通常所说的"并且"，而以"现代形式逻辑"的观点来看，[②]有些关系判断是无法被放到表里的，比如具备"相比每一个数都有

---

① 不相容联结（Unvertraeglichkeitsjunktor，→A ∧ B，Sheffer），否定联结（Negationsjunktion，→A ∧ →→B，Peirce）。cf. Hans Lenk, *Kritik der logischen Konstanten — Philosophische Begruendungen der Urteilsformen vom Idealismus bis zur Gegenwart*, S. 34–35. 有关假言判断部分，参见 S. 24—26；选言判断部分，参见 S. 26—27。

② cf. Guenther Patzig, "Wie sind synthetische Urteile a priori moeglich?" S. 42–43.

一个更大的数"这种结构形式的关系判断。① 赫费在列举某些同样满足客观有效性,却很难与康德的列表相符的各种判断时也提到了所谓的单称关系判断("慕尼黑比斯图加特大"),此外他还提到了像同一判断("晨星即昏星")、数学等式("7+5=12")等。②

第三,有些学者认为,判断表没有办法表述清楚分别处于不同标题下的两个环节之间的关系,比如有些分别处于不同标题下的环节无法同时被应用于同一个判断,有些环节被转化为具体的判断形式时被认为重复出现了。前一种情况,比如帕茨西所指出的,从划分视角的协调一致考虑,判断的量只能作用于定言陈述,同时康德在文本中也没有给出否定的假言判断或选言判断这种说法,假言判断和选言判断只能是肯定的。③ 涅尔认为,如果判断表是按照统一的原则划分,并穷尽了所有判断类型的话,那么任何一个具体的判断都可以在这个判断表中找到它相应的位置,那么判断表的四个标题中任一标题下的任一环节,都应当可以和另一个标题下的任一环节相结合,形成一个复杂判断,但实际上这种情况并不总能实现,例如不可能存在一个判断既是假言的又是否定的。④ 施特劳森也有相似的疑虑,他举例说,如果有一个假言命题,有一个全称的前件和一个单称的后件,那么这个假言命题到底是全称的还是单称的?⑤ 关于上述第二种情况,部分学者像泰特斯(Tetens)、鲍姆嘉特纳(Baumgartner)就将康德判断表中四个标题下的各环节转化为具有"S 是 P"基本结构的 12 种命题形式,⑥在这些被列举出的形式中会出现重复的

---

① 帕茨西的这种观点实际上针对的是亚里士多德传统三段论逻辑无法表达"关系"。
② 参见奥特弗里德·赫费《康德的〈纯粹理性批判〉——现代哲学的基石》,第121页。
③ cf. Guenther Patzig, "Wie sind synthetische Urteile a priori moeglich?"S. 42-43.
④ 参见威廉·涅尔、玛莎·涅尔《逻辑学的发展》,北京:商务印书馆 1985 年版,第455—457页。
⑤ cf. P. F. Strawson, *The Bounds of Sense—An Essay on Kant's Critique of Pure Reason*, p.79.
⑥ cf. Holms Tetens, *Kants Kritik der reinen Vernunft—Ein systematischer Kommentar*, Stuttgart:Reclams, 2006, S. 90;鲍姆嘉特纳(Hans Michael Baumgartner),《康德〈纯粹理性批判〉导读》,李明辉译,台北:联经出版公司,1988 年版,第69—70页。

情况,比如质标题下的肯定判断、关系标题下的定言判断和模态标题下的实然判断都可以用"S 是 P"来表述。

上述质疑大多是针对判断表中的某些具体构成要素提出的,整体而言比较细琐,①因此,我将针对学者们质疑中主要提及的判断表的标题与环节,以对康德的文本内容分析为基础,就康德判断表与传统逻辑学对具体判断形式的理解的异同进行说明。通过对康德判断表中具体要素的阐明,也可以消解前文中学者针对判断表提出的部分质疑。

二、单称判断与无限判断

1. 单称判断

康德对判断表的量的标题的说明,是结合对传统逻辑学家们关于"单称判断"和"普遍判断"的理解的批判而展开的(B96)。康德在判断的量部分实际上分别讨论了迈埃尔、鲍姆加登在判断的分类中的"普遍判断"和兰伯特分类中的"单称判断"。迈埃尔和兰伯特的这两种"二分法"从结构来说存在较大差异,但实际的分类所因循的基本原则都是来自相同的传统逻辑的观点,只是在处理角度上存在差异。从康德对"单称判断""普遍判断"的使用情况来看,他显然已经理解到了兰伯特、迈埃尔等学者如此分类的原因,而康德相较于传统逻辑的这些分类观点,坚持了将单称判断与全称判断、特称判断相并列的分类方式。

仅从结构上看,康德的划分方式反而是与最初迈埃尔、兰伯特等人所反对的沃尔夫的划分最为相似的。部分学者对此颇为不满,认为从"纯粹的形式逻辑观点"出发,康德没有采用兰伯特的区分方法,而是选

---

① 上述第三类中涅尔、施特劳森、泰特斯等学者提出的质疑,表面来看涉及传统逻辑,但从根本上讲是将判断表中的判断结构理解为传统逻辑的"S 是 P"结构而得以成立的,因此,对这些质疑的回应将归类到下节持现代逻辑立场的学者批评判断表的"S 是 P"判断结构的讨论中去。只是此处从表面上看仍旧与传统逻辑相关,故仍然列出。

择了与沃尔夫相似的"三分法"这种做法是一种"倒退"。① 事实上,无论是迈埃尔还是兰伯特的区分方式在当时的逻辑学教材中都是被使用相对较少的,绝大多数学者仍然使用全称、特称、单称的"三分法",这种处理方式将亚里士多德提到的包括单称判断在内的三种判断一起列举了出来,是看上去比较稳妥的方式。因此,康德的选择从表面看来反而是最符合当时的主流的。迈埃尔与兰伯特从不同角度表示了对当时这种"三分法"的不满,主要在于以沃尔夫为代表的这种划分方式仅仅是将三种判断进行了简单罗列,缺少应有的划分标准。而康德认为是需要有明确的划分标准的,虽然他没有采纳迈埃尔、兰伯特等人的"二分法"观点,但他并不反对这两种划分方式自身的合理性,反而希望在二人研究的基础上进一步完善这种结构。因此,想要理解康德如此处理单称判断的原因,需要回应如下问题:同样是"三分法",沃尔夫与康德有何不同?

通过康德在文本中结合"单称判断"和"普遍判断"所做的补充说明,可知他对迈埃尔与兰伯特所代表的观点是极为熟悉的,而他在讨论过程中将在"普遍判断"中出现的问题同样归结于"单称判断"这种做法,也体现了康德对亚里士多德逻辑学的准确把握。在此基础上,我很难相信康德的"三分法"又回到了沃尔夫的立场上。因此,我需要找到康德坚持"三分法"所因循的标准。康德认为,与这些逻辑学家从词项的外延考虑单称判断的角度相反,"如果我们把一个单称判断仅仅作为知识,按照量与一个普遍判断进行比较,那么这种知识与普遍有效的判断的关系就如同单一与无限的关系,因而就其自身而言与后者有本质性的区别"(B96)。按照洛夫乔伊的理解,康德在这里"将逻辑学家们所使用意义上的'量'简单地转化为单纯数学或算数意义上的'量'",具体解释的话就是,"对康德来说,判断并不是通过判断向我们表明的属的比例来区分

---

① cf. P. Hauck, "Die Entstehung der kantischen Urteilstafel", in: *Kant-Studien* 11(1-3), 1906, S. 196-208.

的,而是通过判断告诉我们多少事情来区分的"①。洛夫乔伊的解释是基本符合康德的意思的,但他接下来认为,"康德并没有意识到他的这种做法,以及这种做法无法推出正确的结果",并指出,康德之所以没有依照以往形式逻辑的观点,而是"武断地坚持一种'三分法'"的主要原因在于,他已经预先得到了一组包含三个量的数学化范畴,而正如康德所认为的,我们可以从判断表推导出范畴表,所以为了对应于这三个范畴而在判断的量的分类中坚持采用了"三分法"。② 在关于康德对"单称判断"的处理上,与洛夫乔伊观点类似的学者并不在少数,这些学者普遍认为,康德坚持生硬地将"单称判断"与"全称判断""特称判断"并列,是为凑足三个数目以与范畴表中量的条目下的范畴数量相一致。③ 也正是因为如此,他们对康德给出的"作为知识的量"的解释并没有过多地重视,认为康德更像是为了凑足数量而含糊其辞。

此处暂且不讨论康德对"单称判断"的处理方式是否是为了与范畴表达成一致,还是回到康德在 B96 中给出的解释说明。之前提到,豪克认为康德"三分法"是一种"倒退",又重新回到了沃尔夫的立场。而依照洛夫乔伊的说法,康德对"量"的理解是区别于当时的那些逻辑学家们所持有的形式逻辑的观点的,而沃尔夫作为当时逻辑学家的代表性人物自然也不会例外。首先,从文本给出的解释(B96)出发,康德确实给出了他所认为的自己对"量"的区别于其他逻辑学家的理解,即不是从主词与谓词之间的外延关系,而是从"知识"的角度来考虑"量",同时指出两者间

---

① cf. O. Lovejoy,"Kant's classification of the forms of judgment",pp. 588 – 603.

② cf. O. Lovejoy,"Kant's classification of the forms of judgment",pp. 588 – 603.

③ 前注中提到托尼利认为,在对判断的量的划分上,虽然康德追随了多数学者的观点,但依旧与他在 18 世纪 70 年代初的讲座中的观点相违背,他在这里之所以这么做,可能是那三个已经被确定了的量的范畴起到了引导作用。康德在 18 世纪 70 年代初的逻辑学讲座中的观点主要因循于迈埃尔。不同于多数学者从康德处理"单称判断"的不自然这一情况出发,托尼利是从康德思想发展脉络的角度提出了他的疑问,并同样将可能的解释归结于判断表与范畴表的对应。cf. Giorgio Tonelli,"Die Voraussetzung der Kantischen Urteilstafel in der Logik des 18. Jahrhunderts",S. 151.

的区别是"本质性的区别"。从这点看来,豪克的"倒退"的说法就存在问题,尽管从表面形式上讲,康德与沃尔夫的"三分法"是基本一致的,但其各自所遵循的划分方式是有着"本质性的区别"的。不同于豪克的观点,洛夫乔伊虽然承认确实存在这种区别,却不认同康德给出的这种区别的说服力,也就是说康德是从范畴表出发才将"单称判断"与其他两者并列的,他认为康德给出的解释本身并不见得符合实际情况。然而,在随后的文本中,康德再次提到了这种"本质性的区别":"如果我对一个单称判断不仅仅按照其内在的有效性,而且还作为一般知识,按照它与其他知识相比所拥有的量来作出估价,那么,它当然与普遍判断有区别。"(B96)康德确认了之前的说法,并进一步指出"作为一般知识"的单称判断"理应在一般思维的一个完备的环节表中(尽管当然不是在仅仅局限于各种判断相互之间的应用的逻辑中)占有一个特殊的位置。"(B96)可见,康德将从主词、谓词间的外延关系与从知识的角度出发来考虑"量"的区别作出了进一步解释,认为这种区别也涉及"一般思维"与当时的讨论判断的使用状况的传统逻辑学之间的区别。而这种认识的"量"的标准,确实是康德本人对该划分方式所给出的解释。沃尔夫只是将亚里士多德提及的全称判断、特称判断、单称判断等进行单纯罗列,虽然迈埃尔、兰伯特等人对这种单纯罗列的做法表示不满,但这三种判断确实是亚里士多德通过对语言中的命题结构"S 是 P"中的主谓词进行分析得出的。从实际效果来讲,或许沃尔夫的这种将三种要素并列的划分方式确实为康德之后所采用的"三分法"提供了借鉴价值。但传统形式逻辑中虽然列出了单称、全称、特称三种判断,在实际操作中却无法将三者放在同一个层次上进行并列,因此与沃尔夫以及当时多数逻辑学家将三者进行简单罗列不同,康德的做法确实能够使三者在同一个层次上并列。传统形式逻辑是从判断的语言结构出发的,而康德却可以被看做是从思维、认识的角度出发。并且,依凭这种理解实际上所讨论的就不再是作为语言形式的判断,而是思维中的与认识相关的判断。而这种理解也符合康德格外强调单称判断等的认识、思维层面的做法。可见,康德在《纯粹理性批判》等文本中对单称判断和判断的"量"的理解,与之前的历史性溯源部分所得出的理解是基本一致的。

2. 无限判断

关于判断的质标题下的无限判断,康德提到以往逻辑学家区分肯定判断与否定判断的标准时指出,"普遍的逻辑抽掉谓词的一切内容(即使这谓词是否定的),只关注这谓词是被附加于主词,还是与它相对立"(B97)。可知,康德本人对亚里士多德、迈埃尔、兰伯特等逻辑学家将判断的质划分为肯定与否定两者的做法是非常理解的。而康德所说的"只关注这谓词是被附加于主词,还是与它相对立"这方面,指的也正是前面提到的判断的"形式"。从亚里士多德以及迈埃尔的讨论,人们了解到一个肯定判断之所以能够被称作无限判断,主要原因是其主词或谓词部分出现了否定的情况。因此,亚里士多德举了不确定的主词与动词比如"非人""非正义"等例子展开讨论,而康德则使用了无限判断"灵魂是不死的"作为例子进行讨论。康德通过举例说明的方式对迈埃尔等人的说法表示理解,"'灵魂是不死的',虽然根据逻辑形式来说确实是肯定判断"(B97—98)。康德就这个例子对无限判断做了进一步的解释:"由于有死者在可能存在者的全部外延中包括一个部分,而不死者则包括另一个部分,所以通过我的命题所说的无非是,灵魂是在我把有死者全都排除的时候依然存留的无限多事物中的一个。"在解释无限判断所谓"无限"与"无限多事物中的一个"这种无限可能性相关的同时,康德提出了无限判断中所体现的限制的一方面,即"一切可能事物的无限领域只是就有死者被与此隔离、灵魂被置于其外延的其余范围而言才受到了限制"。这种说法也是在为之后范畴表所对应的"限制"范畴的出现做铺垫,毕竟在讨论这个例子之初康德就说过,"先验逻辑却还根据凭借一个纯然否定的谓词所作出的这种逻辑肯定的价值或者内容来考察判断,并且考察这种肯定就全部知识而言带来了什么样的收获"(B97)。然而,

"这些就逻辑外延而言的无限判断在一般知识的内容方面实际上纯然是限制性的,而且就此而言,它们在判断思维的一切环节的先验表中是不可忽略的"(B98)。

通过康德的上述说法,可以了解到康德确实也有出于对应范畴表的"限制"范畴这种考虑,而将无限判断与其余两个判断并列的做法。这种理解也是被普遍接受的。① 在讨论到无限判断自身所含有的限制性因素时,豪克通过对比之前学者使用过的相似概念,认为康德在理解这种判断时,并不是将其理解为"一种单纯的语言的表达形式"②。这种理解主要针对的是在无限判断中被看作否定成分的主词与谓词,也就是亚里士多德所谓的"不确定"的名词或动词。亚里士多德曾提到,"严格的说来,'非人'这个用语不是一个正当意义的名词","而是一个不确定的名词,它在某种意义上也表示着一件单一的东西"。这种说法与康德对所举例子"灵魂是不死的"的分析中所持的思想是一致的。在两人具体分析各自所举的"非人"、"非正义"以及"不死的"等否定的命题部分时,他们都认为必须经由对相应的被附加上否定符号(比如"非""不"等)的语词的相应的外延,比如"人""正义的事物""有死者"(以下暂用符号 P 代替这三者),才有可能得出对前述三个否定性的命题部分的理解。 也就是说,

---

① 比如托尼利结合康德早期逻辑学讲座的内容指出:"比较清楚的是,康德依照最经常性的使用确定了质的形式,并且最初只包含肯定与否定。只是在之后,有可能是考虑到对称(如此在每个标题下才会有三个范畴),他才将无限判断引入。"cf. Giorgio Tonelli, "Die Voraussetzung der Kantischen Urteilstafel in der Logik des 18. Jahrhunderts", S. 151. 豪克也支持这种观点,他认为:"康德试图如同对待单称判断一样将这种空的形式,通过关联一个同样使之远离的(fernliegend)限定(Limitation)或者限制(Beschraenkung)概念而将其加入。"cf. P. Hauck, "Die Entstehung der kantischen Urteilstafel", S. 196 – 208.
② 豪克提到了在康德之前逻辑学中偶尔出现的"约束性公理或者判断(axioma oder indicium restrictivum)"的说法,"这种表述出现在康德之前的 J. Heinricus Alstedins 的作品 Systema Harmonicum Logicae 中"。通过对该著作关于"约束性公理(Axioma restrictivum)"的描述的分析,豪克认为,Alstedins 对"约束性公理"的理解"是一种单纯的语言的表达形式,而不是一种逻辑的独立的判断种类"。相比之下,康德所理解的无限判断与这种约束性公理或者判断"没有关系"。cf. P. Hauck, "Die Entstehung der kantischen Urteilstafel", S. 196 – 208.

如果要理解"非 A",需要首先确定外延性的"一切可能事物的无限领域",随后在这个领域中排除"A"的外延部分,剩下的部分则是所要求的"非 A"的外延部分。结合康德的说法,"一切可能事物的无限领域只是就有死者被与此隔离、灵魂被置于其外延的其余范围而言才受到了限制",可知这种理解是没有问题的。与此同时,在进行这种操作时,虽然诚如亚里士多德所说,"非 A"的外延"在某种意义上"是"一件单一的东西",但我们无法直接获得对这件"单一的东西"的认识,所以尽管无限判断被迈埃尔等人视为肯定判断,但依然无法抹除两者间的区别,"那用'非人'这个用语的人,如果没有什么别的再加上去,比起那用'人'这个用语的人,却并不是更接近而是更远离了那必定或为正确或为错误的陈述方式"①。康德同样意识到了这一点,"即使有这种剔除,这个范围依然始终是无限的,还可以再排除它的更多的部分,灵魂的概念并不因此就有丝毫的增加和得到肯定的规定。"

康德之所以选择将无限判断与肯定判断、否定判断进行并列,是出于对认识的考虑。前面提到康德之所以如此操作是为了对应于范畴表的观点,此处姑且不论范畴表与判断表究竟谁影响了谁,可以确定的是在两个表格之间存在着对应关系,那么无限判断是如何与"限制"范畴对应的呢?这个问题也是托尼利等学者认为康德在 B97—98 中所要解决的提供"引入无限判断的论据"的问题,而解决这个问题的关键点就是判断中的否定成分"非 A"中的"非"。前面提到迈埃尔在谈到判断中的否定成分时认为,一个判断中的"主词或者其谓词或者以上两者同时是一个否定",就可以被称作无限判断。也就是说在"S 是 P"结构中的 S 与 P 中只要有一个本身是否定就是无限判断,在这种观点中 S 与 P 本身被看作是否定的,然而,依照之后亚里士多德与康德的解释说明,如果"S 是

---

① 亚里士多德:《范畴篇 解释篇》,第 77 页。

P"中的谓词是一个否定成分,应该用"非 A"而不是"P"来表示。因为直接使用 P 并不能体现出"非 A"中的"非"以及"A"在构成否定成分时所必须经过的具体流程。之前我曾强调,亚里士多德在理解命题的否定成分时实际上做出了两种层面的区分:可以被理解为"一个不确定的名词",也可以表示"单一的东西"。而这两种层面的区分实质上体现的是"词项"与"词项的外延"的分别。如果按照迈埃尔定义所依照的"S 是 P"结构来看,假设 P 是否定的,那么依照亚里士多德的观点,P 可以是一个词项,也可以代表词项的外延,如此是没有问题的。然而,如果严格依照无限判断的结构用"非 A"替代"P",就会发现上述做法的问题所在。替换后的"A"自身依旧可以被看作"名词(词项)",也可被看作"东西(词项的外延)",当"非 A"中的"A"被看作词项时,其中的"非"可作为语法符号出现,因此"非 A"也只是被看作词项。但是,当"非 A"中的"A"被看作词项的外延时,作为构成部分的"非"是没有与语词相应的外延的。而依照亚里士多德的观点,"P"也即"非 A"是可以表示词项的外延的,因此,在考虑到将"A"看作词项外延的同时,这里的"非"就不能表示"某样东西",只能是康德所认为的理解无限判断所不可或缺的一种"逻辑功能"。由此也可以理解康德经常提到的,先验逻辑相比形式逻辑而言,除讨论判断的形式外,也会讨论判断的内容。从刚才的分析可知,这种说法里的"内容"并不涉及认识中的"经验性"的成分,而是指"S 是 P"结构中作为判断的内容或质料,即 S 与 P 中所蕴含的"逻辑功能"。之前处理"单称判断"时也是类似的情况,这些是与思维紧密相关的。当康德围绕原本作为判断质料的 S 或者 P 又进行与质相关的区分时,传统逻辑的"S 是 P"作为判断结构在康德判断表的质的划分中的有效性问题就极为可疑了。康德因此认为,"就逻辑外延而言的无限判断在一般知识的内容方面实际上纯然是限制性的,而且就此而言,它们在判断思维的一切环节的先验表中是不可忽略的,因为这里所履行的知性功能也许在知性的纯粹先天知识的领域里会是重要的"(B98)。

三、判断的关系

　　在前一节的逻辑史考察中，我认为以往学者在区分判断的关系时往往是因循"语法规则"，如果依照这种观点，康德对于判断的关系之下判断种类的选择自然也无法摆脱"语法规则"的影响。即便如此，他又为何在鲍姆加登等学者划分出的众多判断中最终选择了定言判断、假言判断、选言判断作为判断表的关系条目下的三个并列要素？通常的观点是，康德之所以在关系条目下选择了这三种判断，是为了对应他在范畴表中所列的三对关系范畴："依存性与自存性（实体与偶性）""因果性与隶属性（原因与结果）""共联性（行动者与承受者之间的交互作用）"（B106）。康德在对判断表的关系部分的解释说明中指出，"在判断中思维的所有关系是：a. 谓词与主词的关系；b. 根据与结果的关系；c. 被划分的知识与划分的全部分支相互之间的关系"（B98）。随后，他结合这三种关系对应到三种判断上来，"在第一类判断中只考察两个概念，在第二类判断中考察两个判断，在第三类判断中就相互之间的关系而言考察多个判断。"（B98）对比康德范畴表中的三对关系范畴，"依存性与自存性（实体与偶性）""因果性与隶属性（原因与结果）""共联性（行动者与承受者之间的交互作用）"，能够看出，搁置范畴与判断形式之间的差别，以上三种判断形式的根据，也就是"判断中思维的所有关系"（谓词与主词、根据与结果、被划分的知识与划分的全部分支相互之间的关系）与三组括号内的关系范畴（实体与偶性、原因与结果、行动者与承受者之间的交互作用）之间的相似性，虽然它们相互之间的对应关系似乎还不足够清晰。

　　托尼利为了证明康德在关系条目下选择这三种判断是为了对应于他在范畴表中所列的三对关系范畴这种观点，提到了在《百科全书讲座》中的"实体与偶性，原因与结果，整体与部分"三对概念。他认为，这三对概念在康德早期对关系范畴与关系判断的选择中发挥了重要作用，表现在两个方面：一是"对关系范畴与关系的判断形式之间的平行结构的构建"，二是"从三个关系范畴中选出相应的判断形式"。① 托尼利的观点，实际上是以这三对概念作为关系判断下的三个环节以及三组关系范畴之间的中介，从他所声称的这三对概念对 1768 年康德思想的影响，可知这三对概念在时间上应当先于康德最早对关系判断以及关系范畴的讨论。至此，托尼利认为，从时间先后来看，康德《纯粹理性批判》中出现的判断中"思维的关系"的三种体现，即关系判断下的三个环节，与三组关系范畴等要素之间确实存在对应关系，并且相互间的决定关系的形成过程应当如下所示，依照最初的"实体与偶性，原因与结果，整体与部分"三对概念，康德首先构造出了相应的三组范畴，并依照范畴表与判断表的对应关系选择了定言的、假言的、选言的作为判断的关系标题下的三个环节，并在《纯粹理性批判》中对应于最初的三对概念使用了判断中"思维的关系"的三种体现的说法对以上三个环节进行论证。总而言之，如果坚持认为康德在关系条目下选择了这三种判断是为了对应于他的三对关系范畴，那么采用与上述相似的思路，就可以比较完善地解释康德为何在众多判断中最终选择了定言判断、假言判断、选言判断作为判断表的关系条目下三个并列的要素的问题。

我认为，以上也只是托尼利根据康德前批判时期各讲稿中相关内容的变化所进行的推论，并非康德本人做出的明确说明。有关托尼利指出的"实体与偶性，原因与结果，整体与部分"三对形而上学概念，似乎无法直接证明或否定其产生的作用。既然以往学者在区分判断的关系时往往因循"语法规则"，那么康德当然也可以依照自己的喜好在自圆其说的情况下选择自己需要的判断。比如我们当然也可以认为康德是为了解决休谟的因果关系问题而将假言命题列入判断的关系命题下，而不仅仅单纯由于范畴表中关系范畴的需要。此外，托尼利等学者认为判断表的

---

① cf. Giorgio Tonelli, "Die Voraussetzung der Kantischen Urteilstafel in der Logik des 18. Jahrhunderts", S. 152.

要素是对应于范畴表才建构出来的根本原因在于,从现有文本材料看,我们有可能由康德在前批判时期对各范畴的临时列举的方式推进到范畴表的产生,而相比之下,仅仅由早期逻辑学讲稿中对判断的分类的表述却无法推论出判断表的产生,因此,托尼利等学者认为康德对范畴的处理是一个渐进的过程,而判断表则几乎是通过当时康德提出的和范畴的平行结构而突然产生的,因此有理由推断出康德的判断表是建立在范畴表的基础之上的。[①] 这种观点实质上是认为,从所掌握的早期文献材料中无法找到康德对他的判断表的渐进的构思过程,但我们在第一章中就尝试对康德早期文本中有关判断表的这种渐进的构思过程进行发掘,因此托尼利从这种立场出发所得出的康德的判断表是建立在范畴表的基础之上的观点是值得商榷的。

此外,即便康德本人在谈到判断的关系时提到了和关系范畴的关联,我们也无法得出判断表的关系标题下的各环节是依照于三对关系范畴而设置的这种结论。或许关系范畴对判断的关系标题下各环节的设置存在影响,但也无法说明康德没有对判断的关系问题进行过独立思考。在《布隆贝格逻辑学》中康德就已经提出了"关系判断"的说法,并列举了相对重要的假言判断、选言判断,但与最终判断表相比,他在讨论判断的关系时并没有提到定言判断,而定言判断只是在《布隆贝格逻辑学》涉及推理的章节中作为与假言判断相反对的判断而被提到。[②] 依照第一节中对以往学者划分方式的考察,康德的这种区分方式应当是直接受到了迈埃尔的影响。笔者在之前的考察中已经指出,迈埃尔首先区分出简单判断与复合判断,又依照复合命题中主词或谓词相互关系的不同,区分出假言判断与选言判断。他定义了假言判断,"从条件推出,而不是被

---

① cf. Giorgio Tonelli, "Die Voraussetzung der Kantischen Urteilstafel in der Logik des 18. Jahrhunderts", S. 147 – 148.

② cf. Immanuel Kant, *KGS*, Band 24. 1, S. 285.

给出为真或为假的一个肯定判断,是一个假言判断";①随后又定义了选言判断,"一个选言判断是一个在其下的许多判断中只有一个为真外其余都为假,并且没有确定哪些是真哪些是假的这样一个肯定的判断","这些复合在一起的判断,叫做对立或反对的各部分"。② 之所以认为康德的区分直接受到迈埃尔的影响,不仅在于迈埃尔对简单判断与复合判断的划分,又在复合判断中划分出假言判断与选言判断,更多是在于他对选言判断所做的"这些复合在一起的判断,叫做对立或反对的各部分"的描述。因为康德在《布隆贝格逻辑学》中曾说明,他将考虑两个判断间相互关系的这些判断叫做关系判断,由于在判断中的所有的关系要么是结合关系,要么是矛盾关系,因而在两个判断之间的关系同样也是要么是结合关系,要么是矛盾关系,其中表示两个判断间的结合关系的,就是假言判断,表示矛盾关系的,则是选言判断。③ 可见,康德最初对判断的关系进行的划分,应当同样是参照了定言判断的"S 是 P"结构中主词与谓词之间的关系,并将单独的判断分别视为"S"与"P"进行代入,并类比于判断中主谓词之间的肯定和否定两种情况得出了假言判断和选言判断。然而,我们在之前的逻辑史考察中似乎从未看到别的学者有类似的表述。但是,从迈埃尔的定义来看,诸如,假言判断下属的两个判断可以从前件真推出后件真,尤其是选言判断下属的那些判断是相互对立或反对的部分,这种描述与康德所认为的表示两个判断间的结合关系的是假言判断,表示矛盾关系的是选言判断的说法,是一致的。综上,笔者认为康德对判断的关系的区分直接受到迈埃尔的影响。此外,定言判断在《布隆贝格逻辑学》中仅仅在涉及推理时作为与假言判断相反对的判断而被提到,但康德在《斐利比逻辑学》中就已经开始将定言判断与假言判断、选言判断联系起来看待,他在其中区分了正常判断与非正常判断,后

---

① cf. Georg Friedrich Meier, *Auszug Aus Der Vernunftlehre*, §305.

② cf. Georg Friedrich Meier, *Auszug Aus Der Vernunftlehre*, §307.

③ cf. Immanuel Kant, *KGS*, Band 24.1, S.276.

者中被比较的是一个判断与另一个判断,可以进一步区分为假言判断、选言判断,而前者中被比较的是一个概念与另一个概念,这种描述实际上就是指最基本的具有"S 是 P"结构的定言判断[1]。总之,康德在《斐利比逻辑学》中对于判断的关系做出了如下改动:将定言判断解释为体现了概念间的关系,将假言判断、选言判断解释为体现了判断间的关系,并将选言判断中涉及多个判断的情况也处理为真的选言判断。经过以上改动可以发现,康德在《斐利比逻辑学》中对于判断的关系的划分已经基本符合最终的判断表;而如同我们之前所推测的,康德此时仅仅是为了开设逻辑课程而单纯就判断种类的划分所进行的思考,从时间上看当时他也仅仅是刚开始构思《纯粹理性批判》的写作计划,范畴表尚未成形。因此,认为康德在判断的关系命题之下设立定言的、假言的、选言的三个环节,是为了迎合康德范畴表中的三组关系范畴的观点,是站不住脚的。此外,康德在《斐利比逻辑学》中的说明,也表现出他在划分判断的关系时选择上述三类判断的原因。事先值得一提的是,有些学者往往会认为,康德在有关判断的关系标题下设置的三个环节主要来自斯多亚学派逻辑学的影响,然而,正如当代学者沃尔夫所指出的,康德的判断表中实际上并不涉及斯多亚学派的逻辑传统,有些被认为受斯多亚学派影响的地方,实际上是对亚里士多德逻辑学说已经蕴含的内容的阐发。[2] 而从前文的表述可知,康德将定言判断、假言判断、选言判断并列的做法实际上最初是以亚里士多德的"S 是 P"结构为框架的,随后这种选择在《杜伊斯堡遗稿》中再次得到体现,康德通过对 a、b、x 三者之间三种不同关系的划分得出了定言判断、假言判断、选言判断,并在其中首次尝试推导出实体与偶性、原因与结果、处于实在统一性下的集合三组关系概念。[3] 可

---

[1] cf. Immanuel Kant, *KGS*, Band 24.1, S. 464.

[2] cf. Michael Wolff, *Die Vollständigkeit der kantischen Urteilstafel. Mit einem Essay über Freges "Begriffsschrift"*, S. 231 - 240.

[3] cf. Immanuel Kant, *KGS*, Band 17, S. 635; Theodor Haering, *Der Duisburg'sche Nachlass und Kants Kritizismus um 1775*, S. 89,89n.

以认为,这是康德在讨论到判断的关系时坚持多次的选择。当然,康德曾经从定言判断、假言判断、选言判断推导出相应的三组关系概念,严格来讲也并不能说明康德一定是从这三个具体的判断形式推导出相应的三组关系概念的。结合托尼利的观点,以及康德在早期文献中的相关说法,基本可以确定的是,这三组形而上学中经常被讨论的概念,对康德在《纯粹理性批判》中判断表的关系标题下选择定言判断、假言判断、选言判断而不是联言判断等其他判断是产生了影响的,毕竟康德最终要讨论的是形而上学问题,当然要尽可能地选择与形而上学中的重要概念相关的判断形式。

得出以上观点后,我们就有必要就前述三组概念与三种判断形式之间的对应关系进行论证,由于《杜伊斯堡遗稿》中提出的三对概念与托尼利所列举的基本一致,因此仍旧从托尼利所列举的三对概念展开讨论。依照亚里士多德逻辑学的观点,因循于"实体与偶性"这对概念选择定言判断或者说简单命题是显而易见的,也正因此,康德也只是在解释"判断中思维的所有关系"时列出了"谓词与主词"的关系作为对应,却没有对定言判断作出解释,而是直接对假言判断进行说明(B89—99)。康德对假言判断也并非十分关注,除了在对三种判断的一般性说明中指出假言判断对应的是"根据与结果的关系"之外,只是揭示了假言判断不同于定言判断"只考察两个概念",而是对两个判断的考察(B98)。但是在以往逻辑学家们的分类中,存在着与假言判断相近的因果性判断(kausal)①,仅从康德上述对假言判断的说明似乎并不能够使我们清楚地区分开假言判断与因果性判断,而相比假言判断,因果性判断和因果性范畴之间的相似性似乎更为明显。因此,我们有必要回答如下问题,与"根据与结果"相对应的判断种类,为什么选择假言判断而不是因果性判断? 总体

---

① 在托尼利的考证中有 13 位学者提到了"因果(kausal)性判断"并将其归于复合判断之下,也可知因果性判断还是相对普遍地被接受的。cf. Giorgio Tonelli, "Die Voraussetzung der Kantischen Urteilstafel in der Logik des 18. Jahrhunderts", S. 152.

来讲，康德之所以选择了假言判断，可以有如下几个可能的原因：首先，从历史方面来说，迈埃尔的区分方式是将假言判断与选言判断看作独立的类别，而康德本人深受迈埃尔逻辑学思想的影响，在早期《布隆贝格逻辑学》中他也同样因循迈埃尔的做法将假言判断与选言判断看作并列的分类；此外，在康德之前有逻辑学家认为因果性判断其实是来自假言判断的，康德或许受到了这种观点的影响[①]。其次，从两个判断本身的对比来讲也还是存在着区别的，假言判断最初是为区别于无条件的简单判断而作为有条件的判断被定义的，因此迈埃尔用德文将 iudicium hypotheticum（假言判断）译作 ein bedingtes Urtheil（条件判断），而借助这种定义方式我们可以进一步区分出假言判断中的前件与后件，由此可以清楚地看出假言判断在定义之初所因循的就是逻辑规则；而结合前文中提及的鲍姆加登等学者的区分可知，因果性判断不同于假言判断，是从复合判断中区分出来的，这种区分并没有因循严格的逻辑规则，更多的是对应于语言使用中的语法成分。最后，从康德对假言判断的补充说明（B89—B99）中可知，虽然假言判断体现的是"根据与结果的关系"，但他真正关心的并非前后两个判断或者命题之间具有语言因素特征的因果性，而是与条件相关的严格的"推论"或者说"一致性、连贯性"。比如康德认为，构成选言判断的"两个命题自身是否真在此还没有得到澄清，通过这一判断所思维的不过是推论罢了"[②]（B89）。而从假言判断与因果性判断的以上这种区分以及康德所做出的选择中，我们也可以看到休谟所讨论的因果关系问题对康德的影响。[③] 综合考虑以上各种原因，康德

---

① 此处指的是逻辑学家 Corvinus 和 Gunner，二人将因果性判断归溯于假言判断。cf. Giorgio Tonelli，"Die Voraussetzung der Kantischen Urteilstafel in der Logik des 18. Jahrhunderts"，S. 152.

② 其中的 die Consequenz，李本译作"结论"，为区分于"原因与结果（Wirkung）"中的"结果"，此处作"推论"，可参照 B100 中"惟有 Consequenz 是实然的"用法。

③ 康德在对应于"原因与结果"时没有选择因果性判断，而是选择了讲求相对中性的"条件"的假言判断，这种做法和休谟对待因果关系的态度很相似。

对应于"原因与结果"选择了假言判断。

在关系的三种判断形式中,康德最为关注的是选言判断。有关选言判断,需要从两个方面进行说明:一是对应于选言判断的"整体与部分"这对概念,二是选言判断与判断所表达的知识的真。对应于选言判断的最初的概念是"整体与部分",按康德的理解,选言判断所体现的是"被划分的知识与划分的全部分支相互之间的关系",选言判断中所考察的是,"就相互之间的关系而言"的"多个判断",在范畴表部分则是"共联性(行动者与承受者之间的交互作用)"。表面上看,康德显然对"整体与部分"这对概念做了较多的改动,然而,如果我们仔细观察他给出的解释(B98—99,B111—112),"选言判断包含着两个或者更多的命题相互之间的关系,但并不是次序的关系,而是如果一个命题的领域排除另一个命题的领域则产生的逻辑对立关系,但同时毕竟也是如果它们一起填充真正的知识的领域则产生的共联性的关系"(B99),可知,这段话从命题间的领域的相互关系的角度对选言判断进行了说明,进而联系到共联性范畴,尽管康德在用词上出现了比较大且复杂的变动,但是他想要说明的其实依旧围绕着"整体与部分"这对概念。具体说来可以看作两点:整体中的"部分"以及由部分构成的"整体"。在接下来的文本(B99)中,就体现了这两种方向。当然,康德不再直接使用"整体"与"部分"这两个语词,而将两者所对应的概念进一步充实,比如在关系范畴的括号中原本的三对概念中的前两对"实体与偶性""原因与结果"都被沿用了下来,但是在与选言判断对应的共联性范畴的括号内,康德却没有使用"整体与部分",而是选择了用"行动者与承受者之间的交互作用"。康德本人也意识到这种看上去有些复杂的改动可能造成的晦涩难懂(B111—112),因此反复解释说明他对共联性范畴与选言判断之间对应关系的看法(B98—99,B111—112),该说明同样从"部分"与"整体"两方面展开。关于部分,康德指出,选言判断所体现的关系是"一种知识的领域的各个部分的关系,因为每一部分的领域对于被划分的知识的全部总和来说都是另一部分的领域的补充",也就是整体之下的各部分的相互关系,"把知识从这些领域中的一个除去,则意味着把它置入其余领域中的一个,与此相反,把它置入一个领域,则意味着把它从其余的领域除去"。对各部分相互关系的讨论必须是在各部分构成一个整体的前提下,这种对部分的限定也很自然地导向了对整体的讨论。因此康德随后指出,"在一个选言判断中,有某种知识的共同体,它就在于这些知识相互排斥,但由此却毕竟在整体上(im Ganzen)①规定着真的知识,因为它们总的来说构成了唯一的一种被给予的知识的全部内容"(B99)。在解释共联性范畴时康德再次提到了选言判断,并且相比此前的说明格外强调这些同一个整体中的各部分之间的相互关系(B112)。通过考察康德将"整体与部分"这对概念逐步发展为共联性范畴的过程,可见康德对选言判断的理解在其中同样起到了应有的作用。此外,从整体与部分之间的关系出发,康德在解释选言判断时进一步涉及判断所表达的知识的"真"。"在一个选言判断中……但由此却毕竟在整体上规定着真的知识"(B99)。而迈埃尔对选言判断做出如下定义,"一个选言判断是一个在其下的许多判断中只有一个为真外其余都为假,并且没有确定哪些是真哪些是假的这样一个肯定的判断","这些复合在一起的判断,叫做对立或反对的各部分"。② 结合康德对选言判断的解释说明(B98—99,B111—112),对比

---

① 根据托尼利的说法,"第一个量的范畴叫作'整体'(omnitudo),并且根据那个时候常用的 totum intnegrale 概念而对应于所有可能性(Wahrscheinlichkeit)所不同,此时的'整体与部分'明显对应于 totum essentiale;只是在之后才被引入的共联性(Gemeinschaft)或者交互作用(Wechselwirkung)范畴所替代"。参见 Giorgio Tonelli,"Die Voraussetzung der Kantischen Urteilstafel in der Logik des 18. Jahrhunderts",S. 152. 应当注意这里对"整体"的理解,在康德范畴表中量的部分出现的"全体性"(Allheit),和关系范畴所涉及的"整体"(Ganz)有着明显的不同。如果所谓整体并不强调其是由部分构成的整体,那么这种整体和量的范畴中的单一性(Einheit)也就没有太多的差别了,所以结合了单一性与复多性的全体性与这里由部分构成的整体性是比较容易混淆的。就像康德指出的,定言判断涉及的是两个概念之间的关系,而选言判断涉及的是处于一个整体之下的多个判断相互之间的关系,或许也是为了使涉及关系时的整体与量的范畴中的"全体性"进行区别,所以康德使用了"共联性"这个术语来替代原本"整体与部分"中的"整体"的说法。

② cf. Georg Friedrich Meier, *Auszug Aus Der Vernunftlehre*,§307.

以上康德与迈埃尔的观点可知:首先,尽管康德对应于选言判断构造出看似复杂的共联性范畴,但仅就选言判断自身所表现的整体与部分之间的关系而言,康德的理解依然是与迈埃尔一致的。其次,虽然二人都是依据整体与部分的关系对真进行讨论,并且就取值的方式而言康德和迈埃尔的理解保持一致,但是迈埃尔讨论的是判断的取值的真假情况,而相比之下,康德却是讨论的判断所要表达的知识的真假情况①。

康德对判断所表达的知识的关注显然不仅限于选言判断,在之前所讨论的定言判断、假言判断中同样如此,用康德的表述就是关注的是"思维的关系"。结合前文,当我们讨论判断间的"关系"时,所涉及的就不再仅仅是判断或者判断中的思维或知识,而是这些判断或者判断中思维或知识之间存在的关联。仅从这些关联来讲,我们自然能够发现迈埃尔定义的假言判断中各判断关系与康德定义的假言判断中思维的关系的相似性。然而,虽然与迈埃尔的定义在取值等问题上存在相似性,但康德在《纯粹理性批判》中并没有因循迈埃尔或者当时多数逻辑学家仅仅是从判断出发对判断做出种类划分的做法,或者说康德在讨论判断时同样强调它的认识论层面。康德在文本解释之初就明确了所谓"关系"指的并不是"判断的关系",而是"判断中思维的关系",虽然随后依旧需要借助于不同的判断所具有的形式展开讨论,但这种讨论的对象依旧是思维层面的。康德对选言判断以及共联性的讨论占据了解释说明的大部分内容,他通过对部分之间的"逻辑对立的关系"与从整体来看的"共联性关系",对这些命题的领域之间的关系以及由这些命题的领域构成的真正的知识的领域进行了说明。在这种叙述过程中,我们能够看到康德开

---

① 此外,值得注意的是,康德在谈论选言判断时提到的判断所表达的知识的"真"的问题,是和康德随后在模态部分的讨论紧密相关的,"是为了下面的内容在此必须予以说明的"(B99)。

始通过各命题的领域来构成知识的领域的说法,将"命题"由最初单纯的语词结构的理解,逐步过渡并最终作为知识来理解。

四、判断的模态

相比判断的关系标题,学者们对模态标题的质疑并不在于其下三个环节的设置,而是集中于模态在判断表中相比其他标题所发挥的作用的不同。因此,下文首先说明康德对模态的理解与通常所认为的"模态词"之间的区别,随后对模态标题在判断表中的作用进行具体说明。

首先,康德所谓的模态,也就是或然的、实然的、必然的三种判断形式,是否仅仅指相应的"模态词"？亚里士多德、兰伯特等学者的理解,明显倾向于将"模态"与"模态词"联系起来。比如,亚里士多德在《解释篇》中举出的有关模态的例句都是有"可能""偶然"等模态词的,并提及,"在将这些语词造成肯定命题和否定命题的时候,我们必须把它们分别和'可能'及'偶然'等词结合起来"[①]。而前文中提到的兰伯特"那些附加了相关的词的起源于普遍确定的某些命题"这种表述,也使用了"相关的词"的说法来表示模态,在举例中也同样是采用了附加"可能""必然"等模态词的做法。然而,康德对判断的模态进行解释说明的部分(B99—101)做出了与以上方式不同的界定,即"判断的模态是判断的一种极为特殊的功能",这种对"模态"的理解显然和之前亚里士多德和兰伯特将"模态"更多地视为"模态词"是有差异的,而这种差异也在随后康德所举的例子中得到更直观的体现。康德举了两个例子,即假言判断"如果有一种完善的正义,则冥顽之恶徒将受到惩罚",以及选言判断"世界要么是由于一种盲目的偶然,要么是由于内在的必然,要么是由于一种外在

[①] 亚里士多德:《范畴篇　解释篇》,第84页。

的原因存在的"。他认为,按照之前在判断的关系部分的说法,"如果两个判断的关系构成假言判断",并且"如果选言判断就在于两个判断的交互作用(划分的各个分支)",那么,构成假言或者选言判断的这两个判断"就全都只是或然的"(A75/B100)。第一个句子中的"有一种完善的正义"就被康德理解为并不是实然地说出的,而是仅仅被思维成一个随意的判断,也就是说可能会有人认为这个判断是对的,但同时也可能明显是错误的,但是无论"有一种正义"的取值如何,"唯有推论是实然的"(A75/B100)。可见,康德所说的"有一种完善的正义"之所以能够是或然的,在于该命题具有"如果······则······"这种假言命题中的关系。虽然假言判断中的"有一种完善的正义"尚未取值,但是可以进行取值,也就是表达了一种"逻辑可能性",并且按照康德的理解这种可能性并非是"客观的","这种可能性是一种使这样的命题有效的自由选择",也就是说这种取值究竟是真是假是任意的,但是一定是可以取值的。正因为是一定可以取值的,所以对前后两个命题间关系的"推论"是"实然的"。在这种意义上康德才继续指出,"作为或然的来看,毕竟是真的知识的条件"(B101)。康德采用了基本上相同的思路,继续对原本出现在选言判断中的例子进行了说明,"'世界是由于一种盲目的偶然存在的'这个判断在选言判断中只具有或然的意义,也就是说,某人可能在某个时刻接受这一命题,但它毕竟有助于发现真的命题"(B100—101)。康德使用了较长的篇幅解释"或然的"这个概念,相比之下对"实然的"与"必然的"解释就比较简洁,不再举出具体的例子,仍然依照真假取值的方式对两类命题进行了说明。比如,"实然的命题说的是逻辑的现实性或者真","表明该命题已经按照知性的规律与知性结合在一起了";而"必然的命题则把实然的命题思维为由知性的这些基本规律本身规定的,从而是先天地断言的,并以这样的方式表达逻辑的必然性"(B101)。格外值得一提的是,康德在上述解释中提到的假言判断、选言判断以及"先天地断言"等与模态之间的这种联系,其实并非是他本人首次发现的。前文提到沃尔夫和迈埃尔并没有着重讨论到判断中的模态,然而他们是通过假言判断等判断形式来考虑"或然的"这些模态关系,也出现了使用"先天"这类术语来讨论"必然的"情况①,这种讨论方式明显和鲍姆加登等学者的做法存在区别。从康德在此处文本中对模态的讨论可知,康德的这种讨论方式显然受到了沃尔夫和迈埃尔的影响。布莱希尔(Blecher)曾指出,康德在《纯粹理性批判》中提出的模态理论应当被理解为是与更普遍的"批判的"知识概念相关的②。而我们从 B101 中讨论"或然的"时列出的两个例子可知,康德所举的例子只是正常的假言判断和选言判断,在这两个判断中并没有模态词如"可能""必然"等出现,康德却依旧使用这两个例子对"或然的"和"实然的"进行解释说明。由此可见,康德对判断中的模态的理解,和沃尔夫、迈埃尔等人的理解似乎更为接近,将假言判断中的条件句和选言判断中的一个分支判断都视为与"或然的"相关。可见,在康德看来,模态不仅仅指的是含有模态词的判断,而是更为宽泛的与思维或者说与知识相关的模态。因此,尽管上述两个句子不包含模态词,但是正如康德在判断的关系部分所提到的,它们表现的是相应的"知识的领域",从知识的角度看是与模态相关的。

其次,虽然前面澄清了康德是从知识而非语词的层面来谈论模态的,但康德同样指出模态是与"知识的内容"无关的。"判断的模态是判断的一种极为特殊的功能,它自身具有的特别之处就在于,它对判断的内容毫无贡献(因为除了量、质和关系之外,再也没有什么构成一个判断的内容了),而是仅仅涉及与一般思维相联系的系词的值。"(B99—100)这段话说明了两点:一是康德认为模态与知识的内容无关;二是康德认

---

① 有关沃尔夫及迈埃尔的相关论述以及与康德观点的比较,主要参见 Ian S. Blecher, "Kant on Formal Modality", *Kant-Studien*, 104(1), 2013, pp. 44 - 62;此外,沃尔夫与迈埃尔提及模态的一些观点,可参见 P. Hauck, "Die Entstehung der kantischen Urteilstafel", S. 204; Giorgio Tonelli, "Die Voraussetzung der Kantischen Urteilstafel in der Logik des 18. Jahrhunderts", S. 135 - 147.

② cf. Ian S. Blecher, "Kant on Formal Modality", pp. 44 - 62.

为模态与知识的真值，也就是康德所表述的系词的值相关①。而这两个观点也从侧面体现出康德对"知识的形式"的理解：由第一点可知模态应当是与知识的"形式"相关，进而在第二点中提到了模态与知识的真值相关。由于在一个判断中真值往往取决于判断的主词与谓词之间的关系，也就是判断的形式即系词，所以康德将知识的形式与系词的值进行等同也是有其道理的②。然而接下来的问题是，我们应当如何看待这种只与"知识的真值"有关的模态呢？如同康德提到的，判断的量、质、关系构成了判断的内容，那么被看作只是与判断的系词相关的模态的具体作用是什么呢？如果我们只是从作为语词结构的判断出发，我们完全可以沿用鲍姆加登对模态的理解，即豪克总结的，"与肯定或者否定紧密联系着的某种变形，体现出了确定性感觉的上升或者减弱"。这种将模态与"肯定与否定"联系起来的做法，同康德将模态与判断的系词进行联系的做法是基本一致的，但是鲍姆加登是单纯从判断出发的，因而可以简单地将模态对肯定和否定的影响解释为"确定性感觉的上升或者减弱"，而康德所理解的模态却涉及知识的真值，涉及思维，因此仅仅用鲍姆加登的这种说法显然是不能解决问题的。用康德的说法，"或然判断是人们在其中认为肯定或者否定都仅仅可能（随意的）的判断；实然判断是肯定或者否定被视为现实（真实）的判断；必然判断则是人们在其中把肯定或者否定视为必然的判断"。结合前面提到的知识的真值的说法，通常的理解是将模态与相应判断或知识的赋值情况联系起来。比如巴萝柯（Buroker）认为，"在或然判断中，人们会带着给出一个真值的承诺去思维或理

---

① 托尼利认为康德的这种说法可能来自 Arnauld 的观点或者《王港逻辑》，同时他认为与康德相似的观点在康德之前的 18 世纪的一些德国逻辑学家那里也出现过，尽管其中的某些没有被如此坚定而明确地表述出来。cf. Giorgio Tonelli,"Die Voraussetzung der Kantischen Urteilstafel in der Logik des 18. Jahrhunderts", S. 153 – 154.
② 而这种说法也体现出康德在使用"判断"或者与判断成分有关的术语时，有时指的是其语法结构，有时是凭借这种结构讨论相应的知识，对康德的这种混用后文会再次讨论。

解这个判断……实然判断和必然判断都包含有取值"①。阿利森也有类似的观点,"或然判断被视为有获得真值的能力,尽管这个值是未确定的。与之相比,实然判断的真值是确定的"②。也即,学者通常是由判断的取值情况来理解判断是或然的还是实然的,具有取值条件但尚未取值的是或然的,已经取值的是实然的。但仅是如此的话,必然的判断和实然的判断之间的区别就没有那么明显了,就像巴萝柯前面所表述的一样。所以,这种取值依然还要强调是作为知识的判断的取值,从知识的角度来区分实然的判断与必然的判断的区别。但仅仅如此理解又会面临"心理主义"的问题,正如布莱希尔所认为的,这种理解的困难之处在于,人类主体在认识过程中并不会去解释为什么只有通过这种一步步的形式模态才能去认识,对知识而言这似乎并非一个逻辑事实。③ 也就是说,仅从主体获得知识的角度来看,模态完全可以被看作一个心理过程,而受这种观点影响的学者显然也不在少数。康普斯密就认为康德对模态的补充说明④是"不相干的和误导性的","这种从意识到是或然的,通过确定其为实然的,并将其解释为必然的这种推进过程,只是表现了个体心灵中的一个心理顺序"⑤。此外,还有学者指出,康德的模态理论用心理学"败坏"了逻辑学。⑥ 而康德显然是不会允许心理学等经验性的内容出现在逻辑形式中的,他将取值与知识维度相结合时对模态做出了如下论述,"在这里一切都逐步地并入知性",康德将三种模态判断从简单

---

① cf. Jill Vance Buroker, *Kant's "Critique of Pure Reason": An Introduction*, Cambridge University Press, 2006, p. 91.

② cf. Henry E. Allison, *Kant's Transcendental Idealism: An Interpretation and Defense, Revised and Enlarged Edition*, Yale University Press, 2004, p. 145f.

③ cf. Ian S. Blecher, "Kant on Formal Modality", pp. 44 – 62.

④ 康普斯密指的是《纯粹理性批判》中的 B99—101。

⑤ cf. Norman Kemp Smith, *A Commentary to Kant's "Critique of Pure Reason"*, New York: Palgrave Macmillan, 1918, p. 194.

⑥ cf. Kneale, *William and Martha: Development of Logic*, New York: Oxford University Press, 1985, p. 356.

的赋值过程与知性联系起来,进而将三种模态的递进取值过程表述为在认识中与知性进行联系的不同阶段。"人们首先或然地判断某物,继而也实然地认为它是真的,最后断言它与知性不可分割地结合在一起,也就是说是必然的和无可置疑的"(B101)。如此,通过表明知性在模态中的作用,可以避免在模态与知识相关时产生"心理主义"倾向,而强调其客观性。同时,正是这种与知性的关联,使得康德对判断的模态的分类具有了豪克提到的鲍姆加登等传统逻辑学家在区分时所没有的"现实的统一的基础"。

第三节 新判断结构与判断表的认识特征

有关判断表构成要素设置的合理性问题,前文中提到的许多学者都提出了他们的批评观点。此外,康德在阐明判断表中各要素的设置标准时经常出现的"知识论"标准,同样引起了学者们的诟病。对以上批评与质疑观点,本节会在讨论的内容中进行回应。本节着重讨论的问题,不再是判断表中具体的各类构成要素,而是这些表格中各构成要素所共同拥有的判断形式结构。

一、由判断的"S 是 P"结构产生的问题

本章开篇曾提到学界对康德判断表构成要素合理性的三种质疑,前两种都已讨论过,第三种质疑主要来自有现代逻辑背景的学者,他们认为,判断表中各环节依旧因循着传统逻辑"S 是 P"的判断结构,但这种结构明显阻碍了康德在构建判断表时希望其达成的理论目标。的确,学者们普遍认为康德判断表中各环节是有着传统逻辑的"S 是 P"判断结构的,像泰特斯、鲍姆嘉特纳等学者就将康德判断表中四个标题下的各环节转化为具有"S 是 P"基本结构的 12 种命题形式,并指出转换成"S 是 P"形式之后,康德判断表在要素设置上的不合理,比如被列举的形式中

会出现重复的情况,质标题下的肯定判断、关系标题下的定言判断和模态标题下的实然判断都可以用"S 是 P"来表述等。[①] 为便于理解,我将泰特斯、鲍姆嘉特纳以"S 是 P"结构所理解的判断表中各环节应具有的结构列举如下:

表 2.1 泰特斯、鲍姆嘉特纳:以"S 是 P"结构理解判断表

量	全称的(所有 S 是 P)	特称的(一些 S 是 P)	单称的(这个 S 是 P)
质	肯定的(S 是 P)	否定的(S 不是 P)	无限的(S 是非 P)
关系	定言的(S 是 P)	假言的(当 S 是 P 时,R 是 Q)	选言的(S 是 P 或者 S 是 Q)
模态	或然的("S 是 P"是可能的)	实然的(S 实际中是 P)	必然的("S 是 P"是必然的)

表 2.1 对判断表中要素判断结构的理解,其根源是认为康德判断表仍旧属于传统逻辑的领域之内,这种想法似乎是理所当然的。但问题是,判断表各要素的形式结构,不仅涉及对判断表各标题下各环节的理解,同样也涉及由判断表向范畴表的推进,亦即如何从判断形式推出相应的知性概念。依照具有现代逻辑背景的学者的观点,由于康德的判断表中各环节依然采用了亚里士多德逻辑学的判断的"S 是 P"结构,因此无法达成形而上学演绎所需要的从判断的形式推出范畴概念的目标。比如施特劳森认为,康德在判断表中所采纳的传统亚里士多德逻辑的"逻辑形式",因为没有顾及特殊和类之间的区别,所以不太可能是范畴的来源,而这种逻辑形式,由于形式的原子命题通常是将普遍概念应用于特殊情况,也就是说如果范畴表是从康德对判断的逻辑形式的划分中产生的,那么它最多只是给了我们个别事物或者一般种类的名称,而这

---

① cf. Holms Tetens, *Kants Kritik der reinen Vernunft—Ein systematischer Kommentar*, Stuttgart:Reclams, 2006, S. 90;Hans Michael Baumgartner,《康德〈纯粹理性批判〉导读》,李明辉译,台北:联经出版公司 1988 年版,第 69—70 页。

其实在直观和知性的划分中已经完成了。[①] 施特劳森的批评主要集中于判断表中要素所具备的传统逻辑的"S 是 P"判断形式,阿利森对这种质疑做出如下评价:康德的计划在传统亚里士多德逻辑的脉络中无论显得多么合理,但根据现代真值函项和谓词的逻辑来看,它就是一个显然无望的设想。[②]

　　本章开篇曾总结了对判断表构成要素的三种质疑,即认为判断表并不具有明显的独创性,判断表中某些构成要素的分类不符合逻辑规范,以及判断表中构成要素自身的形式结构依旧因循传统逻辑。必须指出,前两节的讨论只是对前两种质疑的初步回应,本节在具体回应第三种质疑的同时,也是对前两种质疑的根本性回应。也就是说,学者们对判断表构成要素合理性的各种质疑,其根源在于,他们仍旧认为判断表中各要素共同具有的判断形式是来自传统逻辑的"S 是 P"结构,因此,他们以传统逻辑的标准指责康德判断表中构成要素的各方面问题,但实际上,康德早在《杜伊斯堡遗稿》中就已经意识到传统逻辑形式结构在讨论认识问题时的天然缺陷,因而考虑了新的判断的形式结构。

　　如此,如果笔者能够论证康德在判断表中确实采纳了不同于传统逻辑的新判断结构,那么对表格中要素设置合理性的质疑自然就丧失了其有效性。首先,是对表格中要素原创性的质疑。本章第一节对判断表原创性的讨论,确实也证实了康德相比其他学者在判断分类上采纳了一些比较少见的方式,但是,判断表最重要的创新应当是对其中要素判断结构的创新,而正是由于采用了新判断结构,因此才影响到表格中要素的选择、各标题的安排不同于传统逻辑的观念。其次,是站在传统逻辑立场对表格中要素设置合理性的质疑。一方面,是对表格中某单独要素的

---

① cf. P. F. Strawson, *The Bounds of Sense—An Essay on Kant's Critique of Pure Reason*, pp. 81 – 82.
② 参见亨利·E. 阿利森《康德的先验观念论:一种解读与辩护》,第176页。

质疑,比如指责单称判断、无限判断不符合传统逻辑形式规则,关系标题下缺少联言判断等。本章第二节结合康德文本中的阐释对这些要素的设置合理性进行了讨论,讨论中发现,康德将这些要素的设置原因归结为判断表应当体现的"认识特征";由于传统逻辑的分析性特征,这种回应当然会引起持传统逻辑立场的学者们的强烈不满,然而,如果能够论证判断表中的新判断不再是分析性的"S 是 P"结构,并且新结构是可以讨论感性对象的,那么康德所说的判断表应当具有的"认识特征"就是理所当然的了。另一方面,是对表格中某些单独要素间或标题间关系的质疑,比如如果依照表格中的标题设置,会出现一个既是假言的又是否定的判断,而质标题下的肯定判断、关系标题下的定言判断和模态标题下的实然判断都是一样的,都可以表述为"S 是 P"。① 然而,这些对判断表中各标题关系的理解仍旧是建立在传统逻辑的"S 是 P"结构的基础之上的,学者提出的这些质疑,归根结底是对判断表中各具体要素所采纳的判断基本结构的质疑。实际上,这些持传统逻辑立场的学者们,可以说与接下来要谈到的持现代逻辑立场的学者们有着共识。而第三种质疑,就是从现代逻辑立场出发,认为以判断表中传统逻辑的"S 是 P"结构无法达成"范畴的形而上学演绎"的理论目标。前文提到的所谓"共识",就是认为康德的判断表思想仍旧属于传统逻辑范畴,而以传统逻辑的"S 是 P"结构显然无法达成康德想要获得的理论成果,比如持传统逻辑立场的学者们所认为的,判断表中质标题下的肯定判断、关系标题下的定言判断和模态标题下的实然判断之间的混乱关系,又比如持现代逻辑立场的学者们所认为的,判断表无法实现从判断的功能向知性概念的成功推导等。因此,对该类质疑的回应,不仅需要论证判断表中的新判断不再是分析性的"S 是 P"结构,还要对新判断结构中对判断中的"量""质""关

---

① 参见"表 2.1　泰特斯、鲍姆嘉特纳:以'S 是 P'结构理解判断表"。

系""模态"等的表达方式进行说明,以论证其如何从判断的功能实现向知性概念的推导。

如此,为从总体上回应判断表构成要素的设置合理性问题,本节会说明康德在《纯批》判断表中采纳的判断结构并非"S 是 P",具体涉及从新结构适用于综合判断的角度解释判断表中各要素的"认识特征",以及新判断结构相比"S 是 P"结构的变动是如何帮助康德实现其通过判断表想要达成的理论目标的。

二、综合判断与认识特征

不同于以往学者的理解,笔者认为,康德在判断表中所讨论的各判断环节主要是基于"综合判断"做出的,也正因此,表格中某些要素的设置就需要满足认识标准的需要。但问题在于,康德在《纯批》中的"范畴的形而上学演绎"部分的文本中,仅仅是从认识角度讨论了范畴表中的各要素,却并未明确指出这些判断中的环节是基于综合判断做出的,因此,康德在判断表中提及认识标准就更加激起学者们的不满。值得庆幸的是,从对《杜伊斯堡遗稿》的研究中能够发现,康德曾以新的判断"a－b－x"结构为基础做出了分析判断与综合判断的区分。借助这条线索,笔者将尝试通过分析《纯批》的文本,论证判断表中的"判断"与综合判断之间的关联。

康德在《纯批》中对综合判断的讨论集中在"论分析判断与综合判断的区别"部分,尽管综合判断在《杜伊斯堡遗稿》中是以判断的"a－b－x"结构为基础推导出来的,但在《纯批》中康德似乎并没有延续这种做法,甚至于连他曾使用过的新判断结构都没有被提到。然而,这并不能说明新判断结构缺席了康德在《纯批》中对两种判断的区分过程,通过文本考察,笔者认为康德是在有意地掩盖或淡化新判断结构在区分两种判断时所发挥的作用。如果仔细观察"论分析判断与综合判断的区别"部分的文本,能够发现康德在讨论两种判断时使用了看上去有些突兀的"谓词

B""主词 A"等表述,①并且,相较于《纯批》的 B 版(1787),A 版(1781 年)文献中明显更频繁地使用"谓词 B""主词 A",甚至于"X"这些表述。② 经对比,虽然《纯批》两版使用了不同的术语风格,但上述文本所要表达的思想是基本一致的。仅就事实情况来看,《纯批》A、B 两版在综合判断部分的论述在思想层面是一致的。与此同时,《纯批》的 A 版中使用大写的"A""B""X"三种符号对综合判断等的讨论,与康德在《杜伊斯堡遗稿》中以小写的"a""b""x"三种符号对综合判断结构的讨论是基本一致的。如此,能够很自然地推论出如下结论:尽管康德在《纯批》中逐渐避免提及判断"a－b－x"结构,但是,在区分出综合判断时,仍旧沿用了他在《杜伊斯堡遗稿》中就已经初步形成的新判断结构。③

　　明确了《纯批》中综合判断与"a－b－x"判断结构之间的关联,接下来要借助于"a－b－x"结构,说明综合判断与判断表中各要素之间的关联。论证可以从两个方面进行:一方面,除了综合判断部分,康德在《纯批》中对先天综合判断进行讨论时,也存在 A、B 两个版本表述上的差异。在先天综合判断与《纯批》中思想体系的关系问题上,康德在 A 版中主要是从"判断结构"出发进行推进,在 B 版中则被替换为从"知识结构"出发这种说法。康德在 A 版中提出从"判断结构"的角度,由对先天综合判断的讨论推进到康德整个先验哲学,该思路在《纯批》中的直接体现应当就是"范畴的形而上学演绎"部分,尤其是从判断表推导出范畴表,并以这些范畴构建其先验逻辑思想。因此,判断表中的各要素应当是基于综合判断的形式结构的。另一方面,如果说讨论综合判断时康德的文本在表面上还能够透漏出使用"a－b－x"结构的痕迹,那么在判断表部分仅从

---

① 参见 A6—7,B10—11。

② 参见 A8—9,B12—13。

③ 此处的主要论证目标是明确《杜伊斯堡遗稿》中"a－b－x"判断结构在《纯批》中的作用,因此仅说明相关文本的事实情况,不再展开;最后一章有关逻辑与形而上学话题的讨论,会基于《纯批》A、B 版中前后文本的对比分析,着重讨论康德这种做法的可能动机,以及这种改动所造成的影响等。

表面是基本看不出新判断结构的痕迹的。然而,康德在判断表部分提出了判断中的"功能"(Funktion)的说法,①仅从字面意义看,似乎很难理解他使用该术语想要表达的具体思想,②尽管康德对"功能"概念做了认识层面的表述,但不难看出,判断表中所谓执行的"功能"其实继承自"a-b-x"结构中被康德解释为"Funktion"的符号"b"。在判断表部分,既出现了预示着"a-b-x"结构的"功能"概念,讨论的又是可以涉及感性对象的知性知识,如此,判断表中各要素的判断形式自然应当适用于综合判断。可见,康德在《纯粹理性批判》的判断表中所列举的各要素采纳了"a-b-x"的判断结构,而这种结构相比传统逻辑的"S是P"结构的主要特征就是适用于综合判断。至此可以确定,康德的判断表其实是一个有关综合判断的表。

既然判断表是一个有关综合判断的表格,那么该表格中各要素的设置具有认识特征也是可以理解的。由于传统逻辑是分析性的,因此当康德选择就综合判断而不是分析判断的具体判断形式构建表格时,这种表格最终呈现的结果和传统逻辑观点的差别自然是非常显著的。如同文德尔班所指出的,为解决先天综合判断何以可能的问题,康德需要确证的是"知性的这些综合形式的思想连贯的完整性",要被处理的对象并不是"在形式逻辑中要处理的、基于矛盾律的那些分析关系",原因是"那些分析关系只包含按照已存于概念内的内容去确定概念之间的关系的规律",相比之下,"康德在此发现了完全崭新的先验逻辑的任务。按照(分析的)知性形式建立了有关内容的概念关系,除了这些(分析的)知性形式外,还出现有综合的知性形式,通过这些综合的知性形式将知觉变成抽象的概念知识的对象"。③ 众所周知,传统逻辑或者说亚里士多德逻辑主要研究的是推理,比如他认为"一个推理是一个论证,在这个论证中,

① 参见 A68—70 或者 B93—95。
② 有关学者们围绕理解"功能"(Funktion)概念产生的争论,将在下节专门讨论,此处不再展开。
③ 参见文德尔班《哲学史教程》下卷,罗达仁译,北京:商务印书馆 2007 年版,第 745 页。

有些东西被规定下来,由此必然地得出一些与此不同的东西",这种对逻辑性质的说明也被称为"必然地得出"。① 亚里士多德逻辑学的句法形式借助了日常语言形式,使用字母替代了句子中表达概念的词,进而抽象出句子的形式,其中最基本的句子形式就是"S 是 P"。从逻辑的角度来看,"S"和"P"表示两个类,通过"是"联结起来,因而表示的是两个"类"之间的关系。而在该句式的基础上可以进一步构造出不同形式的命题,比如"所有 S 是 P","有 S 是 P","所有 S 不是 P","有 S 不是 P"这种对当方阵,并使用这样的句子构成推理,比如"所有 M 是 P,所有 S 是 M,所以所有 S 是 P"。② 总之,传统逻辑在判断、推理等各方面所使用的"S""P"都是概念词,在此基础上所讨论的也只是"只包含按照已存于概念内的内容去确定概念之间的关系的规律"的"分析关系"。相比之下,虽然康德在其早期逻辑学讲稿中划分判断种类时是依照亚里士多德的思路,比如坚持对判断的质的肯定与否定的区分,对判断的量的区分同样坚持全称判断与特称判断的二分法,并且在此基础上构造出了对当方阵等。然而,当康德区分综合判断与分析判断时,虽然他意识到综合判断同样需要遵守与分析判断有关的矛盾律,但综合判断显然与分析判断不同,是有关"内容"或者说"感性对象"的。可见,文德尔班提出的康德是"按照(分析的)知性形式建立了有关内容的概念关系"的观点显然是十分准确的,正是因为综合判断是基于分析判断的结构发展出来的,所以在结构特征上两者非常相似,仅在涉及"感性对象"方面,体现出了综合判断所具有的认识特征。因此,当康德的判断表实际上所列举的是有关综合判断的表格时,那么,相应的,在该表格的具体要素的种类设置,以及要素本身所具有的结构在保留传统逻辑多数特征的同时,又体现出综合判断影响下的认识特征。这种情况自然容易导致学者们误以为康德仍旧是

---

① 参见王路《逻辑的观念》,北京:商务印书馆 2000 年版,第 41—47 页。
② 参见王路《逻辑与哲学》,第 5—6 页。

以传统逻辑为基础建立表格的,只是表格中的某些要素显然违背了传统逻辑的形式标准,因而备受指责。

在明确了判断表具有认识特征及其原因后,下文试图就该特征与判断表中要素间的关系进行展开说明。针对判断表的认识特征,首先需要澄清由此引发的一些理解上的偏差,尤其是由此认为判断表是依照范畴表而构建出来的看法。整体而言,判断表中具体要素的设置在传统逻辑立场来看存在许多争议,康德选择以判断表的认识特征来解释他设置其中某些存在争议的要素的原因;在没有明确提出适用于综合判断的"a-b-x"判断结构所发挥的作用的情况下,有些学者就倾向于将判断表具有认识特征的原因归结到范畴表,进而认为判断表是以模仿范畴表的方式得出的。但通过上文的讨论可知,康德判断表中各要素的设置最直接的理论原因是综合判断以及判断的"a-b-x"结构,表格本身的认识特征同样由此而来。接下来,就判断表的认识特征与表格中各要素间的关系进行具体说明。

根据前文对判断表形成过程的讨论,对感性对象的关注是判断表思想形成的最初动力,无论是早期逻辑学讲稿中先后两次对判断的量的划分中对待感性对象的划分差异,还是《杜伊斯堡遗稿》中对分析判断与综合判断的区分,都体现出康德对经验判断的逐步偏重。康德通过区分判断的质料与形式,提供了构建判断表的基本素材,又通过区分综合判断与分析判断,提供了构建判断表的基本原则,并且初步从定言的、假言的、选言的三个判断种类推导出"实体与偶性""原因与结果""处于实在统一性下的集合"三对关系概念。随后,康德需要做的只是选择他所需要的判断表的标题,以及标题下的具体环节。通过《斐利比逻辑学》中康德对判断种类的划分情况可知,当时的判断划分状况相比最终的判断表而言,在内容方面已经算是基本成形了。而上述两个成形步骤中,有关判断的形式与质料的区分实际上依据的是传统逻辑的"S 是 P"结构,而从分析判断和综合判断的区分得出综合判

断的"a－b－x"结构,实际上也只是在考虑到感性对象的情况下对"S
是 P"结构做出了改进。可见,判断表中具体要素的设置也应当是在传
统逻辑判断分类结果的基础上经过改动得出的,这种改动并不是依照
已经成形的范畴表,康德对判断表的构建早在《纯批》出版前就已经开
始,更为合理的说法应当是他在分析性的逻辑基础上依照综合判断的
特点而对传统逻辑中的要素做出了改动。

　　之前提到,传统逻辑学是分析性的,因而如果依照"S 是 P"结构就判
断形式进行区分的话,就判断的质而言就是肯定的与否定的,就判断的
量而言就是全称的与特称的,而在康德的判断表中,量的标题下设置为
全称的、特称的、单称的三个环节,而在质的标题下则设置为肯定的、否
定的、无限的三个环节。判断表在以上区分中,相比传统逻辑多出来的
单称判断与无限判断是最为学者们所质疑的。然而,在《杜伊斯堡遗稿》
中,我们注意到康德在使用"a－b－x"结构区别分析判断与综合判断时
就认为,综合判断与分析判断不同的地方就在于具有"x",也就是"感性
的对象"。① 结合康德的"经验判断就其自身而言全部都是综合的"(A7/
B11)这种表述,可以很明确地发觉康德之所以构建与综合判断相关的判
断表,其最初目的就是试图建立起与经验对象的关联,也就是建立起判
断表与认识的关联。而具体到对判断表中要素的选择,最为关键的就是
在量的标题下将单称的与全称的、特称的相并列。如果我们了解到判断
表所讨论的是综合判断,那么康德的做法就是十分合理的了。因为早在
《布隆贝格逻辑学》中,康德就认为直观的判断如果是直接被认识的话,
那么实际上就是单称判断,单称判断被叫作是直观的,也被称作直观或
者经验判断,②因此单称判断显然应当被列入与综合判断相关的判断

---

① cf. Immanuel Kant, *KGS*, Band 17, S. 656.
② cf. Immanuel Kant, *KGS*, Band 24.1, S. 279 - 280.

表。① 而质的标题下的无限的环节,似乎与综合判断没有明显的关联,毕竟在《百科全书讲座》中出现的已经相当完善的判断表与范畴表中,并没有出现无限判断以及相应的限定性范畴。而关系标题下的三个环节却同样是依照综合判断的"a - b - x"结构推导出来的,推导过程可以参见前文中《杜伊斯堡遗稿》中的具体论述。而至于模态标题,在《波利茨形而上学》的判断表中,模态看上去也没有像其余三个主要标题那样重要,更像是作为补充而被列举的,这种情况同样是可以被理解的,因为即便模态标题与其他三个标题并列出现在最终的判断表中,康德仍然没有将模态标题与其他标题同等看待,而是认为它对判断的内容毫无贡献,仅仅涉及系词一般来说与思维相关时的值(A74/B100)。如此,依照之前的论述,从综合判断出发,被确定的主要标题与环节有:量的标题下的全称的、特称的、单称的,质的标题下的肯定的、否定的,关系标题下的定言的、假言的、选言的。

判断表的构建是以逻辑为基础的,同时由于综合判断会涉及感性对象的特性,使得这种建构出来的判断表不可避免地在某种程度上会受到康德个人的主观因素的影响。康德实际上所能提供的也只是在"应然的判断表"这个理念指引下的"实然的判断表"。"应然的判断表"指的是依照上述几项构建原则所能给出的最理想的判断表;而"实然的判断表"是康德依照以往逻辑学家的工作,结合上述原则,由他本人所提出的某种尽可能符合问题需求的假定的体系。因为构建出的表格总是实然的,所以不可避免会具有某些主观性。但康德是在成熟的亚里士多德逻辑的基础上,基于综合判断的特征进行的小的修正,这些"修正"中的一些来自个人因素的影响,比如为了讨论随后的某个问题而选择某个判断的种类等这种情况是不可避免的,但由于建构判断表的几项原则的约束,以

① 此外,康德并没有接受传统逻辑在罗列判断中的各标题时将"质"优先于"量"的做法,应当也是出于对"感性对象"的格外重视。

及建构判断表的素材基本来自以往逻辑学家的工作,使得他个人的主观性已经被保持在尽可能小的限度。

三、判断的"形式"与"功能"

前文提到,有些学者认为康德的判断表思想仍旧属于传统逻辑,那么以传统逻辑的"S 是 P"结构显然无法达成他想要的理论目标,比如持传统逻辑立场的学者认为,判断表中质标题下的肯定判断、关系标题下的定言判断和模态标题下的实然判断之间关系的混乱,以及持现代逻辑立场的学者认为,判断表无法实现从判断的功能向知性概念的推导等。而要对这些学者提出的质疑进行回应,不仅需要论证判断表中的判断结构不再是"S 是 P"结构,还要对新判断结构中对判断中"量""质""关系""模态"等的表达方式进行说明,以论证其如何从判断的功能实现向知性概念的推导。前一节的讨论已经确证了康德判断表实际上是一个适用于综合判断的表格,使用的不再是传统逻辑的"S 是 P"结构,而是基于"a-b-x"的新判断结构,那么,为回应这些质疑,接下来将讨论,相比"S 是 P"结构,新判断结构是如何帮助康德实现其通过判断表想要达成的理论目标的。综观这些学者提出的质疑,这些困难显然都是由"S 是 P"结构自身的局限性所决定的,那么要论证新结构所能发挥的作用,就需要了解新判断结构在《纯批》判断表中所发挥的理论作用。对此,需要着重讨论的话题就是康德在《纯批》判断表相关章节中提到的"判断的形式"与"判断的功能"两种表述之间的关系问题。

1. 关于"形式"与"功能"的关系的争论

众所周知,"判断表"这种称呼并不是康德自己给出的,他明确给出名字的是范畴表,"判断表"是后世学者们为了便于讨论而约定俗成的称呼。康德在《纯批》中给出判断表时,对所列表格中的内容有如下表述:"如果我们抽掉一个一般判断的所有内容,只关注其中的纯然知性形式,那么我们将发现,思维在判断中的功能可以归于四个标题之下,其中每一个又包含着三个环节。它们可以确切地如下表所示。"①可见,康德在《纯批》中对判断表的理解是与"知性"相关的,而不是与字面意义上的逻辑层面的"判断"直接关联。这段论述中最令人感到疑惑的或许就是"判断的……知性形式"与"思维在判断中的功能"这两处表述,这显然脱离了传统逻辑对"判断"的形式化理解。康德所使用的"判断"显然是与知性相关的,那么问题就在于:按照康德的理解,在知性这种认识论语境下,所谓"判断的形式"究竟应该是什么样子的? 为解决该问题,康德在有关判断表内容的表述中反复提及的"功能"概念②开始受到学者们的关注,比如康德在提出判断表之前的那段表述中提到的"思维在判断中的功能",以及该节标题"论知性在判断中的逻辑功能"等说法,都引起了学者们的格外注意。比如裴顿(H. J. Paton)很早就意识到,康德在判断表部分的内容之所以会有些模糊不清,与康德"在各种不同的意义上来使用'功能'有关"③;而近年来随着对判断表讨论的深入,围绕"功能"概念产生的争论也逐渐增多,阿利森就明确意识到,"功能"这个概念对理解康德的判断表是"关键性的"。④ 然而,尽管学者们意识到对判断表理解的关键应该是对"功能"概念的正确理解,尤其是正确理解康德所使用的"判断的形式"与"判断的功能"之间的准确关联,但直到目前为止,有关两者的确切关系的争论仍旧存在。

这些讨论最初集中于对康德判断表文本中有关"判断的形式"与"判断的功能"之间关系的争论。有些学者认为两者的意思应当是相同的。比如裴顿就认为,尽管康德对"功能"这个概念的定义是不清楚的,然而,"不管怎样,当康德谈到知性与判断时,他是用'功能'这个词作为与'形

---

① 参见 A70/B95,其中的"下表"即指判断表。

② 该术语的德文"Funktion"在康德作品的一些中译本中也常被译作"机能",该词在弗雷格的相关文献中被中译为"函数"。

③ H. J. 裴顿:《康德的经验形而上学——〈纯粹理性批判〉上半部注释》,韦卓民译,武汉:华中师范大学出版社 2009 年版,第 224—225 页。

④ 参见亨利·E. 阿利森《康德的先验观念论:一种解读与辩护》,第 179 页。

式'这个词同义的"①。裴顿解释道,他之所以宣称两者是同义的,主要是
因为他认为康德在 B95 中提到的"知性的形式"是等值于"判断中思想的
功能"的,同时又等值于"判断中知性的逻辑性功能"的。裴顿的这种观
点,也在客观上反映出其时代的康德哲学研究者尚没有对"功能"概念给
以足够重视。随着对判断表思想研究的逐步深入,有些学者开始针对将
两者等同的观点提出反对意见,这种反对意见最初强调的是,将两者简
单等同的做法会影响到对康德思想的准确理解。比如沃尔夫(M.
Wolff)通过对比康德在 B95 和 B105 中有关"功能"的两处表述认为,判
断表通过上述两段文本而被看作同时具有"形式表"与"功能表"这两种
特征,很容易造成混乱,会导致人们将"判断的逻辑形式"和"一个判断中
的逻辑功能"看作同一个东西,然而,从康德本人的相关解释尤其是其对
"功能"的使用,能够看出这种将两者等同的观点是有问题的。随后,沃
尔夫借助康德的具体文本指出了"功能"与"形式"存在着的明显差别。
沃尔夫分析了判断表部分的一段文本,"这些就逻辑外延而言的无限判断
在一般知识的内容方面实际上纯然是限制性的,而且就此而言,它们在判
断思维的一切环节的先验表中是不可忽略的,因为这里所履行的知性功能
也许在知性的纯粹先天知识的领域里会是重要的"(B98)。他认为,康德在
这段话中使用了"履行(ausueben)"这个动词搭配"知性功能",而使用"履
行"搭配"功能"的做法大多出现在人们平时谈论"生理的功能"时,比如"看
是眼睛的功能"。可见,沃尔夫对"功能"的这种理解显然与"形式"存在明
显差异,他对"功能"的这种理解与莱希的理解比较相似。② 但是,尽管沃
尔夫试图将"判断的功能"区别于"判断的形式",但他又发现了康德在另

---

① 裴顿还提到,"知性的各种机能——无论如何,在其外延上——是和知性的各种形式相同的;
而判断力的各种功能,或说在判断里的各种功能,是和判断的各种形式相同的"。参见 H. J.
裴顿《康德的经验形而上学——〈纯粹理性批判〉上半部注释》,第 224—225 页。

② cf. Michael Wolff, *Die Vollständigkeit der kantischen Urteilstafel. Mit einem Essay über
Freges "Begriffsschrift"*, Frankfurt am Main: Klostermann, 1995, S. 20; Klaus Reich,
Die Vollstaedigkeit der kantischen Urteilstafel, S. 35.

一段文本中的如下描述,"唯有一个范畴,即处于第三个标题下的共联性范畴,它与逻辑功能表中与它相应的一种选言判断的形式的一致并不像在其他范畴那里那样引人注目"(B111—112),就这段表述而言,沃尔夫又承认康德在此处确实"明确地谈到了在逻辑功能与逻辑形式之间的'一致性'"。①总之,尽管沃尔夫以宣称"功能"具有"形式"所没有的生理特征的方式尝试证明两者的差异,但从文本而言,仍旧无法反驳裴顿将两者视为等同的观点。然而,由 B111—112 中"逻辑功能"的表中含有"判断的形式"的推论,结合前述 B95 中只关注"判断的形式"将发现"判断中的功能"的表述,确实能够看出,康德文本中"形式"与"功能"之间的关系在确实存在明显区别的同时,又有着某种"一致性"。这种矛盾使得学者们开始着重审视他们对康德文本中"功能"概念的理解。

学者们对康德使用的"功能"概念有如下两种不同的理解:一种是将康德所使用的"Funktion"视为某种生理学或者生物学概念,另一种是将其视为某种有着数学特征的概念。显然,多数学者是将"功能"作生理学意义理解的,这也是德文"Funktion"或英文"function"在各自语言中比较常用的意思,而且表面上看这种理解也最符合于康德对判断表的具有认识含义的理解。比如隆格内斯、阿利森、莱希等都倾向于将"功能"与生物学或生理学意义上的感觉器官结合起来进行理解。② 然而,这种将"功能"作生理学角度理解的观点,实际上是以"器官的机能"对康德在

---

① cf. Michael Wolff, *Die Vollständigkeit der kantischen Urteilstafel. Mit einem Essay über Freges "Begriffsschrift"*, Frankfurt am Main: Klostermann, 1995, S. 21 – 22.

② 隆格内斯就认为,"术语'功能'属于生物学以及对有机体的描述的词汇,康德所讨论的精神能力的功能相当于对某个器官的功能的讨论"。cf. Béatrice Longuenesse, *Kant on the human standpoint*, Cambridge: Cambridge University Press, 2005, pp. 92 – 93. 阿利森则认为,"我们诉诸生物学的一个类比,正如眼睛的功能——看——可以被分解为几个次级功能,诸如颜色视觉、形状视觉、距离视觉,同样,知性的功能——判断——也可以被分解为四个(且只有四个)项目的次级功能:量、质、关系和模态"。参见亨利·E. 阿利森《康德的先验观念论:一种解读与辩护》,第 180 页。莱希也认为应当将"功能"作生理学的理解,莱希借用"生理学家"的视角将功能视作"感觉器官的功能"。cf. Klaus Reich, *Die Vollstaedigkeit der kantischen Urteilstafel*, Hamburg: Meiner Felix Verlag GmbH, 1986(1932), S. 35.

"知性"或"感性"等语境下使用的"功能"概念进行的类比，毕竟，康德所讨论的"知性"与"感性"并不涉及某种"器官"，因此，上述对"功能"所作的与"生物学或生理学意义上的感觉器官"相关联的理解中，实际上并没有凸显出它的生理特征，而只是显现出作为"某种行为结果"的特征。阿利森就指出，"对'功能'的所有的使用不同于对功能的定义，它们似乎都把这个术语理解成了更接近于亚里士多德——生理功能式含义上的任务"①。而隆格内斯在由器官的功能类比康德对该词的具体使用时，曾引用了康德的如下文本，"这两种能力或者性能也不能互换其功能。知性不能直观任何东西，而感官则不能思维任何东西"（B75）。面对文本中的说法，隆格内斯也不得不承认康德是在更严格的意义上使用了"功能"这个概念。② 由此看来，虽然"功能"概念可能在源初意义上与生理学或生物学相关，但由于无法将康德的知性等术语作单纯的生理学解释，因此结合康德的具体文本可以得出，"功能"实际上只能被看作阿利森等所说的某种生理活动引起的"任务"或者"效果"。如此，将"功能"作生理学理解的缺陷就逐步凸显出来；如果坚持其生理学含义，且由于康德使用的术语并没有生理学器官，那么该词的动态意义会被淡化，只剩下具有固定性的"效果"。而这种情况显然是与康德的思想存在差异的，因此，隆格内斯在讨论判断表中的判断形式时格外强调，康德主要关注的是作为一种心灵活动的做判断（judging）的形式，而不是由这个活动产生的诸判断（judgments）的形式；然而，如果将"功能"理解为与某种心灵活动相关，又容易导致某些心理主义因素的产生，③而康德在讨论先验逻辑时显然是在避免心理主义因素的。此外，在理解具体文本，比如"我将功能理

---

① 亨利·E. 阿利森：《康德的先验观念论：一种解读与辩护》，第180页。
② cf. Béatrice Longuenesse, *Kant on the human standpoint*, Cambridge : Cambridge University Press，2005，pp. 92 - 93.
③ cf. Béatrice Longuenesse, *Kant and the Capacity to Judge : Sensibility and Discursivity in the Transcendental Analytic of the "Critique of Pure Reason"*, pp. 5 - 7.

解为一个共同的表象之下整理不同的表象的行动的统一性"等论述①中的"功能"时,有些从生理学等角度进行理解的学者也不得不承认,上述文本中康德对"功能"的理解显然是与其数学意义脱不开干系的。比如阿利森就康德在 B93 中对"功能"的使用认为,"康德把一个功能理解为一个统一的规则,就此而言,他显然是在根据其数学的意义(作为构成了一个运算的基础的规律)来解释这个术语"②。相比之下,明确将"功能"作数学意义理解的代表学者是舒特思,他主要是根据康德在《杜伊斯堡遗稿》中提出的"a-b-x"结构得出了这种观点,认为康德在《杜伊斯堡遗稿》中曾指出,"b"就是"功能",也可理解为数学中所使用的"指数"。③这种理解将推进对该节问题的讨论,后文中将着重讨论。总之,尽管对"功能"概念也进行了比较深入的讨论,但是有关判断的"形式"与判断的"功能"两种表述之间的关系问题仍然没有定论。针对这种情况,笔者认为,需要对康德的"判断形式"思想进行比较充分的了解,尤其是该思想是否存在前后变化以及变化的过程等,在此基础上,再重新思考应当如何正确理解康德在判断中使用的"功能"概念,以及判断的"形式"与"功能"之间的具体关系。

2. 康德对"判断形式"理解的变化

无论康德在判断表中使用的是"S 是 P"判断结构还是新判断结构,归根结底都是对于"判断的形式"的讨论,只是面对两种不同的判断结构时,康德对判断形式有着不同的表述。康德应该是在《布隆贝格逻辑学》中对逻辑教材中的"判断"部分进行讲授时,最早区分了判断的形式与质料。当然,考虑到康德开设的逻辑学课程是以迈埃尔的《理性学说摘要》作为指定教材的,因此有必要首先确认逻辑学讲稿中的内容是康德本人

---

① 参见 B93 中的相关论述。
② 亨利·E. 阿利森:《康德的先验观念论:一种解读与辩护》,第 573 页注释 38。
③ cf. Peter Schulthess, *Relation und Funktion—Eine systematische und entwicklungsgeschich-tliche Untersuchung zur theoretischen Philosophie Kants*, Berlin: Walter de Gruyter&Co., 1981, S. 253.

所认同的,而不是照本宣科。康德提出判断的形式与质料的区分的章节对应于迈埃尔教材的§§292—294,经过考察可知,尽管迈埃尔同样讨论了主词、谓词和系词,但并没有提到判断的形式与质料的说法。由此,这种区分应该是康德本人所赞同的。此外,这种区分也秉承了康德在1770年就职演说中的一些基本观点,在以"论可感世界与理知世界的形式与原则"为题的这篇报告中,在区分可感事物与理知事物之前,康德首先在一般意义上区分了质料与形式,随后具体讨论了可感世界的形式的原则与理知世界的形式的原则。康德在《布隆贝格逻辑学》中所做的区分以及随后对判断的形式即系词的关注,显然和就职演说中的处理方式是一致的。

由此可以确定,康德在《布隆贝格逻辑学》中对判断的形式与质料的区分确实是他本人所认同的观点。他认为,每一个判断都是由判断的质料与判断的形式两部分构成;他首先定义了主词与谓词,并认为正是主词与谓词这两个"被相互比较的概念"构成了判断的质料,而判断的形式就是表述两个概念之间关系的系词"是"。[①] 康德在《斐利比逻辑学》中也延续了这种区分,这种划分后得出的判断的形式通常也被表述为"S 是P"(SiP)结构,其中"S"与"P"分别代表作为判断的质料的主词与谓词两个概念,而"是"则被视为体现了判断的形式的联结两个概念的系词。由于康德所处时代对判断的划分没有统一的标准,而逻辑学家们各自所制定的划分标准又具有某种程度的随意性,因此他们也往往只是对判断种类进行罗列,但康德在对判断形式进行划分之前提出了判断的形式与质料的区别,基本明确了划分工作中应当首要关注不同的判断形式,因此这种区分格外受到学者们的关注。

从历史来源看,康德对判断的形式与质料的区分虽然受到了其他学

[①] cf. *Kant's gesammelte Schriften*, *Herausgegeben von der Deutschen Akademie der Wissenschaften zu Berlin*, Band 24. 1, Berlin: Walter de Gruyter&Co. , 1966, S. 274.

者的影响,但又有着自己的特征,就是将形式与质料的区分运用于判断的分析中。由于当时许多学者也都对形式与质料间的区分有过相近论述,因此有些后世学者认为,康德对判断的形式与质料的区分只是直接采纳了当时其他学者的观点。为反驳这种观念,需要首先弄清他们所列举过的作为可能思想来源的学者的相关观点。对于判断的形式与质料这种区分的思想来源确实是众说纷纭:有些学者认为这种区分有可能来自克劳修斯,因为克劳修斯曾坚持从"质料"方面以及其他七个方面对判断进行划分,而克劳修斯相对于质料所列举的其他方面实际上指的是与"形式"相关的,①因而对两个术语的这种用法和康德相似。有些学者认为这种区分主要受兰伯特影响。从对形式与质料两个术语的使用而言,兰伯特在其逻辑学作品中曾"根据其形式"划分出判断的四种类别,与康德所做的划分最为相似;②此外,兰伯特在 1766 年 2 月 3 日寄给康德的信中就提到了形式与质料的区分所带来的认识论的成果。有些学者对康德的这种区分来自兰伯特提出质疑,比如贝克就反对将兰伯特视为康德区分判断的形式与质料的思想来源。贝克认为,尽管兰伯特在寄给康德的信中提到了形式与质料的区分所带来的认识论的成果,但实际上康德直到 1770 年才提出了相似的观点,他认为间隔如此久就说明兰伯特的区分在当时并没有被康德采纳;而他认为康德的这种区分应当是受莱布尼茨的影响,因为康德之所以在 1770 年的"就职演说"中将这种区分用作其知识论的基础,"很明显"是受莱布尼茨在 New Essays 中对形式与质料的区分的拓展性使用的激发。③ 也有学者认为康德的这种区分主

---

① cf. Giorgio Tonelli, "Die Voraussetzung der Kantischen Urteilstafel in der Logik des 18. Jahrhunderts", in: Friedrich Kaulbach und Joachim Ritter Hrsg, *Kritik und Metaphysik Studien: Heinz Heimsoeth zum achtzigsten Geburtstag*, Berlin: Walter de Gruyter & Co., 1966, S. 138 – 139, 151.

② cf. Giorgio Tonelli, "Die Voraussetzung der Kantischen Urteilstafel in der Logik des 18. Jahrhunderts", S. 142, 150 – 151.

③ cf. Lewis White Beck, *Early German Philosophy — Kant and His Predecessors*, Cambridge, Massachusetts: The Belknap Press of Harvard University Press, 1969, p. 457.

要受莱马鲁斯(Reimarus)的影响,比如舒特思认为康德熟知莱马鲁斯的逻辑学,而后者在划分判断的形式时提出的判断的"联系"(Verbindung)实际上就是康德所说的"关系"(Relation),如此,莱马鲁斯将判断的形式区分为判断的质、量、联系的做法,与康德对判断形式的划分是很相似的。① 综上,就目前掌握的材料而言,似乎来自兰伯特的可能性最大,他对判断形式的划分与康德的相似度最高,并且在给康德的书信中谈到形式与质料的区分,当然,由于康德本人并没有就来源问题进行过说明,而思想本身也是不断积累的过程,以上各种推测似乎都有其合理之处。所以,笔者将上述各要素都纳入康德的知识背景的可能来源进行考量,并与康德所做的区分进行比较,以说明后者与前人思想之间仍然存在差别,因而可以被认为具有某种程度的独创性。

由前述讨论可知,后世学者们对康德区分形式与质料的思想来源的考证依据主要有两个方面:一是使用过与"判断的形式(质料)"相关的说法,并且对判断种类的区分与康德的相似程度较高,比如克劳修斯、兰伯特、莱马鲁斯等;二是从康德的相关文献中引申出来的,比如莱布尼茨对康德1770年就职演说的影响,兰伯特写给康德的书信等。然而问题在于,这些材料所反映的情况是否与康德所做的区分完全一致,就上述第二个方面而言,无论是就职演说还是兰伯特书信中所讨论的形式与质料,都是与知识或其构成要素如感性世界、理知世界相关,而从第一个方面来看,兰伯特、克劳修斯和莱马鲁斯对判断的形式的理解之所以被认为和康德相似,在很大程度上并不在于三人对判断的形式与质料的定义本身与康德一致,而是三人对判断形式的具体分类结果与康德相似。这里我们看到了三种不同的层次:第一,具体到判断表的形成问题,康德对判断的形式与质料做出了区分;第二,兰伯特、克劳修斯、莱马鲁斯虽然

---

① cf. Peter Schulthess, *Relation und Funktion—Eine systematische und entwicklungsgeschichtliche Untersuchung zur theoretischen Philosophie Kants*, Berlin: Walter de Gruyter& Co., 1981, S. 43 – 44.

也涉及判断层面,但在各自的逻辑学作品中只是列举了判断的不同形式;第三,兰伯特书信和莱布尼茨则是就知识的形式与质料展开的讨论。因此,兰伯特的书信和莱布尼茨区分形式与质料的具体对象与康德不同,兰伯特、克劳修斯、莱马鲁斯并没能就判断的形式与质料给出准确的定义,而迈埃尔在§292—§294中虽然也谈到了判断中的主词、谓词和系词,但并没有从形式与质料的角度进行思考。因此,康德对判断的形式与质料的区分还是可以被视为具有一定程度的原创性的。总之,通过对比同时代其他学者对形式与质料的使用可知,康德对两者进行区分的着重点在于判断,并且这种区分的主要目的是为了关注判断的形式,并对各种判断形式进行尽可能全面的列举。

通过对康德"判断形式"思想来源的考察可知:一方面,康德最早在《布隆贝格逻辑学》中以区别于其他学者的方式在判断层面做出了形式与质料的区分;另一方面,或许是受莱布尼茨、兰伯特等人的影响,康德在"就职演说"中就曾从知识层面区分了形式与质料。笔者认为,康德在1770年代初对"形式"的使用,是并行于逻辑意义上的判断与认识论意义上的知识的。[①]但是,这种并行的情况随着康德试图借助判断去讨论与认识相关的"感性对象",[②]而使两种对"形式"的使用产生了交叉,集中体现于《杜伊斯堡遗稿》(1775)中提出的适用于综合判断的"a–b–x"判断结构,在该结构中,原本与认识的形式相关的问题,以逻辑意义上的判断的形式结构的方式进行了初步表达。

在《杜伊斯堡遗稿》中,康德借助"a–b–x"结构区分了分析判断与综合判断。他认为分析命题的结构中虽然也包含着两个谓词"a""b"与"x"的比较,但实际上只是概念"a"与"b"相比较,"x"并没有参与。这是

[①] 虽然《布隆贝格逻辑学》(1771)从时间上晚于"就职演说"(1770),但笔者认为该讲稿仅反映了康德对指定逻辑学教材的初步讲授,因此并不涉及两处文献思想上的前后变动。

[②] 从第一章曾讨论过的《布隆贝格逻辑学》与《斐利比逻辑学》(1772)在判断分类上的前后差别,可以明显看出这种倾向。

因为分析命题仅仅是逻辑的,涉及形式而不涉及内容,从分析的原理中并不能看出任何客观的、与对象或者是内容性相关的东西。而当这个判断(认识)是综合判断的时候,"a－b－x"结构中的"a""b"两个谓词都指向"x",并凭借"x"的中介作用建立起"a""b"之间的关联。① 在第一章中讨论康德早期逻辑学讲稿时,笔者就发现了他有关判断种类划分的观点的变化,尤其是他对"S 是 P"结构中所关注的中心,从最初作为判断形式的系词"是",逐步侧重于该结构中涉及经验对象的"S"与"P",这其实反映了康德对认识问题的愈加关注。如此,康德在判断的形式与质料的区分的基础上区分出综合判断与分析判断,并提出了"a－b－x"结构来描述综合判断的基本形式结构,是一个顺理成章的过程。通过以上康德对"a－b－x"结构的使用,可以发现其相对于传统逻辑"S 是 P"的以下变化:首先,该结构中没有系词"是"的位置,其中的"x"指的是经验对象,②综合判断中"a""b"的关联实际上是通过经验对象建立起来的;其次,虽然"a"仍作为主语,但在实际使用中更接近于被当作"x"的名称,因而通常会与"b"同样被视为与概念相关的谓语,而抹消了主语特征;相比而言,作为谓词的"b"的变动似乎是最小的,但由于综合判断是与感性对象相关的,因此作为与对象相关联的谓词也就逐步具有了认识的特征,也就是被视为"判断的功能"。借用康德的例子,"kein x,was ein Koerper[＝a] ist,ist unteilbar [＝non b]"③,他在例句中分别指出了"x""a(＝a)""b(＝non b)"的相应位置以说明刚才提到的,"x"是经验对象并且联结"a""b","a"被理解为"x"的名称但实际上与"b"同样起着谓词的作用,

---

① cf. Immanuel Kant, *KGS*, Band 17, S. 653 - 654;Theodor Haering, *Der Duisburg'sche Nachlass und Kants Kritizismus um 1775*, S. 58 - 60.

② 康德在《纯粹理性批判》中将"X"处理为先验对象。

③ 该句依结构的中文直译是"没有 x,x 是物体,是不可分的",意译是"没有物体是不可分的"。对比康德在《纯粹理性批判》A68—69/B93—94 中出于相似目的使用的句子"alle Koerper sind teilbar"可知,康德是为了说明"a""b""x"三者在结构中的位置,而特意采用了以上这种特别的句式。cf. Immanuel Kant, *KGS*, Band 17, S. 654;Theodor Haering, *Der Duisburg'sche Nachlass und Kants Kritizismus um 1775*, S. 61.

而"b"就是谓词,体现了判断的功能,可见,该结构实际上被简化为仅仅具有"经验对象"("x")与作为谓词的"功能"("a""b")。

至此,康德在《杜伊斯堡遗稿》中对"判断形式"的讨论与早期逻辑学讲稿时期有了明显差别,然而,这种差别的关键并非是对"判断形式"中"形式"的理解产生的变化,而主要是对"判断"的定位不同。以往的传统逻辑在涉及判断形式问题时仅讨论具有分析特征的判断,但康德是在更普遍的意义上讨论"判断",不仅是分析判断还要有综合判断,所以在康德那里,判断形式从"S 是 P"结构转变为"a – b – x"结构。前文曾提到,康德借助于其在《杜伊斯堡遗稿》中提出的适用于综合判断的"a – b – x"判断结构,使原本与认识的形式相关的问题以逻辑意义上的判断的形式结构的方式进行了初步表达。然而,康德最终希望讨论的仍旧是认识问题,因此他试图借助判断的形式结构帮助他讨论认识的形式。这项工作主要在《纯批》中进行,康德开始尝试赋予适用于普遍判断的"判断形式"以认识论含义,比如使用术语体系的替换等,[1]但"a – b – x"结构作为"判断形式"自身固有的形式结构被保留了下来,而这种形式结构集中体现于康德在《纯批》中使用的"功能"概念上。

3. 判断表中的"功能"概念

"判断表"这种称呼来自学者们的约定俗成,这似乎预示着表格中的构成要素应当是各类判断形式,但是康德在给出判断表时曾明确表示,该表格中的基本单位是"思维在判断中的功能",也就是说,所谓的判断表其实是"功能表"。然而,这并非是说康德判断表中的基本要素与判断形式无关,恰恰相反,"功能"的使用反而体现出康德对判断形式尤其是判断基本结构的新理解。康德思想中对判断形式理解上的变化主要与

---

[1] 前文讨论过分析判断与综合判断的 A、B 版文本对比,康德在其中有意识地用认识论术语替代原本与"a – b – x"相关、具有明显逻辑特征的"A""B""X"等符号。

他对判断基本结构的理解相关,总体而言,康德对判断基本结构的理解存在前后两种观点:首先是早期逻辑学讲座时期,康德因循传统逻辑的观点,将分析性判断的基本结构理解为"S 是 P";其次是出自《杜伊斯堡遗稿》中的观点,康德在传统逻辑讨论分析性判断的基础上又将综合性判断纳入考虑,将普遍性的判断基本结构理解表述为"a - b - x"结构。康德对判断基本结构理解的前后差异,起因于所讨论的判断的性质究竟是分析判断还是包含有综合判断的普遍意义的判断。

　　由两种判断的基本结构,自然引申出两种对判断形式的理解。康德认为,每一个判断都是由判断的质料与判断的形式两部分构成的。如此,基于"S 是 P"结构,康德认为其中主词"S"与谓词"P"这两个"被相互比较的概念"构成了判断的质料,而判断的形式就是表述两个概念之间关系的系词"是"。[①]康德在《杜伊斯堡遗稿》中提出了"a - b - x"结构,却并未着重讨论该结构情况下的判断形式与质料的问题。但是,如果效仿康德在"S 是 P"结构中所做区分的思路,应该可以推论出康德对"a - b - x"结构中判断形式的理解。前面提到,在"S 是 P"结构中,康德选择将主、谓词即判断中的概念等可替换的内容理解为"质料",而将在不同判断中都普遍存在的系词"是"所象征的主谓词之间的关系理解为"形式"。归根结底,该结构所要表达的始终是主词与谓词所代表的两个概念间的关系,因此,代表这种关系的系词"是"被康德视为该类判断的形式部分。相比之下,因为"a - b - x"是依靠感性对象"x"的中介作用建立起主、谓词代表的概念"a""b"之间的关联的,因此该结构应当被理解为主要表现的是感性对象("x")与概念("a""b")之间的关系,这种情况下,"概念"就不能仅仅像"S 是 P"结构中一样仅作为某种名词被体现出来,还应当具备某种能够与感性对象直接发生关联的结构,因此,"a - b - x"中代表名

---

① cf. Immanuel Kant,*KGS*,Band 24.1,S.274.

词性概念的"a"的作用逐渐被康德淡化，①而更强调代表判断中除"感性对象"之外的其余谓语成分的"b"，可以说，"b"实际上就是康德在《杜伊斯堡遗稿》中提出的判断的"a－b－x"结构的"判断形式"，他也将"b"称作是"Funktion"。值得注意的是，被理解为康德提出的判断"a－b－x"结构中的"判断形式"的"b"，即"Funktion"概念，也出现在《纯批》的判断表部分的文本中，即引起一系列争论的"功能"（Funktion）概念。

至此，在回应判断表部分文本中"判断的形式"与"判断的功能"之间的关系，以及新结构是否有助于康德实现其理论目标之前，优先要确认的是，康德在《纯批》中是否沿用了《杜伊斯堡遗稿》中的"a－b－x"结构，以及判断表部分文本中的"功能"概念是否确实承袭了康德在"a－b－x"结构中对"b"的理解。有关康德是否在《纯批》中沿用了"a－b－x"结构的问题，前文提到的《纯批》中康德讨论综合判断时文本的 A、B 版差异，其实已经证实了他在写作《纯批》时仍旧是借助于"a－b－x"结构进行讨论的，然而，随着他在 B 版中有意用认识论术语体系替代原本《杜伊斯堡遗稿》中的符号术语，需要讨论的问题就变成了，康德在《纯批》中在何种程度上继承了"a－b－x"结构？从《纯批》中综合判断部分文本的 A、B 版删改情况，只能看出康德有意用各种认识论术语掩盖"a－b－x"结构的作用，从前文的讨论已知，判断表实际上是一个适用于综合判断的表格，那么对该问题的进一步讨论就需要参照《纯批》判断表部分的文本。

康德在判断表部分中谈到判断的构成时曾作如下举例，"例如，在'一切物体都是可分的'这个判断中，可分物的概念与不同的其他概念相关；但在这些概念中，它在这里特别地与物体的概念相关，但物体的概念则与某些呈现给我们的显象相关。因此，这些对象通过可分物的概念间

---

① 事实上，康德的新结构中的"a"概念应当被理解为是传统逻辑"S 是 P"思想影响下的残留物，从综合判断结构的长远发展而言迟早会被取消，而事实上，康德在《纯批》中有关认识问题的讨论中保留了"x"作为先验对象以及"b"所意味着的"功能"概念的同时，确实也不再强调"a"曾有的含义。

接地得到表象"（A68—69/B93—94）。值得一提的是，这段文本中提到
的"一切物体都是可分的"这句话对应德文原文是"alle Koerper sind teil-
bar"，对比《杜伊斯堡遗稿》中康德所举的例句，"kein x，was ein Koerper
[＝a] ist，ist unteilbar [＝non b]"可知，《纯批》中所举的例子与康德之
前讨论"a－b－x"结构时的例子基本一致，只是《杜伊斯堡遗稿》中原本
为表现"a""b""x"的位置而有意设置的句式被转变为《纯批》中的正常句
式。如果参照《杜伊斯堡遗稿》中例句曾提出的"a""b""x"在句中扮演的
成分，结合《纯批》中对相同举例的认识角度的表述可知，"某些呈现给我
们的显象"应当指代"x"，"与某些呈现给我们的显象相关"的"物体的概
念"应当指代"a"，对象由之可以"间接地得到表象"的"可分性的概念"应
当指代"b"。然而，通过分析该举例的前后文本可知，认识语境下仍旧比
较鲜明地体现出"a－b－x"结构特征的只有康德着重提到的"功能"概
念，即新结构中的"b"。康德在解释判断的构成时强调"概念"与"功能"
之间的关联，"一切直观，作为感性的，所依据的是刺激，因而概念依据的
是功能"，"我把功能理解为在一个共同的表象之下整理不同的表象的行
动的统一性"（A68/B93）。随后，康德进一步指出，"据此，一切判断都是
我们的表象中间的统一性的功能，因为不是一个直接的表象，而是一个把
前者和更多的表象包含在自己之下的更高的表象，被用于对象的知识，由
此诸多可能的知识被集合在一个知识之中"（A69/B94）。由此可见，尽管
康德在《纯批》中有将"功能"作为关于认识的术语使用的倾向，但仍然无法
抹去它与判断结构之间的关联，而这种关联建立在它与概念的关系上。

可见，"a－b－x"结构这种以判断为基础的符号体系被消化于康德
的认识论理论时，实际上是以传统逻辑为基础的符号结构在认识背景下
的结构精简与优化，然而，也正是由于该精简优化过程是以认识结构为
标准的，"a－b－x"结构中来自传统逻辑的元素自然就开始被剔除掉。
"a－b－x"结构在《纯批》中的简化最明显的体现有两处：一是淡化了原
本结构中"a"的出现。尽管在综合判断部分仍旧使用过"A"这种符号表

述,但具体到认识问题尤其是在已经有作为对象的"x"被区分出来的情况下,有着鲜明传统逻辑语法特征的"主语"的说法显然没有必要继续出现,而是将其也归于作为谓语的"b",也就是"功能"。二是对"a - b - x"结构中"x"的处理。前文提到的《纯批》的综合判断部分的文本中,康德将原本代表着感性对象的"x"进一步抽象化为"先验对象"("X"),与此同时,将原本的"b"与"x"之间的关联转化为作为"功能"的"b"与反映了"先验对象"("X")的各种"表象"之间的关联。① 虽然康德转换了术语体系,使得"a - b - x"结构未能被完整保留在其先验哲学中,但适用于综合判断的"a - b - x"结构中最为核心的作为"判断形式"的"功能"概念却被他沿用了下来。

然而,即便明确了"功能"作为包含综合判断的普遍的"判断形式",仍旧需要更清晰地掌握康德所使用的"功能"概念。从康德判断表部分的文本出发可以发觉"功能"与"概念""表象"之间的紧密关联,而这几个概念间的关联在德国学术传统中也是有迹可循的。从词源学角度对"表象""概念""功能"等进行考察,有学者认为康德借鉴了斯多亚学派对"功能"的理解,将"知性"与"手",进而是"知性的主要功能"与"手的抓握"进行比较,而"知性的主要功能""手的抓握"这些非德文术语,在 C. 沃尔夫创制德语学术词汇的过程中被翻作"概念""掌握"等德文术语。② 此外,根据彼乌尔(Piur)的考察,C. 沃尔夫最初将"Begriff"对应于"conceptus""notio"等术语,他最初总是在与"表象"(Vorstellung)相等同的意义上使用"Begriff"这个词,后来他逐渐扩展了这个词的使用,而赋予了这个词

---

① 有关"功能"与"表象"之间的关联,可参见 A68/B93—A69/B74 中的相关文本。

② M. 沃尔夫认为康德借鉴了古代斯多亚学派对"功能"的理解,也就是将"知性"与"手",以及"知性的主要功能"(Hauptfunktion,comprehensio,katalepsis)与"手的抓握"(Greifen)进行比较,在这种借鉴过程中,他指出,康德采用这种理解的思想背景涉及 C. 沃尔夫将"comprehendere"翻译作"begreifen",将"notion"译作"Begrif[f]"等做法。cf. Michael Wolff, *Die Vollständigkeit der kantischen Urteilstafel. Mit einem Essay über Freges "Begriffsschrift"*, Frankfurt am Main: Klostermann, 1995, S. 21.

以真正的哲学意义上的迄今仍然适用的意思,即"普遍表象"。此外,彼乌尔还发现,术语"表象"在 C. 沃尔夫使用之前,多是作为"Darstellung"的意思被使用的,但在 C. 沃尔夫那里,他在接受了这种理解的同时,又用"表象"表示他长时间为之寻找专用术语的"idea"的意思。① 可见,"功能""概念""表象"三个术语在被引入德语的学术使用时就存在着紧密关联,而且包含"功能"在内的这三个术语都涉及思维层面的讨论。结合前文判断表部分的文本可知,在《纯批》中"功能"同样与"概念""表象"间有着紧密联系;在"概念"与"表象"的关系问题上,康德基本延续了 C. 沃尔夫提出的观点,认为"概念是普遍的表象"。具体来说,迈埃尔曾指出:"概念是一个事物在一个具有思维能力的东西中的表象。照此说来,我们的所有的表象就都是概念。"② 而康德在《布隆贝格逻辑学》中对迈埃尔的说法作了补充:"并不是每一个表象都是概念。比如,通过感官被呈现的一个表象是一个感觉。通过知性被呈现的一个表象是一个显象。通过理性被呈现的一个表象是一个概念。"③ 康德认为这种差别体现在:感官在于感觉他物;知性在于使其他事物得以并列、协调;与前两者不同,理性在于使其他事物从属于某物之下。如此,感觉只是涉及单独的表象,而显象同样也只涉及单独的表象,只有通过理性产生的概念才涉及普遍的表象。如果没能就一事物找到从属于其下的普遍表象,那么我就还没有对该事物的概念的认识,最终认为"普遍的表象是概念,并且概念是普遍的表象"。在《耶舍逻辑》中,康德不再采用通过感官、知性、理性来区分表象,而是直接采纳了"直观"与"概念"的二分法,"一切知识,也就是一切伴随意识的关于客体的表象,不是直观就是概念。直观是个体的表象,概念是普遍的表象或反思的表象",以及"借助于概念的知识称

---

① cf. Paul Piur, *Studien zur sprachlichen würdigung Christian Wolffs : Ein Beitrag zur Geschichte der neuhochdeutschen Sprache*, S. 84.

② 迈埃尔:《理性学说摘要》,§ 249.

③ cf. Immanuel Kant, *KGS*, Band 24. 1, S. 251.

为思维"。康德在该小节的"注释 1"中补充:"概念与直观相反,因为它是一种普遍的表象,或许多客体所共有的表象,从而是可以包含在各个不同客体中的表象。"①可见,从早期到晚期,康德始终坚持了 C. 沃尔夫对概念与表象间的关系的理解。

明确了"概念"与"表象"的关系之后,将由此进入对"功能"的讨论。从有关这三个术语的文本中,似乎可以推出对"功能"的两种不同理解:一方面,从康德同时讨论"功能"与"表象"的文本出发,比如"在一个共同的表象之下整理不同的表象的行动的统一性",以及"一切判断都是我们的表象中间的统一性的功能,因为不是一个直接的表象,而是一个把前者和更多的表象包含在自己之下的更高的表象",②康德所使用的"功能"似乎也具有"普遍的表象"的特征,似乎应当等同于"概念";另一方面,从康德同时讨论"功能"与"概念"的文本出发,比如"一切直观,作为感性的,所依据的是刺激,因而概念依据的是功能"(A68/B93),康德显然又在"概念"与"功能"之间给出了明显的区别。在如何理解上述两种情况的矛盾上,最为有效的方式似乎是依据涉及"功能"与"表象"的文本中的说法,尤其是"把功能理解为在一个共同的表象之下整理不同的表象的行动的统一性"③这句,强调"功能"在处理"表象"时应当被理解为具有某种"行动、行为"的动态特征,以与静态的结果性的"概念"相区别。这种理解的思路是比较合理性的,但问题在于:应当如何理解"功能"在处理各"表象"时所具有的动态特征? 由于康德在判断表部分强调了"功能"与"判断"的紧密关联,尤其是上文提到的"一切判断都是我们的表象中间的统一性的功能"的说法,使得学者们依此认为,康德对判断同样有两种理解:一种是传统意义上的"静态的判断",另外一种则是"做判断的动

① 康德:《耶舍逻辑》,A139—140。
② 文本参见 A68/B93—A69/B94。
③ "行动的统一性"的德文是"die Einheit der Handlung",其中"Handlung"有"行动、行为"的意思。

态过程"。前文提到的隆格内斯就是持该类观点的学者的代表人物,她在讨论判断表中的判断形式时强调,康德主要关注的是作为一种心灵活动的做判断(judging)的形式,而不是由这个活动产生的诸判断(judgments)的形式。其中,由这个活动产生的诸判断(judgments)的形式的说法,显然是将判断理解为某种"静态的判断";另外一种作为心灵活动的做判断(judging)的形式的说法,则体现了将判断理解为"做判断的动态过程"。① 然而,在没能准确把握康德使用的"功能"的情况下,过于强调康德的判断的"做判断的动态过程"的特征,使学者们很自然地将原本就被表述得含混不清的"功能"理解为"某种生理学或者生物学概念",来解释判断学说之所以是"动态"的原因,比如国内学界在最初翻译"Funktion"概念时,除"功能"外也常出现"机能"的译法,这显然也是将该术语与"某种器官"联系起来的做法。但是,这种对"功能"的理解,表面上以"某种器官的行为"的说法合理解释了判断的"动态特征",却又使得学界对康德先验哲学的理解深陷于心理主义泥潭。

经分析可知,以上述将"功能"理解为"某种生理学器官的行为"的观点来理解康德的判断理论相关文本,该观点所凸显的"生理学特征"其实并不是最被需要的,之所以强调这点主要是为了反映出判断是"某种动态行为的效果"。然而,这种"动态的效果"实际上可以不通过"生理学行为"引起,而是以数学的方式达成,也就是将"功能"以数学的方式进行理解,这种理解在康德的《杜伊斯堡遗稿》中已经被提出过。回到康德对"功能"给出的定义,即前文提到的"我把功能理解为一个共同的表象之下整理不同的表象的行动的统一性"这句,虽然康德在这里将"功能"与"行动"联系起来,但康德所强调的其实是"功能"在整理各表象时的结构性作用,这种结构性作用显然是可以用数学中"函数"的方式来理解的。

① cf. Béatrice Longuenesse, *Kant and the Capacity to Judge : Sensibility and Discursivity in the Transcendental Analytic of the "Critique of Pure Reason"*, pp. 5 – 6.

值得一提的是,"函数"的德文词也是"Funktion",弗雷格在函数与概念的基础上逐步给出了现代逻辑判断结构的基础性思想。而据舒特思考证,受莱布尼茨以"函数"意义使用"Funktion"的影响,康德在《杜伊斯堡遗稿》的新判断结构中使用的"b"("功能"),也使用了数学中类似的"指数"结构。① 如此,康德《纯批》中使用的"功能"也很有可能具有函数的数学特征,前文提到的阿利森等学者在 B93 的文本中已经意识到这一点。如此,那么根据"功能"的数学的意义,即构成了一个数学运算的"函数"来理解康德的文本,那么该方式相比"生理学或生物学"思路有着明显优势。

最为关键的是,参照对函数的定义,以函数来理解文本可以更从容地在"判断"的"静态的结果"和"做判断的动态过程"两者间根据语境自由切换。有关函数的定义通常如下:给定一个数集 A,假设其中的元素为 x。现对 A 中的元素 x 施加对应法则 f,记作 f(x),得到另一数集 B。假设 B 中的元素为 y。则 y 与 x 之间的等量关系可以用 y=f(x) 表示。我们把这个关系式就称作函数关系式,简称函数。函数概念含有三个要素:定义域 A、值域 C 和对应法则 f。其中的核心是对应法则 f,它是函数关系的本质特征。或者也可以表述为:有两个互相关联的变量 x 和 y,y 的值随 x 的值的改变而改变,并且每给定一个 x 的值,y 都有唯一一个确定的值与之对应,那么 y 就叫作 x 的函数,x 叫作自变量。相比之下,康德在《杜伊斯堡遗稿》中已经提出适用于综合判断的"a-b-x"结构,但在《纯批》中的认识论背景下这种结构实际上仅留下了与"表象"相关的"先验对象"(X),以及应当理解为"函数"(b)的"功能"概念。该情况下如果采用数学的理解,"表象"相当于上述函数定义中的自变量 x,而与"概念"关联紧密的"功能"则相当于针对 x 的运算法 f。这种情况下,被理解

---

① cf. Peter Schulthess, *Relation und Funktion—Eine systematische und entwicklungsgeschichtliche Untersuchung zur theoretischen Philosophie Kants*, Berlin: Walter de Gruyter&Co., 1981, S. 222-224. 亨利·E. 阿利森:《康德的先验观念论:一种解读与辩护》,第 573 页注释 38。

为函数的"功能"可以有两种情况：当康德在一般意义上讨论表象时,由于表象是未确定的,即是 x,这时"功能"可以用式子 f(x)表示,由于 y 也是未确定的,因而更强调其作为"动态的规则"的含义；当康德在讨论涉及某个具体感性对象的判断时,出现在 f(x)中的不再是自变量 x,而是确定的常量 a,如此,依据 y＝f(x)则会得出作为"静态的结果"的固定值 f(a)。如此,借助于"函数"在数学运算中的两种取值情况,可以比较轻易地获得康德在讨论判断时两种情况区分的明晰性。基于此,用"函数"理解文本,自然可以避免由"生理学或生物学思路"引起的理解康德先验哲学的心理主义倾向。此外,学者们之所以提出"做判断的动态过程"来理解康德先验哲学中的判断思想,其根本原因是受传统逻辑的影响,认为只解决分析性判断的"S 是 P"判断结构无法讨论认识问题,而以"函数"理解判断的形式结构,则从根本上消除了传统逻辑的不利影响。由此,如果说"生理学或生物学思路"是凭借对"做判断的动态过程"的心理主义理解来回避受传统逻辑影响的"判断的静态结果"的话,那么,以"函数"的结构效用理解"做判断的动态过程",则实际上更为彻底地取消了传统逻辑"S 是 P"判断结构在《纯批》有关判断形式讨论中的有效性。以"功能"的数学含义理解判断本就是康德在《杜伊斯堡遗稿》中的应有之意,《纯批》只不过是在继承了这种想法的核心观点的同时,适当用带有认识特征的术语体系缓和了这些数学概念带来的突兀感。至此,就"功能"概念的理解问题,笔者已经尽可能充分地论证了自己所持观点的合理性。

此外,由于康德在《纯批》中有意识地以认识术语体系取代原本的"a‐b‐x"结构中的各符号体系,因此,《纯批》中与认识紧密相关的"功能"概念并非完全照搬了"函数"的所有特征,"功能"的数学意义应当主要体现为借鉴了"函数"处理"变元""常元"时采用的函数结构,或者说是"函数"与"变元""常元"间的关系结构,并将这种关系结构用于理解判断结构。由此,传统逻辑"S 是 P"判断结构中意味着主词与谓词之间关系的系词"是",则被借助了"函数"结构表示概念与对象间关系的"功能"所取代。以此,回到关于判断的"形式"与"功能"之间关系问题的讨论。由前文讨论已知,康德对判断或命题的形式与质料(或内容)的区分是在更为一般的意义上的,随后,由于他所处理的判断或命题的基本结构的差异,使得判断的形式在相应的具体情况下有了不同的所指。比如在早期逻辑学讲稿中,判断的形式指的是"S 是 P"中的系词"是",然而,借助于《杜伊斯堡遗稿》中提出的适用于综合判断的"a – b – x"结构,康德在《纯批》中判断基本结构的理解相比于早期逻辑学讲稿有了明显变动,并基于对"a – b – x"结构的认识方式的改进,就该时期认识语境下的"判断"而言,"判断的形式"指的就是在判断中统一不同的表象的"功能"。总之,"判断的形式"是更为一般性的说法,而具体形式指代什么是由所讨论的判断类型决定的;所谓"判断的功能"就是在认识论语境下与知性相关的综合判断的形式的具体体现。可见,两者间既存在关联,又相互区别。从这种理解出发可知,将判断的形式与功能进行简单对等的主要原因,是没有注意判断的形式所具有的普遍性特征,比如"系词是"同样也可以被看作判断的形式,但也只是某个具体判断情况下的具体形式,因各自判断的情况可能存在差异,所以不能由此得出"系词是"与"功能"等同;而过于强调判断中的"功能"相对于判断的形式的差异的做法,实际上是直观地认为判断结构仍旧是传统逻辑"S 是 P"结构,所以用强调差异的方式有意凸显研究认识问题时判断的特殊性,比如强调功能的"生理性的特征"等,但这种做法回避了两者间确实存在的"一致性",在遮蔽了真实的判断结构的同时,又容易使对康德判断理论的理解误入歧途。至此,借助于对"功能"的数学含义的理解,判断的"形式"与"功能"的关系问题也得到了澄清。

借助于对"功能"的数学含义的阐明,笔者论证了《纯批》中判断结构的改变,以及相应的判断形式就是"功能"。而这种改变,进一步回应了本章之前所讨论的康德判断表的原创性,判断表中某些要素设置的原因,以及设置标准中出现认识特征等所面对的质疑。此外,主要是来自现代逻辑学者们的质疑,他们认为判断表仍旧沿用了传统逻辑的"S是P"结构,因而无法实现康德所预设的理论目标,比如从判断形式成功推导出知性概念等。认为判断表仍沿用传统逻辑的"S是P"结构这一点,可以说对学者们正确理解康德的判断表造成了最大的阻碍。前文在康德预设的理论目标部分,也曾提到有些持传统逻辑立场的学者对判断表中"量""质""关系""模态"等各标题之间关系的不满,比如判断表中质标题下的肯定判断、关系标题下的定言判断和模态标题下的实然判断的雷同关系等,这种质疑的理论前提也是判断表因循着传统逻辑的"S是P"结构。然而,随着明确了《纯批》中的"功能"作为"判断形式"的作用,实际上已经证实了《杜伊斯堡遗稿》中的"a-b-x"判断结构在先验哲学中的影响,结合第一章中有关《杜伊斯堡遗稿》中三类判断关系与三类知性概念所推出的内容,可以发现康德实际上并不希望在判断表的所有标题之间都建立起相互关联。最基本的是标题"量""质",其涉及基本的判断结构的构成;在两者结合的基础上才推出标题"关系",涉及判断关系中的"真";在三者基础上才涉及标题"模态",也就是对于"真"的各类态度。传统逻辑的"S是P"结构容易给人一种倾向上的误导,使人以为康德是在构建一个从其中某部分都可以推导出整体所有要素的逻辑推演系统,然而新判断结构的出现显然证实了这种理解的错误。

至此,笔者已经证实判断表中所使用的判断结构并非传统逻辑的"S是P"结构,那么问题只剩下,新判断结构是否能实现康德所预设的理论目标?如果观察康德在"范畴的形而上学演绎"部分的文本,可以发现"功能"概念在从判断形式向纯粹知性概念推导的过程中发挥着关键性作用。相关文本如下:"为一个判断中的各种不同表象提供统一性的同一种功能,也为一个直观中的各种不同表象的纯然综合提供统一性,用一般的方法来表达这种功能就叫做纯粹知性概念……""以这样的方式产生出先天的关涉一般直观的对象的纯粹知性概念,它们与前表中所有可能判断中的逻辑功能一样多,因为知性已被上述功能所穷尽,其能力也由此得到完全的测定。我们想依据亚里士多德把这些概念称为范畴"。(A79—80/B104—105)结合该文本可知,如果仍旧以"生物学或生理学思路"理解此时的"功能"的话,显然不仅不会澄清问题,反而会引出更多的误解。然而,借助之前讨论过的"功能"与"概念""表象"之间的关联,以及"功能"具有的函数结构可知,康德对判断形式与知性概念两者的理解实际上借助了"功能"概念所蕴含的函数结构的两种运算情况。"功能"作为判断形式时,由于其中各表象是未确定的,因此更强调"功能"在处理各表象时的动态结构作用,也就是"为一个判断中的各种不同表象提供统一性"的"功能";这种情况下,出现在运算规则 f 中的是自变元 x,因此用数学式子可以表示为 y=f(x),强调的是由运算规则所提供的动态的运算结构。"功能"在涉及直观时,由于其中表象涉及具体的感性对象,因此更强调"功能"与具体表象发生作用的静态结果,也就是"为一个直观中的各种不同表象的纯然综合提供统一性"的"功能";这种情况下,出现在运算规则 f 中的是常量 a,用数学式子可以表示为 y=f(a),强调的是通过运算规则获得的结果,由于结果 y 是由 f 与 a 共同决定的f(a)且 a 是已知的常量,因此更强调"功能"在运算中的静态的运算规则本身,也就是与 f 相关的知性概念。借助"功能"的"函数"结构,笔者对判断形式与知性概念分别做了解释,康德也指出,起到上述两类作用的功能是"同一种功能"。由"功能"概念数学含义的两种运算情况,笔者论证了康德从判断形式推导出知性概念,以及从判断表推导出范畴表的可行性。可见,借助于新判断结构,康德是可以在《纯批》中实现他所预设的理论目标的。①

① 以施特劳森为代表的持现代逻辑立场的学者们的质疑观点,其理论前提实际上暗含两个方面:一是康德在判断表中仍旧沿用了"S 是 P"结构;二是判断表中的判断结构所面临的问题只有现代逻辑才可以解决,传统逻辑是没有办法的。然而,除了通过论证得以确认的判断表并未沿用传统逻辑的判断结构之外,舒特思通过分析康德所使用的"功能"的数学含义,认为《纯批》中的该概念在本质上与弗雷格、罗素所使用的"函数"概念(Funktionsbegriff)存在相似之处,而后者恰好是构成现代逻辑句法结构的基础。cf. Peter Schulthess, *Relation und Funktion—Eine systematische und entwicklungsgeschichtliche Untersuchung zur theoretischen Philosophie Kants*, Berlin: Walter de Gruyter&Co., 1981, S. 261.

第三章　判断表的完备性问题

　　讨论过判断表中构成要素设置合理性的问题之后，接下来要讨论的是康德判断表的完备性问题。关于判断表完备性问题引起的争论基于以下两个事实情况：一方面，康德宣称他所构建的判断表是完备的（vollstaendig），[①]他在《纯批》中提出将要"完备地"描述判断中的统一性的功能，比如"抽掉一个一般判断的所有内容，只关注其中的纯然知性形式"，那么，"思维在判断中的功能可以归于四个标题之下，其中每一个又包含着三个环节"，（A69—70/B94—95）而依此所列出的表格就是判断表，在《导论》中，他也是直接将判断表称作"完备的图表"。[②] 另一方面，在康德的文本中似乎并没有出现他对判断表完备性的直接论证。尽管康德在文本中曾声称，获得这种完备性"是极容易做到的"，然而现实情况似乎并非如此，由于没有令人信服的充分证据支撑康德对判断表所做的完备

[①] 康德在《纯批》中多次表达判断表是"完备的"观点，比如"如果人们能够完备地描述判断中的统一性的功能，就能够在总体上发现知性的各种功能了，但下一章将表明，这一点是极容易做到的"，以及"如果我对一个单称判断不仅仅按照其内在的有效性，而且还作为一般知识按照它与其他知识相比所拥有的量来作出估价，那么，它……理应在一般思维的一个完备的环节表中（尽管当然不是在仅仅局限于各种判断相互之间的应用上的逻辑中）占有一个特殊的位置"。参见 A69/B94、A71/B96 等。

[②] 参见康德《未来形而上学导论（注释本）》，第 44 页。

性论断,判断表本身的完备性受到了学者们的普遍质疑。这种质疑的后果是严重的,在康德的先验逻辑系统中,判断表中的各功能与各知性范畴间存在对应关系,判断表是作为引出知性范畴表的导线的身份而出现的,因此,如果判断表自身的完备性受到质疑,自然会影响到范畴表的完备性,从而动摇先验哲学的基础。而如果在坚持范畴表完备性的同时,无法给出对判断表完备性的合理解释,那么实际上也就取消了判断表的导线作用,①如此结果显然是与康德文本中的想法相左的。然而,虽然该观点与康德在"范畴的形而上学演绎"中的想法相左,但实际上却为很多学者所接受,因为这种思路虽然舍弃了判断表作为"导线"的作用,但却能够保证范畴表的合理性以及先验哲学的根基不受影响,此外,这种观点又助长了认为判断表并不具有独立性,并且是康德依照范畴表所构造出来的这种错误理解。

因此,对判断表的完备性问题的讨论,尤其是给出对于判断表的完备性的论证,成为康德哲学研究者们格外关心的话题。总结以往对判断表完备性的讨论情况后可以发现,任何一种有关康德判断表完备性问题的观点都无法回避以下三个最基本的前提性问题:第一,康德的判断表本身究竟是否是完备的? 第二,如果判断表确实是完备的,那么康德是否给出了相应的完备性证明? 第三,如果的确存在针对判断表的某种完备性证明,这种证明应当是以什么样的形式出现的? 针对以上三个问题逐步给出答案的过程,实际上也就表明了学者针对判断表完备性讨论的各自立场。同样,笔者也将在对上述三个问题的依次回应中,给出自己对康德判断表完备性问题的看法。

第一节 对三个基本问题的回应

上述三个前提性问题实际上存在着递进关系,是基于判断表完备性

---

① cf. P. Hauck, "Die Entstehung der kantischen Urteilstafel", S. 207.

问题讨论的进展总结得出的。之所以说以往有关判断表完备性的任何一种观点都无法回避以上三个基本问题，原因如下：在回应"判断表是否是完备的"问题时，持否定观点的学者自然不必讨论接下来的两个问题，而持肯定观点的学者则需要继续回应"康德是否给出了相应的完备性证明"这个问题，对该问题持否定观点的学者则不必讨论接下来的问题，持肯定观点的学者则需要继续讨论"这种完备性证明是以什么样的形式出现"的问题。如此，对三个问题的依次回应，意味着在以往相关的讨论中逐渐表明自己立场的过程。笔者将在随后对问题的依次回应中表明自己的立场，并给出自己的论据。

一、判断表是否具有完备性

笔者将要回应的第一个基本问题是，康德的判断表是否是完备的？笔者认为，康德所建构的判断表应当是完备的，接下来借助以往的讨论情况来说明笔者的观点。如前所述，尽管康德宣称他所构建的判断表是完备的，但并没有给出明显的直接论证来支撑他的这一观点，因而判断表本身的完备性受到了质疑。有些学者出于各种原因选择支持康德的主张，认为他所构建的判断表具有完备性，而相比之下，持反对意见的学者则主要从对康德所构建的判断表自身的要素以及结构等出发，认为该表存在诸多问题，因而质疑其完备性。[①] 与随后两个基本问题不同的是，由于康德本人声称判断表具有完备性，因此后两个问题中出现的分歧其实质是对康德文本的不同理解，而这些学者认为判断表不具有完备性的做法则是对康德本人提出的观点的质疑。

经考察可知，这些学者质疑判断表的完备性的理论根源大都在于他

[①] cf. P. Hauck, "Die Entstehung der kantischen Urteilstafel", S. 207 – 208; Hans Lenk, *Kritik der logischen Konstanten—Philosophische Begruendungen der Urteilsformen vom Idealismus bis zur Gegenwart*, S. 34 – 37; Guenther Patzig, "Wie sind synthetische Urteile a priori moeglich?"S. 41 – 43.

们所秉持的传统逻辑立场,即从传统逻辑观点出发,康德的判断表在多个方面并不符合传统逻辑的形式规范,而存在这些"逻辑缺陷"的表格显然不可能是完备的。这些所谓的"逻辑缺陷"大致有以下几类:首先,存在某些不应该被放入表格的要素,比如单称判断与无限判断,其中的无限判断甚至没有体现出逻辑形式,此外,模态的三个环节被认为不符合形式化的标准;其次,遗漏了许多本应该有的判断的逻辑形式,比如联言判断、关系判断等;再次,对某些标题下的各要素在选择标准上不严谨,具有一定的随意性,尤其是关系标题下的三个环节之间并没有体现出逻辑并列关系,而且可以被替换为其他的逻辑形式。① 这些批评观点,与第二章中曾讨论过的以传统逻辑立场质疑判断表要素设置合理性的观点基本一致。然而,与质疑要素设置合理性不同的是,这些学者在批评判断表因为固有的逻辑缺陷而不具有完备性的同时,也给出了他们所认为的判断表具有完备性应当具有的"必要条件"。比如,帕茨西指出,如果要将判断表视为一个可能的谓词形式系统需要符合三项要求:首先是划分的完备性,其次是划分的形式性,最后要符合划分视角的并列性。② 因此,对帕茨西而言,如果康德的判断表提出了完备性要求,那么它必须同时满足作为一个形式系统所必需的形式性和并列性两项要求。兰克的观点与此相似,他所指出的判断表存在的问题同样可以归结到帕茨西所列的两个要求之下。总之,由于康德的判断表无法满足形式性和并列性要求,所以难以被看作一个符合标准的谓词形式系统,因此也就无法证明它的完备性。

而那些认为康德判断表是完备的学者中,有些与其说是被康德的文本内容说服,不如说是无法接受承认判断表不完备将给康德先验哲学体

---

① cf. Guenther Patzig, "Wie sind synthetische Urteile a priori moeglich?" S. 42 – 43; Hans Lenk, *Kritik der logischen Konstanten — Philosophische Begruendungen der Urteilsformen vom Idealismus bis zur Gegenwart*, S. 34,35.

② cf. Guenther Patzig, "Wie sind synthetische Urteile a priori moeglich?"S. 42.

系带来的负面影响。如果判断表的完备性无法得到保证，那么范畴表就无法通过判断表获得奠基与完备性，一种哲学上可肯定的先验基础也就不能被找到。由于判断表本身出现的各种问题，康德的判断表往往被认为是为了迎合范畴表而构建的，那么判断表作为发现诸范畴的导线作用也就站不住脚了。而如果判断表的发现范畴的导线作用是可以被质疑的，那么康德所宣称的依凭了共同的原则罗列出各范畴的说法自然也就站不住脚。众所周知，纯粹知性概念，也就是范畴作为先验哲学的核心要素，历来被质疑的就是其是如何被康德罗列入范畴表的，为什么"恰恰是这些而不是另一些概念寓于纯粹的知性之中"（B107），对此，康德将对各范畴的划分解释为"是系统地从一个共同的原则，亦即从判断的能力产生的"，而不是像亚里士多德一样"漫游诗人般地从对纯粹概念的一种碰运气完成的搜寻中产生的，这种搜寻的完备性人们永远不能确知，因为它只是通过归纳完成的"（B106—107）。康德认为，通过归纳或者说碰运气的搜寻产生的纯粹概念是无法确知其完备性的，而相应的从判断的能力产生的纯粹概念是可以确知其完备性的，因此，康德选择从判断形式推导出纯粹知性概念。然而，当罗列了判断形式的判断表本身的完备性无法证明时，康德就无法解决其所罗列的纯粹知性概念为什么"恰恰是这些而不是另一些"的问题。因此，豪克等学者就认为康德所犯的错误就在于将发现纯粹知性概念的确定导线归结于判断表，从而使康德的范畴体系如果在坚持范畴表完备性的同时无法给出对判断表的完备性的说明，那么实际上也就取消了判断表的导线作用，其范畴体系也无法保证其划分遵循了某种原则，并且是数目齐全的。①

　　可见，以逻辑观点理解完备性的学者们通过指出判断表的"逻辑缺陷"，证据确凿地指出判断表并不具有完备性。相比之下，无论是康德本人还是多数康德哲学研究者都无法接受判断表的不完备将给先验哲学

---

① cf. P. Hauck, "Die Entstehung der kantischen Urteilstafel", S. 207.

带来的种种问题；然而，有些学者选择承认康德的判断表是完备的，却无法给出可信服的理论支撑。因此，对于那些认为判断表是完备的学者来说，最紧要的工作是为判断表的完备性寻找证据，也就是判断表的某种"完备性证明"。然而，最具说服力的完备性证明自然应当是出自康德本人的，所以接下来要讨论的是康德究竟是否曾给出某种有关判断表的完备性证明的问题。

二、康德是否给出了完备性证明

从康德文本所能获知的事实情况是，他的判断表中的要素是"思维在判断中的功能"，而这个表格完备地描述了判断中的统一性的功能，这种完备性的具体结构表现就是被划分为四个标题，其中每个标题下又包含着三个环节。（B94—95）康德在这些表述中都体现了他本人确实认为判断表是完备的，但他在文本中也仅出现了以上这种对判断表完备性的描述，却并没有针对其完备性的直接论证。因此，康德文本中给出判断表结构并做出完备性宣称，但是并没有关于此的直接论证的情况，引起了支持判断表完备性的康德哲学研究者内部的争论，即：康德在文本中是否给出了对于判断表的完备性证明？

事实情况是，康德只是在文本中对判断表的完备性状况做了简单描述，而针对该情况，学者们围绕"判断表的完备性证明"这一说法给出了各种不同的解释：①第一，有些学者认为，康德所做的解释说明并不是一种真正的"证明"，只是单纯独断地认为自己的判断表具有完备性，由于判断表的完备性又是康德的先验哲学体系所必需的，因此需要构造出对判断表的某种完备性证明，而且这种构造出的证明对判断表而言也是必需的，比如莱希、弗里斯等；第二，有些学者认为，虽然康德并没有给出对于判断表的完备性证明，但通过对康德文本内容的理解就可以证实判断

---

① 以下分类中涉及的各学者观点的文献出处，请参见后文具体讨论部分，此处不再单独列出。

表的完备性,而不需要额外构造出一个证明来,比如布兰特、沃尔夫、约普纳等;第三,有些学者认为,康德已经给出了针对判断表的完备性证明,这些证明就蕴含在他的相关文本中,而我们只需要对这些文本内容进行分析就可以得出对判断表的完备性证明,比如柯律格(Krueger)等;第四,不同于前三类,那些对康德判断表的完备性持反对态度的学者们认为由于判断表中要素的种种问题,因而无法给出其完备性证明,比如兰克、帕茨西等。

需要注意的是,以上几种观点对于"证明"这个术语的理解是有差异的,也因而加重了彼此间的分歧,因此,有必要首先解决如下问题:如何理解一种关于判断表完备性的"证明"? 总结以上四类观点中对术语"证明"的使用情况后可以发现:上述观点中的第一、第二、第四类观点中提到的术语"证明",都是指由学者个人依照现有判断表中的要素而构造出来的系统性证明;而第三类观点中的"证明"指的是康德在文本中给出的相关描述;第二类观点比较特殊的是,认为不需要额外构造出一个证明,对康德文本内容的理解就可以证实判断表的完备性,因此其虽然在对术语"证明"的使用上与第一、第四类观点一致,但其实际上的主张却是与第三类观点一致的,仅是对康德在文本中给出的相关描述是否应该被称作"证明"存在不同理解。 由此可见,讨论判断表完备性证明时的这些语词上的歧义,曾为该话题的讨论造成非常多的不必要的困难。

由此,抛开属于使用上的分歧,实际上区分出对"证明"的两种不同理解,参考柯律格的说法,可将其解释如下:第一种是依照某项原则,并通过逐步进展得来的证明,前述第一、第二、第四类观点中提到的"证明"就是这种;由于这种证明需要符合逻辑规则而构造出来,因此在本书中笔者统一将其称作"构造性证明"。第二种是区别于"构造性证明"的另一种更为"简约"的证明,即前述第三类观点中提到的"证明";由于持有这种观点的学者普遍认为不需要额外构造某种证明,通过对康德文本内容的充分解释就可以证实判断表的完备性,因此笔者在本书中将这种证明统一称作"解释性证明"。① 通过区分并定义两种不同类型的"证明"，能够有效避免因对"证明"的理解歧义而造成的不必要争论，从而使讨论更加清晰。如此，笔者就可以比较明确地回答"康德在文本中是否给出了对于判断表的完备性证明"这个问题，即康德并没有想要为他的判断表的完备性给出任何"构造性证明"，在他的纯粹理性批判中实际上只给出了"解释性证明"。

三、构造的还是解释的

区分出对康德判断表完备性的构造性与解释性的两种证明方式后，笔者将论证两者各自的普遍特征，以及该类证明方式产生的问题，以此说明两种方式在证明判断表完备性时各自具有的可行性。我认为，判断表的完备性证明应当是解释的而不是构造的，如果康德确实在文本中为判断表的完备性提供了理论支撑，那么也应当是解释性的，而逻辑的形式特征鲜明的构造性论证确实没有在文本中出现。因此，该小节将主要就构造性证明的普遍特征、面临的问题尤其是可行性进行讨论，并指出该类方案并不适用于解决判断表的完备性问题。

在给出康德判断表完备性的构造性证明的学者中，最具代表性的是莱希，他的证明方式也是其中比较典型的，以下以他的证明过程为例来讨论判断表完备性的构造性证明方式的特征、问题及可行性。由于康德曾指出，"一门科学"的"完备性不能根据仅仅通过试验达成的集合的近似值来得到可靠的认定"，"唯有凭借知性先天知识的整体的理念，并通过构成它的诸般概念由此得到规定的划分，因而唯有通过它们在一个体系中的联系才是可能的"（B89），莱希参照康德的这种描述而认为，判断表的完备性同样需要具备两个条件才有可能实现：首先，是"一般知性知

---

① cf. Lorenz Krueger, "Wollte Kant die vollständigkeit seiner urteilstafel beweisen?" in: *Kant-Studien* 59（1 - 4），1986，S. 337.

识"的一个"整体的理念";其次,是处于这个一般知性知识之下并构成这个一般知性知识的"诸概念"的确定的划分。① 具体到康德文本来说,这两个条件都是与判断直接相关的,其中,整体的理念是作为在判断中被贯彻的统一性理念而展现出来的,而诸概念被使用于知识也只是发生在判断中。可见,至此莱希的理解是切合康德在文本 B94—95 中对判断表完备性的描述的,即判断表完备地描述了判断中的统一性的功能,并且这种完备性的具体结构表现就是被划分为四个标题,其中每个标题下又包含着三个环节。莱希认为,通过知性的功能可以获得整体的理念,随后要考察在判断中被使用的诸概念之间的相互关联,而由于概念的使用与判断直接相关,因此他选择了从康德对判断的一般定义入手。莱希引用了康德对判断的如下表述,"一个判断无非就是使被给予的知识获得统觉的客观统一性的方式"(B142),随后他根据自己之前的论述,认为康德在这个表述中使用的"被给予的知识",首先可以被理解为指的是诸概念,随后也可以被理解为指的是判断。② 莱希通过使用康德对判断所做的这个定义,首先确立了判断的性质本身所包含的"统觉的客观统一性"的特征,也就是"一般知性知识"的一个"整体的理念",并且判断中的诸概念共同处于这个"整体的理念"之下。而莱希接下来所做的工作就是处于这个一般知性知识之下并构成这个一般知性知识的"诸概念"的确定的划分,参照康德的相似说法也就是建立起判断中诸概念之间的关联。(B89)

由于康德是以量、质、关系、模态的顺序列举了判断表中的判断功能,莱希相比之下选择了不同于康德的以对现成结果的"分析的做法",从模态向量的顺序来逐步说明其中的关联③。莱希对判断表的重构是从模态开始的,他认为从上述康德对判断的定义可知,判断包含了概念在

---

① cf. Klaus Reich, *Die Vollstaedigkeit der kantischen Urteilstafel*, S. 12.
② cf. Klaus Reich, *Die Vollstaedigkeit der kantischen Urteilstafel*, S. 38 – 39.
③ cf. Klaus Reich, *Die Vollstaedigkeit der kantischen Urteilstafel*, S. 54 – 55.

其中的统觉的先验统一的"客观有效性",而模态就是作为逻辑现实性被给予的,而从现实性又可以很自然地推出可能性。接下来开始涉及关系,就可能性而言,最简单的可能性涉及两个概念之间的关联,也就是定言判断。而以真概念为基础,由定言判断就可以得到假言判断。假设只有定言判断,那么每一个客观有效的定言判断就是真的,如此就会存在许多真。而由于只有定言判断,那么这些定言判断是无法被放置于彼此之间的联系之中的,但这显然和统觉的统一性的要求是不符的。此外,如果被给予的诸表象间的关联无法被置于统觉的统一性之下,那么,根据这种形式,真是不可能的。因此,只有定言判断的说法是不成立的,因而定言判断可以被置于彼此的联系中,其中围绕真值将两个定言判断联结为一个判断的,就涉及假言判断。从假言判断又可以获得或然判断,而选言判断又使得假言判断得以可能,因而从假言判断又可以推出选言判断,而从选言判断可以推出必然判断,因为选言判断的选言支中必然有一个是真的。至此,莱希以现实性为起点,建立起了模态与关系标题下各环节之间的关联,并且他认为这种关联是彼此纠缠的。① 在莱希看来,判断的模态与关系都是与形式相关的,而判断的质和量可以被视为判断的质料,他只通过选言判断就推出了判断的质和量。因为在选言判断中存在着对立,其中一个逻辑谓词是肯定的,那么其他的就是否定的,由此可以得出质标题下的肯定的与否定的;而从选言判断中概念的外延的角度来看,包含着诸谓词的主词所对应的概念的外延是外延的整体,而同处于主词概念之下的,除单个谓词之外的其他诸谓词所对应的概念的外延则是被限制的外延,莱希认为这种差异构成了从量的角度来看待的普遍性与特殊性之间的差异,进而得出了判断的全称的与特称的。②

至此,莱希通过推导得出了满足前述"统觉的客观统一性"的必要的

---

① cf. Klaus Reich, *Die Vollstaedigkeit der kantischen Urteilstafel*, S. 45 - 52.
② cf. Klaus Reich, *Die Vollstaedigkeit der kantischen Urteilstafel*, S. 53 - 54.

互相关联的各环节:或然的,实然的,必然的;定言的,假言的,选言的;肯定的,否定的;全称的,特称的。在这些工作的基础上,莱希提出了最初的问题:对这些环节的列举是否是完备的? 他认为,这些环节所处的系统性自身应当可以证明其完备性,但黑格尔、赫尔巴特(Herbart)、文德尔班等学者仍旧质疑康德所区分的量、质、关系、模态四类标题并非是从判断的本质出发,而是通过对历史性材料的整理或者是经验性的观察而获得的。为反驳这种观点,莱希需要证明这四个标题对上述环节的划分依旧是正当而非任意的,他认为证明包含这四个标题的"判断环节的系统性的相互关联的关键"应当从对判断的定义中被找到。① 莱希参照四个标题给出了他对判断的定义:"判断是一个诸表象间的客观有效(模态)的关系(关系),其中部分表象(质)作为分析的认识基础(量)。"②他认为,在这个定义中,在模态、关系层面与质、量层面的划分在本质上都是术语完备性的证明。而对每个标题下三个环节的完备性的说明上,莱希引用了康德的说法并认为其中体现了处理标题下三个环节的完备性证明的原则,"在一个确定的标题下有三个与之相关的逻辑功能,以及三个范畴:因为其中的两个展现了意识的统一性中的彼此对立,而第三个重又将意识的这两方面联结起来。除此之外,意识的统一性的更多种类是无法被想到的。因为:如果 a 是联结了杂多的一个意识,b 是以相反的方式进行联结的其他意识,那么 c 就是对 a 和 b 的联结"③。依照该原则,莱希分别对四个标题下各环节的关系尤其是前两者的对立关系进行了解释,他用有效性的"质料与形式"的区别来解释模态标题中或然判断与实然判断的对立关系,并在必然判断中获得对立双方的联结;用思想关系的"内在的与外在的"的区别来解释关系标题下定言判断与假言判断

---

① cf. Klaus Reich, *Die Vollstaedigkeit der kantischen Urteilstafel*, S. 87, 87n.

② 原文:Urteil ist ein objektiv gueltiges(Modalitaet)Verhaeltnis(Relation)von Vorstellungen, die Teilvorstellungen(Folge:Qualitaet)als analytische Erkenntnisgruende(Folge:Quantitaet) sind.

③ cf. Klaus Reich, *Die Vollstaedigkeit der kantischen Urteilstafel*, S. 88.

的对立关系,也就是说意识的客观统一性在前者中涉及的是判断内部的主词与谓词,而在后者中涉及的是外部的前件与后件,随后在选言判断中获得对立双方的联结①;而他对量、质标题下的各环节也使用该原则进行了解释,该过程和康德本人的论述基本一致,因此不再赘述②。

前文提到,部分学者认为康德在文本中实际上并没有给出对于判断表的完备性证明,而判断表的完备性又是康德先验哲学体系所必需的,因此上述这部分学者大多尝试自己构造出判断表的某种完备性证明。而这些并非由康德本人构造的针对判断表的完备性的证明有着相似的特征,也普遍存在着相似的问题。莱希作为那些选择自己为判断表构造出完备性证明的学者们的代表,他针对判断表所构造出的完备性证明也具有他所代表的学者们各自构建出的各种证明的具有普遍性的基本特征。以莱希构造的证明为例,虽然他认为判断表的完备性只需要满足"整体的理念"以及"整体下诸环节的相互关联"这两个条件,但在实际操作过程中,第二点其实是由两个步骤构成的,首先需要论证诸环节之间的相互关联,随后要说明它们能够恰好地(不会多出也不会缺乏地)被置于一个整体的理念之下。用这些构造出的证明衡量判断表的完备性都需要通过以下三个步骤:第一步,需要通过引证康德文本中的某些观点作为构造该证明的统一性的"整体的理念";第二步,需要以符合逻辑的方式建立起各环节之间(所有环节之间以及处于各标题下的各环节之间),以及各标题之间的相互关联;第三步,需要印证这些处于互相关联中的各环节或各标题可以恰好地(不会多出也不会缺乏地)处于统一的体系中。这三个步骤也是通过构造得出的完备性证明所普遍使用的,观察后可知:首先,其中第一个步骤是以康德文本中的解释性的内容作为开端的,比如莱希在该步骤中需要借助康德文本中的"一般知性知识"的

---

① cf. Klaus Reich, *Die Vollstaedigkeit der kantischen Urteilstafel*, S. 88 - 90.
② cf. Klaus Reich, *Die Vollstaedigkeit der kantischen Urteilstafel*, S. 91 - 93.

"整体的理念"的统一性；其次，在第二个步骤中需要以康德文本中的解释性材料为基础，在此基础之上展开构造性工作，比如莱希建立起判断表中各环节之间的关联时，需要考虑以康德在判断表中给出的现成的各环节以及标题为基本材料，随后发挥自己符合逻辑的构造能力建立起这些材料彼此间的关联；随后，在第三个步骤中，既需要以合逻辑的方式构建出一个可以将第二步中彼此关联的要素恰好地归于其下的系统，也需要考虑到作为整体的该系统在康德文本中的具体解释，比如莱希将"一般知性知识"的"整体的理念"的统一性要求具体到判断中，随后又以自己对"判断"下定义的方式实际上给出了将判断表下各标题乃至各标题下的环节统一于其中的结构。

　　经分析可知，构造性证明首先是需要以康德文本中给出的解释性说明作为基础的，比如需要由"一般知性认识"的"整体的理念"，或者来自"统觉的客观统一性"等提供构造系统的统一性，以及判断表中的各环节、各标题作为系统内部的构成部分。其次，构造性证明的构造性主要体现在以符合逻辑的方式将所把握的这些材料逐步构造成一个符合完备性标准的系统，由于这种构造过程本身是符合逻辑形式的，因此会被认为比康德文本对完备性的解释说明更加可信。最后，当学者们通过构造性的方式论证康德判断表的完备性时，默认的前提是判断表中的各环节均可被视为可以置于某种逻辑系统中的要素，无论他们构造的系统是传统的形式逻辑系统还是现代的一阶逻辑系统。然而，最后推出的这个默认的前提恰恰是构造性证明备受质疑的根本原因。笔者在前文中曾讨论过判断表中的各环节存在的种种问题，并指出这些问题显然会影响到该表的完备性要求。如果康德的判断表提出了完备性要求，那么必须满足作为一个形式系统所必需的形式性和并列性两项要求。然而实际情况是，康德在判断表中列举的某些具体环节在这两项要求中历来备受诟病，比如其中的单称判断、无限判断被指责没有体现出逻辑形式，其中的无限判断从现代逻辑意义上来讲甚至是多余的，而模态标题下的三个环节不仅不符合形式化的标准,并且被认为与量、质、关系三个标题下的环节在划分的视角上是不一致的,前三者构成判断的内容,而模态仅仅涉及判断的取值(B100),因而也不符合并列性要求。

至此,由于康德的判断表无法满足形式性和并列性要求,进而无法被视为一个符合标准的谓词形式系统,因此也就无法证明它的完备性。以莱希的构造性证明为例,通过前文所介绍的他对该证明的建构过程可知:一方面,他以符合逻辑的方式建立起了模态标题与关系标题下各环节间的相互关联,并且通过将模态解释为判断的客观有效性而将其与量、质、关系统一在他针对判断给出的定义中;但另一方面,他在处理单称判断与无限判断上可以说采用了刻意回避的态度,在构造判断表各环节之间的相互关联时他并没有尝试推导出无限判断与单称判断,在列举满足"统觉的客观统一性"的必要的互相关联的各环节时,也遗漏了无限判断与单称判断。因此,在随后印证处于互相关联中的各环节或各标题可以恰好地(不会多出也不会缺乏地)处于统一的体系这一步骤中,对莱希而言就是给出可以包含四种标题的对判断的定义时,无限判断与单称判断实际上是缺席的,由此,以莱希为代表的对康德判断表的构造式的完备性证明显然是存在问题的。由于从逻辑形式的角度看,康德的判断表存在着各种问题,因此试图通过逻辑系统的构造给出对判断表的完备性证明的方式是存在困难的。虽然有些困难比如前述的模态的问题,可以尝试在形式系统中引入模态进行讨论,但有些问题比如无限判断等,无论采用传统的形式逻辑系统还是现代的一阶逻辑系统都是无法妥善解决的。正如康德本人所指出的,"普遍的逻辑抽掉谓词的一切内容,但先验逻辑却还根据凭借一个纯然否定的谓词所作出的这种逻辑肯定的价值或者内容来考察判断",其中无限判断就是"在一般知识的内容方面"表示出是"限制性的"。(B97—98)而除了无限判断,康德的判断表本身也是与"一般知识的内容方面"相关的,就这点而言无论传统的逻辑形式系统还是现代的一阶逻辑系统都没有脱离抽掉谓词的一切内容的"普遍的逻辑"的范围,因此自然无法用来完善地描述康德判断表中的所有要素,进而无法证明由这些要素构成的康德判断表的完备性。至此,笔者否定了以构造性证明来证明康德判断表的完备性的可行性。如果我们承认康德的判断表具有完备性,那么就只能寄希望于解释性证明。

第二节 解释性证明的几种情况

围绕判断表完备性问题的讨论层出不穷,通过第一节对三个基本问题的依次回应,也逐步明确了笔者在该讨论中的基本立场:首先,笔者认为康德的判断表应当是完备的,并应该以此作为理论目标讨论其可能性;其次,笔者认为从康德的文本中应该可以发现能够支撑其判断表完备性的某种证明;最后,这种所谓"证明"并非是依照某项原则并通过逐步的逻辑形式进展得来的"构造性证明",而是通过对康德文本的尽可能精确全面的解释以实现目标的"解释性证明"。至此,笔者在第一节的讨论是为自己找到正确的立场,即通过文本解释的方式论证判断表的完备性,至此对该问题的讨论才正式开始。

在论证得出构造性证明不可行的结论之后,就只有尝试依靠解释性证明的方式来说明康德判断表的完备性。通过考察笔者发现,无论是持构造性证明观点的学者,还是持解释性证明观点的学者,乃至于部分反对判断表完备性的学者,基本上都承认,如果要证明康德判断表的完备性,那么应当符合如下要求:首先,要有先天知性知识的整体的理念;其次,要有处于一个系统中的各部分的相互关联;最后,要论证相互关联中的各部分如何恰好地处于一个整体中。(B89)[①]其中,那些反对判断表完备性的学者之所以认为判断表的完备性无法通过解释的方式得以证明,主要是认为从康德的文本所做的解释无法满足后两条要求,康德仅

[①] cf. Hans Lenk, *Kritik der logischen Konstanten — Philosophische Begruendungen der Urteilsformen vom Idealismus bis zur Gegenwart*, S. 5 - 6.

仅仅是给出了这种证明的出发点,也就是先验统觉的综合统一性,(B136)但却没有给出后两条中所要求的具体理论的展开。

相比之下,构造性证明与解释性证明都是以各自的方式试图满足后两条要求,同时二者的差异也体现在对这两条要求的处理顺序上。由于构造性证明需要通过现有的材料构建出某种形式系统,因此首先要处理的就是判断表中的各环节之间的关联,随后在此基础上尝试论证这些构成要素的整体性。而构造性证明之所以被认为不可行,也正是因为康德在判断表中列出的诸环节不符合逻辑的形式,因而无法满足第二条要求,进而也影响到第三条的满足。通过观察可知,学者们给出的种种解释性证明虽然同样选择首先给出某种整体的理念,但随后并不着力于对判断表中具体各环节的相互关联作出详细说明,而是通过对文本的解释试图论证康德在构建判断表各要素时原本就在作为部分的各要素中预设了综合统一性,或者可以称作判断表的整体性。通过这种方法,相互关联中的各部分如何恰好地处于一个整体中这一问题就不需要像构造性证明那样通过外在于各部分的某种形式系统的构建得以解决,而是转换为向内的思路,通过文本解释说明这种要求本身就包含在所设立的判断表的具体要素之中。

对比两种思路可知,构造性证明是从构成要素去证明其完备性,要素是在完备性之先的,而解释性证明实质上是解释构成要素的设立中预先包含着完备性要求,完备性是与要素的设立同时,或者说是先于后者的。然而,正是由于解释性证明的这种论证方式,使得支持这种观点的学者的首要任务,就是通过解释文本说明给出这种被预设的完备性在康德文本中的可靠出处。而按照这种思路,对这种出处的解释只有两种可能的方向:一种是出自判断表之外的文本内容,一种是出自康德对判断表中要素的解释。前一种主要通过建立起判断表要素与被认为具有完备性的其他部分之间的对应关系比如类比等方式来说明判断表的完备性,相比之下前一种可以被看作间接论证,而后一种是直接论证。接下来,笔者将分别讨论这两种论证方式在论证判断表完备性问题时的可行性。

一、间接论证

选择用间接的方式进行论证的学者中比较具有代表性的是柯亨,他主要依靠知性的原理的体系论证判断表的完备性,下文将以柯亨的论证为例对这种间接的论证方式的特征以及可行性进行讨论。

柯亨的论证有以下步骤:第一,与莱希、兰克等人的做法不同,柯亨并没有在论证中直接给出满足判断表的完备性所需要的具体要求。康德在先验分析论开篇曾指出"概念表是完备的,完全显示出纯粹知性的整个领域",并给出了被多数学者所遵循的对一般意义上的完备性的解释,即"一门科学的完备性不能根据仅仅通过试验达成的集合的近似值来得到可靠的认定;因此,它唯有凭借知性先天知识的整体的理念,并通过构成它的诸般概念由此得到规定的划分,因而唯有通过它们在一个体系中的联系才是可能的"。(B89)值得注意的是,康德此处对完备性的定义仅仅是一般性的,是针对具有普遍意义的"一门科学"而不是具体针对判断表所做出的,但是该定义显著地影响到了学者们对判断表的完备性要求的理解,比如莱希、兰克等人都参照此处的定义给出了对判断表完备性的几项具体要求,而柯亨并没有着手进行这项工作。

第二,柯亨从康德的对知性知识的体系的完备性表述以及其构成出发,认为知性知识的体系的完备性只有在知性原理的系统中才能得以体现,纯粹知性概念的完备性也来自知性原理的系统。康德为说明知性知识的完备性描述了知性的特征,即"不仅与所有经验性的东西有别,而且甚至与一切感性截然不同","是一个独立自存的、自身充足的、不能由可以从外部附加的附属物来增添的统一体",因此知性知识的总和将构成一个"可以在一个理念之下涵盖和规定的体系",并断言"这个体系的完备性和拼接同时能够为一切适配的知识成分的正确性和纯正性提供试金石"。(B90)可知,知性知识的体系是完备的,因为该体系是"可以在一个理念之下涵盖和规定的"以及"自身充足的、不能由可以从外部附加的附属物来增添的",这两项条件都符合前述"一门科学"的"整体的理念"以及"在一个体系中的联系"两项完备性要求。随后康德指出,作为知性知识的体系的"先验逻辑"的整个部分由两卷内容构成,"其中一卷包含纯粹知性的概念,另一卷包含纯粹知性的原理"。(B90)针对康德将具有完备性的知性知识的体系区分为纯粹知性的概念和纯粹知性的原理两部分的做法,柯亨认为康德对纯粹的诸概念的完备性的信心正是来自知性的"诸原理的系统统一性",因为在讨论知性的原理部分的章节中,完备性的原则才真正有条理地被给出了根据。① 可见,柯亨认为既然纯粹知性的诸概念(即"论纯粹知性概念的先验演绎"章节)以及纯粹知性的诸原理(即"纯粹知性一切综合原理的系统介绍"章节)共同构成了知性知识的体系,那么只有当两部分都被完整地表述清楚的时候,即直到知性的诸原理被建构起来时,知性知识的体系的完备性才会真正得以实现,而这种完备性也正是在知性的诸原理的体系之中才最终得以体现出来的。

第三,柯亨认为判断表的完备性是通过与知性原理的体系的关联而得以实现的,而两者间的关联体现在判断表的构建过程中的整体计划其实是依照知性原理的章节去设置的。为论证他的这一观点,柯亨在指出纯粹知性概念的完备性归结于知性原理的系统的观点的基础上,描述了知性概念与判断中的功能之间的联系。他依照康德所说的"概念依据的是功能"(B93)的说法指出,"功能表示了思维的、判断的、概念的有条理的行动","所有的判断都是功能,并且功能是判断行为的统一性"。② 因此,为得出全部的知性概念就需要完备地描述判断中的这些功能,也就

---

① cf. Hermann Cohen,Werk Bd. 4,Hildesheim・New York:Georg Olms Verlag,1978,S. 45－47.

② cf. Hermann Cohen,Werk Bd. 4,S. 47.

是需要在接下来的章节中专门构建出由各种判断中的功能所构成的判断表。而按照柯亨的理解，康德之所以会直截了当地表示"完备地描述判断中的统一性的功能……这一点是极容易做到的"(B94)，是因为判断表的构建的整体计划其实是依照知性原理的章节去设置的。通过考察知性原理部分的相关章节可知：① 直观的公理，其原则是"一切直观都是广延的量"(B202)，对应于判断的量。② 知觉的预先推定，其原则为"在一切显象中，作为感觉对象的实在的东西都有强度的量，即一种程度"(B207)，对应于判断的质。③ 经验的类比，其原则是"经验唯有通过知觉的一种必然结合的表象才是可能的"(B218)，对应于判断的关系。其中的第一类比"实体的持久性的原理"对应于定言判断(B224)，第二类比"根据因果性规律的时间相继的原理"对应于假言判断(B232)，第三类比"根据交互作用或者共联性规律并存的原理"对应于选言判断(B256)。④ 一般经验性思维的公设，三条公设如下所示，"凡是与经验的形式条件（按照直观和概念）一致的，就是可能的"，"凡是与经验的质料条件相关联的，就是现实的"，"凡是其与现实的东西的关联被按照经验的普遍性条件规定的，就是必然的（必然实存的）"，(B265—266)这三条公设明显与判断的模态下的或然的、实然的、必然的相对应。

至此，以柯亨的论证过程为例可知，由于间接性论证并非直接论证判断表的完备性，因此在论证过程中必须满足两个条件：第一，需要建立判断表与某个系统的对应关系，其中"某个系统"依照不同学者的想法而有不同，就柯亨而言就是知性的原理的体系；第二，需要确保与判断表建立起对应关系的某种系统自身具有完备性。同时满足上述两个条件的情况下，也就可以顺利推论出判断表具有完备性。然而，间接性证明存在的普遍性问题也正是在于，在证明过程中是否真正满足了上述两个条件。首先，判断表与被选定的某个系统之间往往并不能做到严格的对应，并且从帕茨西、兰克等人对判断表中要素的批评可知，该问题实际上是无法得到妥善解决的。以柯亨的论证为例，他通过认为判断表的构建的整体计划其实是依照知性原理的章节去设置的而建立起判断表与知性原理的体系之间的对应关系。但在随后给出的判断表中诸要素与知性的诸原理的具体比对中可以发现,尽管可以找到对应于关系、模态标题下具体环节的原理,但却没能在相应原理中找到清晰的与量、质标题下各环节的对应。其次,也是更为关键的,被选定的某个系统的完备性往往无法得到保证,或者对于该论证而言是无效的。确保被参照的体系的完备性在间接性证明中同样是极为关键的,然而即便寻找到某种完备的体系,这些体系的完备性也是通过判断表与范畴表的完备性而得出的,如此,使用该体系反过来论证判断表的完备性的话,就会陷入循环论证。以柯亨的论证为例,他的思路是,康德所断言的完备的知性知识的体系的整个部分既然是由"纯粹知性的概念"和"纯粹知性的原理"两部分先后构成,而且直到"关于知性的原理的章节中,完备性的原则才真正有条理地被给出了根据",所以纯粹知性概念的完备性归结于知性原理的系统,并进而认为判断表的构建的整体计划其实是依照知性原理的章节去设置的。柯亨对知性知识的体系的完备性所持有的这种理解或许没有问题,但问题在于原理的系统的完备性是否是经由完备的知性知识的体系得以完成而获得的。知性知识的体系的完备性,并非仅仅在完备的知性原理的系统被给出后才获得,毕竟从康德的文本可知,在给出完备的原理的系统之前,他也承认判断表中诸逻辑功能是被完备地列举出的,而由之推导出所得到的诸纯粹知性概念自然也同样是完备的。可见,只有构成知性知识的各环节都是完备的,才能保证该知识的体系本身的完备性。其中,纯粹知性的诸原理是被视为先天地从纯粹知性概念得出,并先天地作为其余一切知识的基础的综合判断(B175),"范畴表给我们提供了原理表的完全自然的指示,因为后者无非是前者的客观应用的规则"(B200)。从这种表述来看,似乎是无法得出柯亨将纯粹知性概念的完备性归结于知性原理的系统这种观点的,至于他所认为的在知性原理的章节中,"完备性的原则才真正有条理地被给出了根据",现在看来这种完备性的原则所指的应当是知性知识的体系的完备性所具有的原则，而不是范畴表乃至于判断表的。并且，由于原理表也是根据范畴表先天地推出的，那么原理表的完备性也应当是由范畴表的完备性来保证的，而不是相反。因此，柯亨或许可以认为判断表与知性原理体系在结构上存在相似性，但试图通过知性原理的体系的完备性去论证判断表的完备性则是不妥的，因为前者的完备性本身就是通过判断表和范畴表的完备性而得到保证的，柯亨的这种做法实际上陷入了循环论证。

至此，上文通过对具有代表性的柯亨的论证过程的讨论，对间接性证明方式的论证特点进行了比较准确的把握，并论证了以该方式证明判断表的完备性是不可行的。随后要讨论的，就是有关判断表完备性的解释性证明之中的直接证明的方式。

二、布兰特的论证

由于间接性证明存在上述问题，因此如果采用解释性的证明方式，就只能回归到对判断表相关章节的具体文本的解读，从康德对判断表的具体描述中寻找出能够证明其完备性的线索。而采用该方式证明判断表完备性的学者中也存在大致两种方向：一种更重视将概念、判断、推理等传统逻辑内容视为知性基础能力来分析处理判断表中各要素，比较有代表性的是布兰特的论证；另一种则更侧重以知性的"功能"来分析处理判断表中各要素，比较有代表性的是 M. 沃尔夫的论证。两种论证方向之间有着比较明显的差异，从布兰特与沃尔夫在论证时各自着重分析的文本范围上的不同就可以看出，布兰特关注的文本范围是"A67—76/B92—101"，而沃尔夫关注的文本范围是"A67—70/ B92—95"；相比之下，布兰特所关注的文本范围是历来研究判断表的学者都普遍关注的，而沃尔夫并没有在康德对判断表具体构成要素偏离逻辑学家惯常做法所做的"抗辩"上投入过多关注，他的注意力更集中于康德在知性背景下对判断的一般性论述，这种区别在他们随后给出的完备性解释中有着更为鲜明的体现。下文将分别以布兰特、沃尔夫的论证为例,对判断表完备性的解释性证明的这两种论证思路的主要步骤进行说明,并就实行该证明方法的理论前提以及其可行性分别进行讨论。

布兰特对康德判断表的完备性的证明,是以康德在文本"A67—76/B92—101"中对判断表结构内容的描述为基础的,归结为以下对应于判断表各标题的四个步骤:① 由于判断被定义为对概念的认识,围绕判断中的这些概念首先就是要确定谓词是与所有(全称的)、有些(特称的)还是单个的(单称的)"包含在主词的概念之下的东西"(A71)发生关联,①也就是对应的量的三个环节,我们从中得到了量的方面,同时布兰特还补充道,量之所以被设置在判断表各标题的第一位,是因为概念是最先被给予的;②② 而对一个判断而言根本性的决定就是,逻辑谓词与逻辑主词之间的联系(即系词)是肯定的还是否定的,布兰特同样也接受了康德对无限判断的解释,认为这三者构成了质的三个环节;③ 而就判断的关系而言,或者是两个概念之间(定言的),或者是两个判断之间(假言的),或者是若干个判断之间(选言的)的相互联结(B98),此外不会有再多的可能性了;④ 而除上述三项之外,判断的模态确定的是一个判断是可能的、现实的还是必然的,而模态并没有给判断增加新的东西,是与认识的内容无关的。

针对以上基本情况,布兰特尝试说明判断表的完备性。首先,对应于判断表完备性所需的"整体的理念"的要求,布兰特反对莱希通过将先验统觉引入以获得证明所需要的统一性这种做法,认为这种统一性可以通过判断表的"系统理念表"获得,而该理念的获得是与概念、判断、推理

---

① cf. Reinhard Brandt,*Die Urteilstafel. Kritik der reinen Vernunft A 67 –76 ; B92 –101 ,* S. 61.

② cf. Reinhard Brandt,*Die Urteilstafel. Kritik der reinen Vernunft A 67 –76 ; B92 –101 ,* S. 5.

等知性的基础能力相关的。① 其次，完备性所要求的"在一个体系中的联系"是通过将判断表中的上述步骤与知性的几种基础能力如概念、判断、推理等联系起来而获得的。可见，满足以上两个条件的关键在于，如何通过判断表中的各标题以及环节解释出作为知性基础功能的概念、判断、推理，布兰特的论证过程如下：① 布兰特通过观察认为，康德的文本中曾出现"逻辑学家们的惯常做法"（A70），"论知性的一般逻辑应用"（A67），以及"知性的所有行动"（A69）等表述，而这些表述暗示了康德本人所坚持的一个传统信念，即概念、判断、推理的能力构成了在最广泛意义上而言的统一的知性基础能力（A75 Anm.）。② 此外，布兰特认为，将知性行为置于概念、判断、推理、方法四种学说下分别进行处理，也是符合逻辑学传统的，为此他列举了《王港逻辑》等许多当时占据主流地位的逻辑学作品中的内容来印证这一点。② 由于康德曾强调知性的所有行动都可以被归结为判断（A69），布兰特就进一步认为，逻辑学的上述所有构成部分如概念、判断、推理等，无论以何种方式在判断表的完备性中也是必定能够被体现出来的。③ 而根据康德所处时代的逻辑学观点，只有抽掉判断的内容而只考虑它的形式时才能得到判断的形式特征，而这种形式特征只能考虑到模型判断的语言表述，即"S 是 P"（SiP）结构。④ 由于这种结构，布兰特将判断表的四个标题区分成两部分，一部分是量、质、关系三个标题，另一部分是模态，并根据康德的如下表述，"判断的模态……对判断的内容毫无贡献（因为除了量、质和关系之外，再也没有什么构成一个判断的内容了），而是仅仅涉及系词一般来说与思维相关时

① cf. Reinhard Brandt，*Die Urteilstafel. Kritik der reinen Vernunft A 67 –76；B92 –101*，S. 3,17,22,33.
② cf. Reinhard Brandt，*Die Urteilstafel. Kritik der reinen Vernunft A 67 –76；B92 –101*，S. 52,70.
③ cf. Reinhard Brandt，*Die Urteilstafel. Kritik der reinen Vernunft A 67 –76；B92 –101*，S. 52 –55，62.
④ cf. Reinhard Brandt，*Die Urteilstafel. Kritik der reinen Vernunft A 67 –76；B92 –101*，S. 85 – 86.

的值"（A74），认为在涉及判断表的完备性时也只有量、质、关系三个标题与之相关。③ 第一种知性能力是概念，体现在判断表中就是要确定谓词概念与"包含在主词概念之下的东西"之间的外延的量；第二种知性能力是判断，体现在判断表中就是确定主谓两个概念之间的关联，也就是系词的肯定还是否定；第三种知性能力就是推理，布兰特认为，关系标题下的三个环节是与理性推理的三种要素（大前提、小前提、结论）直接对应的，因为康德曾指出，"它们如同一切按照在知性中表达知识关系的方式区分开来的一般判断一样，恰好有三种，那就是：定言的，或假言的，或选言的理性推理"（A304）。由此，判断表的前三个标题——量、质、关系——与概念、判断、推理建立起联结。也就是说，判断表包含了普遍的逻辑的所有基本学说，而在康德的判断表中的模态最终也将思维统一于判断中，所以为了系统的完整性能够被直观到，布兰特建议可以将或然判断归结到量，将实然判断归结到质，将必然判断归结到关系。①

布兰特所代表的这种证明方式的最显著特点，不仅在于切合康德文本作出解释，而且在于他在解释过程中坚持了普遍逻辑的立场。虽然他也提到了知性的功能的说法，但他对知性的理解依旧因循于康德之前的传统逻辑学，因而对具体的概念、判断、推理都是以传统逻辑学的态度看待，而在将这些知性功能引入判断表时，判断表中的各标题、各环节自然也都被赋予了相应的逻辑学背景。而这种情况也就决定了其随后对判断表的完备性进行证明时所暴露出的一些问题，比如布兰特选择将判断的模态排除在完备性证明所需要的体系之外，并且认为在关系标题下联言判断也应当被列出。② 此外，如果严格按照他所提出的定言判断的"S是P"结构，无限判断显然也不应该出现在判断表中。由此可见，使用传

---

① cf. Reinhard Brandt, *Die Urteilstafel. Kritik der reinen Vernunft A 67 −76; B92 −101* ,S. 71,84.

② cf. Reinhard Brandt, *Die Urteilstafel. Kritik der reinen Vernunft A 67 −76; B92 −101* , S. 88.

统逻辑学立场,结合康德的相关文本对判断表的完备性进行直接证明,在给出某种合理解释的同时,也不可避免地会面对判断表中具体要素所出现的不符合逻辑形式等问题。虽然布兰特相信康德的判断表是完备的,但由于他在证明时所采用的这种逻辑学立场,使得他实际上与反对判断表完备性的部分学者比如豪克、帕茨西、兰克等的观点趋于一致,不可避免地会对康德判断表中现有的某些标题或环节不符合逻辑形式等产生不满。除了布兰特所坚持的普遍逻辑的立场会对他的证明产生阻碍这一问题外,还可以发现,他的论证方式虽然是以文本为基础,但是仍然借用了概念、判断、推理等知性功能的系统的完整性来论证判断表的完备性,因而实际上也可以被视为具有间接性证明的特征。暂且不去质疑使用这三种知性功能对没有模态标题的判断表所做的证明是否能够代表整个判断表的完备性,前文曾分析间接性证明出现的一些问题,就布兰特的证明而言就是,概念、判断、推理的知性功能是否具有完备性?这种完备性是如何得以证明的? 如果这种完备性实际上来自判断表或者范畴表,那么又将是一种循环论证,是无法论证判断表的有效性的。如此,布兰特所代表的这种证明方式由于固守传统逻辑立场而产生的上述缺陷,使得以此方式论证判断表完备性的各类方案并不具有可行性。

三、沃尔夫的论证

相比布兰特,沃尔夫所关注的文本范围是"A67—70/ B92—95",该部分文本主要涉及康德在正式给出判断表的四个标题 12 个环节之前所做的前提性工作,尤其是以知性为背景对判断的讨论。由此,沃尔夫的论证方式从一开始就表现出与布兰特的差异。如果说布兰特是持传统逻辑的观念,尝试对各标题以及环节进行调整和整体的体系建构,而沃尔夫的目标则是从知性背景下对判断的基本理解出发,尝试将康德所给出的各标题以及各环节统一归于对判断的这种理解。由于康德在提出判断表前曾表示,可以被"归于四个标题之下,其中每一个又包含着三个环节"的是"思维在判断中的功能",因此,沃尔夫对康德判断表完备性的核心论证是围绕"功能"概念展开的。

沃尔夫首先对"功能"进行解释。他指出逻辑功能与逻辑的判断形式,以及先验范畴是不同的,前者要先于后两者并处于后两者之上,比如判断的形式是一个"包含了若干作为环节的基本功能的复合的形式"①。在将逻辑功能与判断的形式以及先验范畴区分开之后,沃尔夫需要将功能概念与知性认识联结起来,并且这种联结同时也表明了判断的逻辑功能与判断的形式之间的区别,前者和认识有关,而后者和语言形式有关,同时,在判断中的知性功能与作为言说行为的判断的逻辑形式之间也存在着一个平行结构。此外,知性的功能被视为与概念相关(B93),并被视为构建判断的基础。② 从布兰特的论证可以了解到,传统逻辑学将知性行为区分为概念、判断、推理,而在沃尔夫看来,康德的知性行为一般只涉及判断,"所有包含了其他内容的知性行为……都可以在判断中找到"③。因此,沃尔夫认为,康德并没有将被视为思维的逻辑功能的知性行为理解为布兰特所理解的传统的知性运作,亦即概念、判断、推理,而应当被解释为是对功能在四种不同情况下的使用。④ 在结合"功能"概念做出一些前提性说明之后,沃尔夫开始考察康德所给出的具体的判断表(A70)并提出如下问题:判断中的四种统一性的功能能够与四个标题(量、质、关系、模态)建立关系的根据从何而来? 针对该问题,由于一般意义的知性是需要通过在判断中的概念的使用情况才能被认识的,因此沃尔夫区分了在判断中的概念的几种使用情况,而对应于这几种情况自

---

① cf. Michael Wolff, *Die Vollständigkeit der kantischen Urteilstafel. Mit einem Essay über Freges "Begriffsschrift"*, S. 28 – 32.

② cf. Michael Wolff, *Die Vollständigkeit der kantischen Urteilstafel. Mit einem Essay über Freges "Begriffsschrift"*, S. 21 – 25,65,72,115.

③ cf. Michael Wolff, *Die Vollständigkeit der kantischen Urteilstafel. Mit einem Essay über Freges "Begriffsschrift"*, S. 131.

④ cf. Michael Wolff, *Die Vollständigkeit der kantischen Urteilstafel. Mit einem Essay über Freges "Begriffsschrift"*, S. 10.

然有相应的知性的功能,因此,需要说明的是这四种统一性的功能是如
何能够被分派给判断表下的这些标题的。区分出功能的几种使用情况
的过程如下,"判断中的概念的使用"可以被区分为谓语性的和非谓语性
的,其中谓语性的也就是"谓词概念",非谓语性的也就是主词概念,而主
词概念又可以被区分为"直接与对象相关联的"和"间接与对象相关联
的"。[①] 如此,从沃尔夫文本可以总结出:最初的"判断中的概念的使用"
体现了知性的功能的最初使用情况("情况 1"),谓语性的使用也就是"谓
词概念"体现了知性的功能的第二种使用情况("情况 2"),"直接与对象
相关联的"主词概念体现了知性的功能的第三种使用情况("情况 3"),
"间接与对象相关联的"主词概念体现了知性的功能的第四种使用情况
("情况 4")。

　　沃尔夫进一步指出,判断表中被给予的判断形式的四个类别(量、
质、关系、模态),以及更进一步的每个类别下的三个判断环节,都可以系
统地被归结为功能在上述四种使用情况下所对应的四种知性行为:首
先,针对判断的功能("情况 1")的一般而言的知性,是对应于模态的判断
形式的,其下的三个环节中,或然判断对应于作为"概念的功能"的狭义
的知性,因而是"仅仅表达逻辑可能性的命题,也就是说……是纯然任意
地把该命题接纳入知性"(A75/B101),实然判断是判断力的成果,而必
然判断是与推理相关的;其次,谓语性的功能("情况 2")是对应于量的判
断形式的,它所涉及的是主词与谓词的概念内容的先天可能的关系,由
此区分出了全称判断、特称判断、单称判断;再次,直接的非谓语的功能
("情况 3")对应于质的判断形式,它所涉及的是主词与谓词的概念外延
的先天可能的关系,其中,"肯定的"是在知性判断中表达了谓词概念与
主词概念所表达的对象的表象的协调一致,"否定的"是表达了谓词概念

---

① cf. Michael Wolff, *Die Vollständigkeit der kantischen Urteilstafel. Mit einem Essay über
Freges "Begriffsschrift"*, S. 105 – 106.

与这种表象之间的相互对立,此外沃尔夫也提到了无限判断的情况;最后,间接的非谓语的功能("情况 4")对应于关系的判断形式,它所涉及的是在结构性的概念等级以及在成步骤的概念图型中被使用的非谓语性的概念的先天可能的关系,也就是说作为其他可能判断的谓词,并以此区分出定言判断、假言判断、选言判断。[①] 至此,沃尔夫使用四种知性的统一性功能推导出判断表中的各种判断形式,完成了证明判断表完备性所需的两项条件中的各构成部分"在一个体系中的联系"。

而对于"整体的理念",沃尔夫根据康德的如下说法,"统觉的综合统一就是人们必须把一切知性应用,甚至把全部逻辑以及按照逻辑把先验哲学附着于其上的最高点,这种能力也就是知性本身"(B134),认为上述四种统一性的功能作为知性的应用同样需要附着于统觉的综合统一,同时由于"知性是通过概念获得的认识的能力",判断表的基础命题也要在判断中的概念使用的逻辑分解(Dekomposition)的帮助下才能获得。沃尔夫强调,以往认为康德对判断表的完备性的证明全都是推论的说法显然是不正确的,并且从康德那里得出的与完备性证明相关的对四种基本功能的描述,并不具有演绎推理的形式,而毋宁说是通过预设了一种与通过四种基础功能能够被完备化的建筑术有关的选择行为而成立的,其中,这种建筑术是以"旧建筑的废墟"(A835/B863),即以往的逻辑学教材中的各种逻辑系统作为材料,并通过诸功能的秩序将其系统化而获得的。沃尔夫认为,无可置疑的是,从康德在发现了全部纯粹知性概念的导线的章节文本中出现的"系统的""确定的""根据某种原则的"(A67/B92)等词来看,康德是将"导线"作为一种方法来理解的。[②] 如此,沃尔夫将"导线"部分包括判断表等内容视为康德为体现某种方法而构建的,

---

① cf. Michael Wolff, *Die Vollständigkeit der kantischen Urteilstafel. Mit einem Essay über Freges "Begriffsschrift"*, S. 143 – 149.

② cf. Michael Wolff, *Die Vollständigkeit der kantischen Urteilstafel. Mit einem Essay über Freges "Begriffsschrift"*, S. 177 – 178.

但与兰克因此拒绝承认判断表的完备性不同，由于沃尔夫是从知性功能的视角出发，因此他是承认判断表的完备性的。①

　　对比布兰特和沃尔夫对判断表完备性的主要论证过程可知，二人所代表的两种论证方式的共同点在于，都选择了从判断表内容所在的具体章节出发进行解释性论证，也即所谓的"直接论证"，并将关注点都集中于判断表中的构成要素与知性行为的关系。不同之处是，布兰特所代表的论证方式选择将知性行为依照传统逻辑学的理解解释为概念、判断、推理，并尝试构建出这三者与判断表各标题之间的关联，最终以"逻辑学整体"的完整性去论证判断表的完备性，而沃尔夫所代表的论证方式则选择了将知性行为解释为四种统一性的知性功能，并由四种功能推导出判断表中相应的四个标题。借用沃尔夫的表述，可以将这两种对知性行为理解的关键区别，解释为作为言说行为的判断的逻辑形式与判断中的知性功能的区别。前文对布兰特式的论证进行评价时曾提到，由于他本身所坚持的传统逻辑立场，使得他的论证遇到了困难，相比之下，沃尔夫的这种论证方式通过将判断的形式理解为知性的功能，尝试为判断表完备性论证提供一种与认识论相关的新的视角，这种讨论判断表完备性问题时对"知性的功能"的重视确实是更接近于康德原意的。

　　沃尔夫论证的关键步骤是借助"功能"概念建立起"整体的理念"与表格内部各具体要素之间的关系；由于康德在判断表问题中对知性的"功能"的强调，因而这种论证思路的方向是正确的，但沃尔夫的具体的论证过程仍旧引起部分学者的不满。比如诺特曼（Nortmann）就针对沃尔夫声称自己论证了判断表中每个标题下的三个环节都是完备的这种说法提出了质疑，认为依照后者的观点是无法证明康德各标题下

---

① cf. Michael Wolff, "Erwiderung auf die Einwaende von Ansgar Beckermann und Ulrich Nortmann", *Zeitschrift für Philosophische Forschung*, 52 (3), 1998, S. 459.

三环节的完备性的。① 以诺特曼为代表的这种反驳观点,其实仍是以判断表中各标题下具体各环节间的逻辑视角的完备性标准,来质疑沃尔夫所提供的完备性证明。反观沃尔夫从知性的"功能"出发给出的论证,虽然他强调"功能"与知性的紧密关联,但在论证过程中似乎仅看到他将"功能"视为知性背景下的"概念"的某种等价物;一旦涉及判断表中各具体标题以及各具体环节时,他重又将"功能"依附于传统逻辑所固守的判断结构,无论量、质、关系、模态四标题乃至其下各环节,同样被归结到这种判断结构中,所谓从四种知性的统一性功能推导出判断表中的各种判断形式,实质上仍是从判断的逻辑结构中不同成分的区分得出的。此外,虽然在这些判断成分中有"直接与对象相关联的"与"间接与对象相关联的"这种区分,但其基础仍旧是以语法形式特征为主的"谓词概念""主词概念"等传统逻辑特征的区分。前文讨论中曾明确说明,由于判断表中的具体要素并不符合传统逻辑的形式特征,因此以传统逻辑立场来论证判断表的完备性,从根本上说是不可行的,无论是莱希还是布兰特的论证之所以出现种种问题就在于此。由此可见,尽管沃尔夫在论证之初以更切近康德本意的知性的"功能"着手进行论证,但在涉及判断表中的具体要素时仍旧难以避免地借助传统逻辑内容展开论证,也正因此,又引出了诺特曼等学者的质疑。究其原因,沃尔夫虽然尝试从知性的"功能"展开论证,但由于他对"功能"概念的理解更多局限在与知性概念相关的知识论视角,因此在涉及判断结构等逻辑层面的问题时,就不可避免地仍要借助传统逻辑的判断结构等观点,如此,自然也就难以避免因为传统逻辑的参与而导致的判断表的完备性论证过程中所出现的问题。

---

① cf. Ulrich Nortmann, "Kants Urteilstafel und die Vollständigkeitsfrage. Kritische Einwände gegen Michael Wolff (I. Teil)", *Zeitschrift für Philosophische Forschung*, 52 (3), 1998, S. 407.

第三节　对判断表的完备性的阐明

本章标题中之所以用"阐明"而不是"证明",是因为笔者在前两节的讨论后认为,康德判断表的完备性在其文本中应当是相对自明的,通过对相应文本的解释即可得到阐明。笔者认为,以往学者之所以在论证方式是构造性还是解释性,是直接论证还是间接论证等方面产生争论,其根源在于学者们对话题"判断表的完备性论证"中处于"论证"之外的前提性概念比如"判断表""完备性"原本就存在理解上的歧义,这些歧义又体现在学者们各自提出的形态各异的论证思路上。因此,要准确寻找到阐明判断表完备性的正确思路,就需要对"判断表""完备性"这些前提性概念做出尽可能精确的分析。一旦明确了这些术语在康德文本中的准确含义,相信对判断表完备性的阐明自然就如同康德所说,是"极容易做到的"。

一、"判断表":"应然的"与"实然的"

在前文的相关讨论中,学者们对判断表完备性的理解是不一致的,而这种理解上的不一致是建立在对"判断表"这个称谓的"所指"的不同理解之上的。因此,笔者将首先尝试解释学者们对"判断表"这个称谓在理解上存在的实际差异,随后以此为基础解释由此所导致的他们对判断表完备性在理解上的差异。在前文对判断表完备性证明的各种可能方式的依次列举和讨论中,虽然没能出现完全令人满意的方法,但从构造性证明与解释性证明两者间的差异可以发现对判断表完备性问题论证的两种主要思路。

通过前文有关讨论内容可知,如果否定了构造性证明的可行性,那么实际上就是认为判断表中划分出四个标题,每个标题下区分出三个具体环节等,并不具有完备性,从而认为判断表并不是完备的或者该种论证方式不可行,比如前文讨论的兰克、莱希各自代表的论证思路所导致的结果。其中,虽然兰克、帕茨西的观点是否定康德判断表的完备性,而莱希则是试图自己构造出判断表各要素之间的系统完备性,但两种思路都是以逻辑形式规则为其立场而得出各自的论断,其理论立场实际上是一致的。此外,即便在某些解释性论证中学者们从康德的文本内容获得了某些工作进展,但持反对意见的学者仍然可以举出判断表中某些具体要素的逻辑缺陷,比如无限判断或者是关系标题下的环节三分法的合理性等,然后以此全盘否定这些论证工作的最终可行性,比如柯亨、布兰特等的论证工作所面临的责难。与此同时,坚持解释性证明方式的学者们的论证也在不断进展,尤其是沃尔夫的工作,已经开始有意识地借助康德文本中的功能概念,以此通过范畴先验演绎部分统觉的源始的综合统一等思想,逐步解释出判断表具有完备性的文本依据,虽然最后在论证结果上仍然没能避免反对者以逻辑缺陷的角度所提出的质疑,但这种以知性的功能入手的解释性论证,相比之前学者的解释性论证方式确实有了关键性的进步。至此,从有关判断表完备性的各种论证中,似乎逐渐明晰出论证中的两种理论要求:一种是表格中各要素符合传统逻辑的形式规则,一种是表格的整体应当处于统觉的源始的综合统一之下。如果仔细分析这两种不同的理论要求的话,可以发现两者所针对的理论对象其实是不一致的,前者针对的是作为部分的各具体标题、环节,而后者针对的是这些标题、环节所构成的整体。至此,当学者们以上述不同的标准构造自己的完备性论证时,作为讨论对象的"判断表"在所指上是不一致的。由此,接下来需要思考的问题是:学者们在讨论"判断表"时,其讨论的对象究竟是什么?

笔者认为,学者们在使用"判断表"这个术语时,实际上赋予了该语词两种不同的含义:一种是"实然的"[quid facti(有何事实)],一种是"应然的"[quid iuris（有何权利）]。① 其中,"实然的"判断表通常指,在范畴的形而上学演绎部分,康德依据以往逻辑学家的现成讨论成果而制定出的,涉及具体的量、质、关系、模态,以及四个标题下的三个具体环节的那个表格,而"应然的"判断表则通常指,由范畴的先验演绎部分,通过"范畴是为判断的功能奠基的"这种观点,并结合判断表中的基本构成要素是判断中的诸功能,以及范畴表的基本构成要素是诸范畴这种情况,逐步推论出来的判断表的应然状态。回顾之前学者们在关于判断表完备性问题的讨论中多次提及的"判断表"可以发现,学者们相互之间,或者仅就个人而言在谈到判断表时,都会出现将上述两种不同含义的判断表混为一谈的情况。出现这种状况,是与学者们所设置的针对判断表完备性之所以可能的条件紧密相关的,也就是说,如果尝试去寻找出现这种情况的可能原因,那么可以将"判断表"仅仅看作一个称谓,而它的具体含义究竟是应然的还是实然的,取决于它被使用于其中的语境。简要回顾学者们就判断表的完备性所提出的诸种要求,莱希参照康德对"一门科学"的"完备性"的描述(B89)认为,判断表的完备性同样需要具备两个条件才有可能实现:首先,是"一般知性知识"的一个"整体的理念";其次,是处于这个一般知性知识之下并构成这个一般知性知识的"诸概念"的确定的划分。② 仅从与康德所做的描述进行对比来看,这种表述可能是最接近康德的理解的。而在之前的讨论中可知,无论是持构造性证明

---

① 关于在此处使用的"实然的"[quid facti（有何事实）]与"应然的"[quid iuris（有何权利）]这两种表述的出处,可以参考康德在进入范畴的先验演绎部分之初区分的两种情况,"法学家在谈到权限和僭越时,在一桩诉讼中把有关权利的问题[quid iuris（有何权利）]与涉及事实的问题[quid facti（有何事实）]区分开来,而由于他们对二者都要求证明,他们就把应当阐明权限或者也阐明合法要求的前一种证明称为演绎"(A84/B116);康德还指出,"我把对先天概念能够与对象发生关系的方式的解释称为它们的先验演绎,并把它与经验性的演绎区别开来,后者表明的是通过经验和对经验的反思获得一个概念的方式,因而不涉及概念得以产生的合法性,而是涉及其事实"(A85/B117)。为规范讨论,笔者将借用康德在上述说明中所使用的区分,将前一种有关权利的方面简称为"应然的",后一种涉及事实的方面简称为"实然的"。这种区分以及具体讨论,也将在随后的关于判断表与范畴表关系的章节中有所涉及。

② cf. Klaus Reich, *Die Vollstaedigkeit der kantischen Urteilstafel*, S. 12.

观点的学者,还是持解释性证明观点的学者,乃至于部分反对判断表完备性的学者,基本上都承认如果要证明康德判断表的完备性,应当符合如下要求:首先,要有先天知性知识的整体的理念(要求 1);其次,要有处于一个系统中的各部分的相互关联(要求 2);最后,要论证相互关联中的各部分如何恰好地处于一个整体中(要求 3)。① 对比以上两类提出完备性条件的情况可知,后者实际上是将莱希所提出的第二个条件拆分为自己的第二、第三个条件,因此以上两种方式所提出的要求是基本一致的,但相比莱希最初的区分,后一种显然将对判断表完备性的要求表达得更为清晰。结合之前的讨论情况可知,学者们普遍认为"要求 1"是可以轻易得到满足的,问题就在于"要求 2"和"要求 3",即判断表中的各元素不仅要相互关联,而且这些要素需要处于一个整体中。

由上可知,在有关判断表完备性的讨论中,使判断表被理解为具有"应然的"特征的根源在于"要求 1"中的"整体的理念",由于该要求是与范畴的先验演绎部分紧密相关的,因此在"要求 1"所赋予的语境下,判断表其实是被理解为"应然的"。而"要求 2"虽然表述的是"处于一个系统中的各部分的相互关联",但在该步骤的实际操作中,是不需要顾忌"这些部分是如何处于一个系统中"这样的问题的,所需要证明的只是各部分相互之间的关联,也就是康德提出的判断表中各标题之间的关联,以及各标题之下各环节之间的关联等,需要对判断表中的具体要素进行讨论,因此在"要求 2"所赋予的语境下,判断表其实是被学者们理解为"实然的"。然而,由于"要求 3"中所讨论的是"相互关联中的各部分如何恰好地处于一个整体中",这实际上是将"要求 1"与"要求 2"结合起来考虑,由于"要求 1"可以轻易达成,而"要求 2"结合康德文本中对判断表构成部分的补充说明,对判断表中各要素之间的逻辑关联进行梳理似乎也

① cf. Hans Lenk, *Kritik der logischen Konstanten—Philosophische Begruendungen der Urteilsformen vom Idealismus bis zur Gegenwart*, S. 5 - 6.

并不格外困难。因此,在判断表的完备性证明中出现的困境主要在于"要求3",也就是需要将判断表中具体的量、质、关系、模态四个标题,以及标题下的全称的、特称的、单称的、肯定的、否定的、无限的、定言的、假言的、选言的、或然的、实然的、必然的共12种判断的功能能够"恰好地"处于一个整体之中,这里的"恰好"意味着多重要求,比如没有多余的,也没有缺少的等要求。而原本就备受传统逻辑观点质疑的判断表显然是无法满足以上要求的,因此这种完备性的证明就陷入了困境。至此,根据上文提出的对判断表的应然的与实然的两种理解,就可以发现上述困难产生的原因。通过语境考察可知,更倾向于满足"要求1"的对判断表的理解应当被称作"应然的",更倾向于满足"要求2"的对判断表的理解应当被称作"实然的"。那么由于"要求3"中同时提到了"要求1"和"要求2"中的内容,因此对判断表的两种理解往往会同时出现,其中,"相互关联中的各部分"所指的就是"实然的"判断表,而"恰好地处于一个整体中"所指的就是"应然的"判断表,它要求处于一个整体中的各部分既不多也不缺少,这种要求当然只能是一种理想的状态,而"实然的"判断表显然无法满足这种要求。

以上讨论证实了对判断表的两种理解。对判断表的这两种不同理解直接影响到了学者们对判断表的完备性的理解,从而影响到他们各自所选择的证明方式。比如,有些学者认为应当从判断表中具体的要素之间的逻辑关系入手,通过以某个逻辑要素作为开端,随后依据确定的逻辑规则逐步将其余要素依次推导出来,即便某些学者认为康德的判断表不符合逻辑形式因而否认康德判断表具有完备性,但依然可以了解到他们所认为的判断表可以被认为具有完备性的标准,也就是最基本的要求就是要符合逻辑形式。在这种情况下,他们所理解的判断表是以实然状态出现的,也就是涉及具体的要素,像量、质、关系、模态四类标题,以及标题下的全称的、特称的、单称的、肯定的、否定的、无限的、定言的、假言的、选言的、或然的、实然的、必然的共12种判断的功能。从被理解为实然的判断表出发进行完备性证明的学者,通常会将以上具体的判断功能理解为具体的判断形式,也就是相应的全称判断、特称判断……实然判断、必然判断等,有些学者甚至会使用传统逻辑的"S 是 P"结构将这些判断转化为具有该结构的符号式。依照判断表完备性中的"条件 3"要求,这些学者所认为的对判断表完备性的证明就是构造出一个恰好仅由以上 12 种判断形式构成的符合逻辑的形式系统。当然,由于康德判断表与认识的关联,使得其中的某些要素严格来讲并不符合传统的逻辑形式,因此这种形式系统的构建是无法成功的。

对于将判断表理解为"应然的"学者来说,他们所认为的判断表的完备性仅仅是将判断表整体解释为统一的,而此处所指的判断表并非具有四个标题以及 12 个各异环节的实然的判断表,而是忽略了其中的细节差异的从整体而言的应然的判断表。因此,该判断表在其讨论之初就已经借助范畴的先验演绎获得了统一性,随后的工作就是尽可能地将这种统一性体现到包含具体四个标题以及 12 个各异环节的实然的判断表中去。然而,从沃尔夫等人提供的论证来看,这种整体性虽然已经可以进展到知性在判断中的功能这一层次,但仍旧无法顾及具体的四个标题以及 12 个环节,其症结仍是实然的判断表在传统逻辑形式的标准下所体现出的逻辑缺陷。至此,笔者已经指出在有关判断表完备性问题的讨论中对判断表的两种不同的理解,以及由这种理解而产生的对论证判断表完备性所造成的困难。

二、"完备性"的先验特征

上文已经区分出对判断表的"应然的"与"实然的"两种理解,其中,"应然的"判断表在很大程度上依赖范畴的先验演绎部分来促成相应的完备性论证的完成,而通常学者们在讨论康德的判断表时,所指的大多是包括具体要素,像量、质、关系、模态四类标题,以及标题下的全称的、特称的、单称的、肯定的、否定的、无限的、定言的、假言的、选言的、或然的、实然的、必然的共 12 种判断的功能的"实然的"判断表,然而这种"实然的"理解正因为其中要素所具有的逻辑缺陷,使其无法获得相应的完备性证明。那么一个问题就随之出现:既然康德宣称他的判断表是完备的,那么究竟应当如何理解他使用的"完备性"概念呢?

康德在《纯粹理性批判》中曾多次使用"完备性""完备的"这类表述,[①]不仅涉及判断表,也涉及"一门科学""知识"等对象,然而,尽管他在《纯批》中多次使用这个术语,却没有在使用这个术语时做过比较详细的解释,也就是说,康德在《纯批》中是自明地使用"完备性"概念的。因此,笔者需要对该概念做出以下说明:首先,康德使用的"完备性"是区别于现代逻辑学中的"完备性"(Vollstaendigkeit)的,虽然德文术语相同,但康德在其所处时代显然尚未赋予该术语现代逻辑学的相关内容。[②] 其次,康德所使用的"完备性"与当时被普遍使用的"完整性"(Vollkommenheit)密切相关,[③]但"完备性"相比"完整性"具有更丰富的内涵,并且由于两者之间的关联,康德经常借助"完整性"对"完备性"进行说明。因此,笔者将借助康德对两者关系的描述来说明他对"完备性"概念的理解。在康德的相关文献中,能够找到的有关完备性的准确定义可以总结为如下表述:完备性是先验的完整性。比如康德在对鲍姆加登的《形而上学》所做的批注中就出现了"完备性(先验的完整性)"的说明;[④]在康德的"形而上学讲稿"中也出现了类似的表述,"完整性,从先验角度被看待的话,就是多种规定的整体性或者完备性",他区分了物理完整性、形而上学完整性、先验完整性这三种完整性,其中,"物理完整性在于经验性

---

① 作为名词的 Vollstaendigkeit,作为形容词的 vollstaendig,两者有着共同的词根。
② "Vollstaendigkeit"的对应英文"completeness"一般被译为"完备性""完全性",为体现差异,此处就康德文本中出现的该术语采用了"完备性"的中译法。现代逻辑中对可靠性与完全性的讨论,比如哥德尔的"不完全性定理"等,所对应的德文术语均是"Vollstaendigkeit"。
③ "Vollkommenheit"也被译作"完满性",此处考虑到康德使用该词时所强调的各部分构成整体的方式的逻辑特性,故译作"完整性"。
④ 原文表述如下,"Vollstandigkeit (transscendentale Vollkommenheit)", cf. Immanuel Kant, *KGS*, Band. 18, S. 339.

表象的充分性,形而上学完整性在于实在性的程度,而先验完整性在于包含了所有被提供给事物的东西"。① 通过以上文本内容可以证实,康德将完备性理解为先验的完整性,以上文本中有关两者的表述也是符合亚里士多德"属加种差"的定义方式的。至此,为尽可能准确地理解康德的完备性概念,需要对他所使用的完整性概念进行阐明,随后就前者相比于后者所额外具有的先验特征进行说明。

由于康德对某些逻辑术语的使用更多是不加解释地沿袭自迈埃尔等学者,因此,对完整性、完备性等术语的阐明也需要结合当时德国的逻辑学、认识论传统。在迈埃尔那里,出现了有关上述两个术语的如下描述,"完备性可以看作是针对认识的完整性"②。结合迈埃尔的描述,可以推导出如下几个观点:首先,完备性原本就是与完整性紧密相关的;其次,完整性这个术语应该并不与认识相关;再次,完备性应当是与认识相关的。考虑到迈埃尔的这部作品在当时德国学术界的影响力,以上观点可以被视为是被当时的学者所普遍接受的。相比之下,虽然康德同样承认完备性与完整性之间存在的关联,但他显然并没有在迈埃尔的理解上使用完整性这个术语,而在将其与认识相关联的同时赋予该术语更为广泛的使用。康德在"逻辑学讲稿"中曾提到"关于一般认识的完整性",他认为,认识的完整性可以被区分为逻辑的、感性的、实践的三种,并对应于所需要的三种能力即知性、感觉、欲望。由此,完整性可以从三个方面的目的被考察:首先是认识能力自身;其次是内心的满足;最后是对我们行为的影响,而不是无用的认识。③ 其中,康德对逻辑的完整性进行了着

---

① 出自 Metaphysik L₂, cf. Immanuel Kant, *KGS*, Band. 28, S. 556. 原文表述如下,"Vollkommenheit, transcendental betrachtet, ist die Totalitaet oder die Vollstaendigkeit der vielen Bestimmungen"... "die physische Vollkommenheit besteht in der Zulaenglichkeit der empirischen Vorstellungen. Die metaphysische Vollkommenheit besteht in den Graden der Realitaet. Die transcendentale Vollkommenheit darin, dass es alles das enthaelt, was zum Dinge erfodert wird"... "Transcendental vollkommen ist ein jedes Ding".

② cf. Georg Friedrich Meier, *Auszug Aus Der Vernunftlehre*, §.147.

③ cf. Logik Poelitz (1789), cf. Immanuel Kant, *KGS*, Band 24.2, S. 517.

重说明,他认为,认识的逻辑完整性要从四个主要方面被考察:第一,如果是普遍的,那么在量上就是完整的;第二,如果是清晰的,那么在质上就是完整的;第三,如果是真的,那么在关系上就是完整的;第四,如果是确定的,那么在模态上就是完整的。对此,康德做了补充说明:就第一个方面而言,被充当规则并且将其他认识置于其下的认识,比那种仅是特别使用的认识要更完整;就第二个方面而言,所要询问的是一个认识是清晰的还是不清晰的? 如果这个认识是清晰的,那么它根据质而言也就更完整;就第三个方面而言,认识与客体的联系就是真,如果关于对象的认识不是真的,那么它就不是认识或者就不是这个我们所确信的被认识的客体,而这也是人们只是注意到感觉,而不常寻求真的主要原因;就第四个方面而言,确定性是指其排除了所有的怀疑,是真的必然性的意识。①

　　与上文相似的表述也出现在了《耶舍逻辑》中,②其中同样也有围绕以上四个标题所展开的对完整性的更为具体的讨论。这些讨论以"知识的特殊的逻辑完整性"为标题展开,涉及四个方面:第一,知识在量上的逻辑完整性;第二,知识在关系上的逻辑完整性;第三,知识在质上的逻辑完整性;第四,知识在模态上的逻辑完整性。③ 值得注意的是,在上述讨论中康德在涉及关系、模态的第二、第四部分都讨论了真的问题并声称,"知识的主要完整性,乃至知识的一切完整性之本质的和不可分离的条件,就是真",而真的标准则应当是"普遍的、形式的真之标准",这种真之标准对于"客观的真"来说虽然不充分,但可以被视为"必要条件",因

---

① cf. Immanuel Kant,*KGS*,Band 24. 2,S. 518.

② 康德在《耶舍逻辑》中也有类似论述,"一种知识在量上是逻辑完整的,如果它具有客观的普遍性(概念或者规则的普遍性);在质上是逻辑完整的,如果它具有客观的清晰性(概念中的清晰性);在关系上是逻辑完整的,如果它具有客观的真;最后,在样式上是逻辑完整的,如果它具有客观的确定性。"(《康德著作全集》第 9 卷,李秋零主编,中国人民大学出版社 2010 年版,第 37 页)

③ 参见《康德著作全集》第 9 卷,第 38—69 页。

而是"逻辑学的事情"。① 通过观察可以发现,以上观点和康德在《纯批》中有关"普遍的逻辑"的讨论基本相似,尤其是对普遍的逻辑抽掉了知识的内容,只关注一般的思维形式等描述(A55/B79),以及普遍的逻辑作为真的"condition sine qua non [必要条件],从而是否定性条件"等说法(A59—60/B84)。通过以上讨论,可以对"完整性"的特征总结如下:第一,完整性在康德这里是可以与认识相关的,这一点已经表现得很明显,这也是康德不同于传统理解的地方;第二,尽管与认识相关,但该术语仍然只适用于普遍的逻辑,而不是先验逻辑。这里的第二点显得尤为重要,笔者认为,正是由于康德在《耶舍逻辑》中讨论的是被他认为属于普遍逻辑的内容,因此他采用的术语是"完整性"而不是"完备性"。

　　总体来看,康德对"完备性"的描述相比"完整性"更少,乃至于在德文、英文两版康德词典中,只有德文版对"完整性"进行了说明,也并没有出现"完备性"条目,而在英文版中以上两个概念都没有出现。② 如果回顾康德以及迈埃尔对两个术语的定义可以发现,二人对"完备性"概念的界定实际上就是建立在对"完整性"概念理解的基础之上的,在迈埃尔看来是在他所理解的"完整性"的基础上额外增加了认识的特征,在康德看来则是在他所理解的"完整性"的基础上额外增加了先验的特征。借助

---

① 为讨论真的标准的问题,康德区分了"普遍的、质料的真之标准"和"普遍的、形式的真之标准",他认为前者"是不可能的……甚至是自相矛盾的",相比之下,后者则是可能的,"因为形式的真仅仅在于知识与自身的一致,完全抽掉一切客体,抽掉客体的一切区别"。在康德的表述中也指出了后者与逻辑学的关联,"据此,普遍的、形式的真之标准就无非是知识与自己本身相一致或者——换句话说也一样——与知性和理性的普遍法则相一致的普遍逻辑特征。……这种形式的、普遍的标准尽管对于客观的真来说当然不充分,但毕竟可以被视为其 conditio sine qua non [必要条件]。因为在'知识是否与客体相一致'这个问题之前,必须有'它是否与自身(在形式上)相一致'的问题先行。而这就是逻辑学的事情"。正文和注释中的引文参见《康德著作全集》第 9 卷,第 49 页。
② R. Eisler 的德文版《康德词典》中,只列出了"完整性(Vollkommenheit)"条目,并没有"完备性(Vollstaendigkeit)",而在 Howard Caygill 的英文版《康德词典》中,两个条目都没有被收录。cf. R. Eisler, Kant Lexikon, Darmstadt: Georg Olms Verlagungsbuchhandlung Hildesheim, 1964, S. 586-587; Howard Caygill, A Kant Dictionary, Oxford UK: Blackwell Publishing, 1995.

艾斯勒(Eisler)给出的对"完整性"概念的解释,"各项杂多在某条确定准则之下的协调一致"①,它的实际用法可以涉及道德、上帝等许多对象,然而在与"完备性"相关时,就仅仅与理论的认识相关。② 将艾斯勒的这种描述与康德在《纯批》中对"一门科学"的"完备性"的具体要求(A64/B89)进行对比可知,两者在结构上是基本一致的,因此,按照之前"完备性是先验的完整性"的说法,两者的差别也只是完备性相比完整性所具有的先验特征。问题在于,将完备性理解为具有先验特征的完整性时,对"先验"的附加处理就会有两种不同的理解方向:一种是认为整体之下所归摄的杂多的对象具有先验特征,另一种是统摄了杂多的对象的整体本身具有先验特征。结合康德对完备性的使用情况可知,虽然判断表中的部分构成要素具有先验特征,但其余大部分构成要素仍旧属于普遍的逻辑,因而和前文谈到的完整性相似,都是适用于普遍逻辑的。也就是说,完备性之所以相比完整性而言具有先验特征,并不在于其所要统一为整体的对象具有某种先验特征。既然康德曾对纯粹知性范畴使用"完备性""完备的"等术语,同样也对判断表、判断表中某个标题下的三个环节、"一门科学"、"知识"等并不具有明显先验特征的对象使用这两个语词,因此,所谓完备性相比完整性所具有的先验性,实际上指的是统一了各部分的"整体"是先验的。至此,以对"完整性"概念的准确把握为基础,结合已经被精确描述的先验特征,康德所使用的"完备性"概念就得到了阐明。

三、以"功能"为基础的论证

以对康德完备性概念的阐明为基础,回顾本小节第一部分中所讨论的对判断表的"实然的"和"应然的"两种理解可以发现:由"实然的"

---

① 对应德文原如下:die Zusammenstimmung des Mannigfaltigen zu einer gewissen Regel。
② cf. R. Eisler, Kant Lexikon, Darmstadt: Georg Olms Verlagungsbuchhandlung Hildesheim, 1964, S. 586 – 587.

理解所引申出的、依据传统逻辑的形式结构对判断表中各要素的完备性论证,其中的"完备性"似乎与本节内容中康德所提到的"完整性"更为相近,都是与逻辑相关并涉及普遍的、形式的真;相比之下,由"应然的"理解所引申出的、依凭于统觉的源始的综合统一的完备性论证,其中的"完备性"与本节最终所阐明的有着先验特征的"完备性"显然更为契合。既然由判断表的"实然的"理解得出的是上一节提到的"完整性",由"应然的"理解得出的是上一节所阐明的"完备性",由此,似乎很自然地引导出如下观点:如果论证目标是有着先验特征的完备性,那么对判断表完备性的证明就应当从"应然的"表格入手。笔者指出"实然的"判断表所对应的其实是"完整性",是为了反驳有些学者借助传统逻辑的形式规则论证判断表完备性的做法,但是,这并不意味着论证具有先验特征的"完备性"只能从"应然的"判断表着手,这种论证思路忽略了"实然的"判断表中各要素的具体形式,比如 M. 沃尔夫的论证之所以在判断表的标题内部的完备性问题上受人指责就是肇因于此。

至此,似乎否定了所有可能的论证思路,然而,结合康德在"范畴的形而上学演绎"部分的文本描述可以发现,他确实颇有把握地声称,"完备地描述判断中的统一性的功能"这项工作"是极容易做到的",并随后给出了具体的"判断表"。(A69—70/B94—95)依照康德的表述,他所认为具有完备性的"判断表"指的是那个"实然的"表格。如此,"判断表的完备性论证"这一表述中的两个关键性概念就得到了比较明确的规定:首先,"判断表"应当被严格界定为包括具体要素即量、质、关系、模态四类标题,以及标题下的全称的、特称的、单称的、肯定的、否定的、无限的、定言的、假言的、选言的、或然的、实然的、必然的共 12 种判断的功能的"实然的"判断表,而不是基于范畴的先验演绎部分推论出来的"应然的"表格;其次,所谓的"完备性"应当被理解为先验的统一性,而不是切实的、要以各构成要素为基础构建出某种相互关联的逻辑形式系统。由本节最初所做的分析出发，这种证明思路看上去似乎是没有可行性的，毕竟"实然的"判断表无法摆脱其中要素搜集的经验性，而具有先验特征的完备性似乎只能从整体上实现，因而无法涉及"实然的"判断表中的每一个具体要素。但是，这些分析所获得的结论都蕴含着如下前提：判断表中各要素仍旧是处于传统逻辑背景之下的。阻碍着各论证思路的所谓"逻辑缺陷"的产生，恰恰是因为默认了传统逻辑的形式规则的有效性，如此，"实然的"判断表因表格内部各具体要素的"逻辑缺陷"而无法论证其完备性，具有先验特征的"完备性"因无法触及具有"逻辑缺陷"的表格中的各具体要素，所以也无法被证明。也正是由于学者们普遍认为康德的判断表仍旧属于传统逻辑，因而出现了以往完备性论证过程中的困境。

康德在讨论判断表时着重使用的"功能"（Funktion）概念，则为突破传统逻辑的桎梏以论证表格的完备性提供了新思路。众所周知，判断表与传统逻辑最为紧密的关联体现于表格内部的四项具体标题，尤其是标题下各异的 12 个环节，这些要素显然不可能由某种原则统一推导出来，只能是康德借鉴传统逻辑对各类判断种类的划分，也正因此，"实然的"判断表很难摆脱这种被视为以传统逻辑为背景的现实状况。但是，逻辑学对表格的影响不仅仅体现在比如"单称的""全称的"等各要素鲜明的个体间差异上，同时也体现在各要素所共同具备的判断基本结构本身上，也就是说，对"实然的"判断表的讨论既可以从各基本要素所具有的各不相同的特点，比如全称的、特称的……必然的等入手，同样也可以从判断表中各构成要素所共同具有的基本结构入手。其中，前一点已经旗帜鲜明地标示了自己的传统逻辑背景，但后一点则为以"功能"概念为基础论证表格的完备性提供了理论上的可操作性。有关"功能"概念在判断表中所发挥的作用，笔者已经在前几章的内容中做了比较详尽的讨论：第一章中对"功能"概念与康德提出的适用于综合判断的"a－b－x"之间的关联进行了说明；第二章中结合文本证实了综合判断的"a－b－

x"结构尤其是"功能"概念在《纯粹理性批判》中所产生的影响,比如判断表实际上应当是适用于综合判断的表格,表格中各要素所因循的判断结构不再是传统逻辑的"S 是 P"结构,基于"a‒b‒x"结构演化而来的"功能"概念则被视为思维在判断中的"形式"。

基于前几章对"功能"概念的讨论,本节将着重说明如何以该概念为核心论证康德"实然的"判断表具有完备性。前文曾提到,学者们普遍认为证明判断表完备性应当符合如下三条要求:第一,要有先天知性知识的整体的理念;第二,要有处于一个系统中的各部分的相互关联;第三,论证相互关联中的各部分如何恰好地处于一个整体中。在传统逻辑背景下,学者们认为第一条所要求的整体的理念,依据康德在范畴的先验演绎部分的文本内容可以轻易得到满足;第二条仅涉及各部分间的相互关联,从传统逻辑出发给出各标题或各环节设置的原因倒也不难实现;①关键在于第三条所要求的部分处于整体之中,表格中的各元素虽然可以勉强实现逻辑上的相互关联,却显然无法将这些元素既不会多余又不会缺少地置于同一个逻辑形式系统之中。显然,第三条要求实际上是希望在第一、第二条要求之间以某种方式建立沟通,但传统逻辑语境所赋予第二条中各标题、环节的某些不可避免的"逻辑缺陷",使得这种沟通变得不再可能。在康德《纯批》中所建构起的认识论背景之下,针对判断表完备性所提出的上述三条要求仍旧有效,并呈现出如下情况:第一条所要求的整体的理念,仍旧可以依据康德在范畴的先验演绎部分的文本内容得到满足;第二条涉及表格内各要素相互间的关联,则可以部分依照传统逻辑的惯例,部分依照康德所声称的某些有自己理由的改动,给出

---

① 这种要求下所给出的逻辑关联并不需要是最简洁的、唯一的,只需要给出设置这些要素的某种自洽的理由即可,比如康德在关系标题下选择定言判断、假言判断、选言判断三者并列,与迈埃尔选择假言的、选言的两者并列的做法都有各自的设置理由,只要这些解释能够符合某些逻辑或语法规则。关于各标题、环节的不同设置可以参见第二章中的相应内容。

各标题或各环节的设置原因；①关键在于如何满足第三条所要求的，论证相互关联中的各部分如何恰好地处于一个整体中。可见，新背景下的第三条要求同样试图在相应的第一、第二条要求之间建立起沟通，但与传统逻辑背景所面临的情况有两点不同：首先，由于笔者澄清了"判断表""完备性"等概念在康德使用中的具体含义，因此可以明确这种沟通应当是建立在实然的判断表与先验的整体性之间的；其次，新背景下"功能"概念在建立沟通时发挥着关键性作用。

　　以"功能"作为论证起点的话，无论判断表还是范畴表，严格来讲都是有关"功能"的表格，也就是说，两个表格所讨论的实际上是"同一种功能"。康德曾声称他在判断表中所罗列的是"归于四个标题之下，其中每一个又包含着三个环节"的"思维在判断中的功能"（A70/B95），随后，在引出范畴表时，他又强调"为一个直观中的各种不同表象的纯然综合提供统一性……这种功能就叫做纯粹知性概念"（A79/B104—105），而"以这样的方式产生出先天地关涉一般直观的对象的纯粹知性概念……依据亚里士多德把这些概念称为范畴"（A79—80/B105）。可见，判断表是列举"思维在判断中的功能"的，范畴表则是列举"先天地关涉一般直观的对象的纯粹知性概念"的，但由于所谓"纯粹知性概念"仍旧是"为一个直观中的各种不同表象的纯然综合提供统一性"的"功能"，因而范畴表实际上也是一个列举"功能"的表格。与此同时，康德强调，"为一个判断中的各种不同表象提供统一性的同一种功能，也为一个直观中的各种不同表象的纯然综合提供统一性"，其中，发挥后一种作用的功能就被叫作纯粹知性概念，也就是范畴（A79/B104—105）。如此一来，通过将"为一个判断中的各种不同表象提供统一性的功能"与"为一个直观中的各种

---

① 第二条中提到判断表中要素的设置部分依照传统逻辑的惯例，部分依照康德所声称的某些有自己理由的改动，其依据肇始于综合判断的"a-b-x"结构，该结构在适用于分析性判断的同时也有着综合判断的特殊之处，因而康德在判断表中大量借鉴了传统逻辑的判断分类的成果，又在此基础上做出有着认识特征的一系列改动，具体内容可以参见第二章中对判断表中各要素设置理由的讨论。

不同表象的纯然综合提供统一性的功能"界定为"同一种功能",康德借助"判断"这一术语在知性知识与逻辑结构两种语境中的使用,实际上建立起了知性知识与逻辑结构两者间的联系。与在传统逻辑背景下的操作不同,康德此处的工作显然是以"功能"作为判断形式,并以此尝试摆脱传统逻辑的影响才得以完成的。至此,由于康德声称判断表中的各环节与范畴表中的各种纯粹知性概念实际上是"同一种功能",使得判断表中的各环节可以通过各自相对应的范畴的先验演绎获得先验的统一性,以此尝试满足有关判断表完备性的第三条要求。如果按照传统逻辑背景下的第三条要求,仅仅依靠"功能"概念在建立沟通时发挥作用是不够的,但是,由于笔者澄清了"判断表""完备性"等概念在康德使用中的具体含义,因此明确了新背景下第三条要求所指的沟通应当是建立在实然的判断表与先验的整体性之间的。当然,如果沿用传统逻辑背景下的第三条要求的话,依靠"功能"概念所建立起的沟通显然是无法将其满足的,但是,由于笔者在新背景下对"完备性"概念的阐明,使得第三条要求中不再是以往由传统逻辑的形式结构系统所推论出的经验性的整体,而是具有先验特征的整体,因此,"功能"概念与范畴乃至于范畴的先验演绎等的关联使得这种先验的整体性能够顺利获得,与此同时,"功能"概念与判断表中具体要素的关联,又能够将这种先验的整体性十分顺利地体现在判断表的各个具体要素之中。至此,依照同时被应用于判断表与范畴表的"同一种功能",就能够顺利地建立起先验的整体性与表格中具体各构成要素之间的切实关联,并以此满足判断表完备性的第三条要求。

需要补充的是,在借助"功能"概念建立起先验的整体性与判断表中具体要素之间的关联时,笔者所提供的这种完备性论证实际上也并没有解决以往学者所面临的判断表中各要素的"逻辑缺陷"的问题,而是认为当康德所要求的完备性其实是指先验的完整性时,并不需要对表格中各要素在单称的、全称的、否定的等方面的个体差异投以过多的关注,而应当将论证思路放到各要素所共有的判断基本形式，尤其是"功能"概念上。前面曾提到，"实然的"判断表实际上包含着两个方面：一是各要素所具有的特点，比如全称的、特称的……必然的等，二是表格中各要素所共同具有的判断的基本结构。由于康德所讨论的完备性实际上指的是先验的整体性，并不涉及经验性的逻辑学内容，因而在建立与实然的判断表之间的关联时选择了从表格中各要素所共同具有的判断的基本结构入手，借助"功能"概念建立起先验的完整性与实然的判断表中各具体要素的切实关联。这种论证方式在符合完备性的先验特征的同时，又消解了由表格中各要素所具有的各异的特点所产生的所谓"逻辑缺陷"的负面影响。

　　以上是笔者在总体上对康德判断表完备性的阐明，然而，众所周知的是，康德对判断表完备性的断言并非仅局限于表格中所有元素所构成的整体，同样也体现在各具体标题下各环节所构成的整体中。康德在《纯粹理性批判》中声称判断表是完备的，而这种完备性主要表现于判断表中各要素所构成的整体，比如他所声称的，"如果人们能够完备地描述判断中的统一性的功能，就能够在总体上发现知性的各种功能了，但下一章将表明，这一点是极容易做到的"（A69/B94）。除此之外，这种完备性似乎也体现在判断表各标题内部的各环节所构成的整体上，比如康德曾声称，"如果我对一个单称判断不仅仅按照其内在的有效性，而且还作为一般知识按照它与其他知识相比所拥有的量来作出估价，那么，它……理应在一般思维的一个完备的环节表中（……）占有一个特殊的位置"（A71/B96），虽然这种涉及"完备的"表述似乎仅出现在判断表中量的标题的部分，相似的表述并没有在其他标题的讨论中出现，但学者们大多以类推的方式接受了判断表中各标题下的各环节所构成的整体是完备的这种观点。

　　前文所讨论的 M. 沃尔夫虽然意识到了"功能"对于判断表完备性的重要性，但由于他没有准确地把握康德文本中"功能"与判断形式之间的关系,所以他的论证没能妥善解决判断表各标题下各环节所构成的整体的完备性问题,从而引发了诺特曼等学者的批评,认为依照沃尔夫的观点是无法证明康德各标题下三个环节的完备性的,并对判断表中每个标题下的三个环节都是完备的这种说法提出了质疑。而笔者认为,阐明表格中每个标题下三个环节所构成的整体是完备的,在论证思路上与对判断表中各要素构成的整体的完备性的阐明基本一致,能够将适用于表格整体的论证同样用于各标题下要素整体的论证,这也是笔者提出的论证方式相比于沃尔夫的优势之处。参照对判断表要素整体的论证思路,对判断表中与完备性紧密相关的各标题自身的"整体"也存在两种理解模式:一种是由各标题下有着个体差异性的三个要素,比如量标题下的全称的、特称的、单称的三者相加;一种是淡化了各标题之下各环节差异的各标题自身的"整体"。其中,前者可以被称作经验的、逻辑的"实然的整体",而后者则是有着先验特征的"应然的整体",由前文的讨论已知,康德所讨论的"完备性"实际上是先验的完整性,而并非建立在经验基础上的逻辑的完整性。以往学者对判断表各标题完备性的常用论证方式,实质上是在论证全称的、单称的、特称的等要素所构成的各标题"实然的整体"是如何具有逻辑的完整性的,因而,这种论证思路脱离不了各标题下的具体要素,并尝试依据这些实然的要素之间的经验的逻辑关系以获得各自标题下所有环节在整体上的逻辑完整性。但众所周知,康德在各标题之下的各环节是在继承传统逻辑判断分类的同时以非逻辑形式的标准改造而来的,这种方式所带来的"逻辑缺陷"自然使得各标题内容的逻辑完整性无法达成。依照之前判断表整体完备性的论证,判断表中各标题的完备性实质上所要论证的是:各标题内部实然的要素是如何达成对应标题自身的先验的完整性的?

目前来看,最有可能成功论证判断表各标题的完备性的现成方案似乎是判断表各标题下环节设置的"三分法",也就是说,论证各标题内部的完备性可以从对三个环节间的固定关系入手。然而问题在于,各标题下诸环节的"三分法"实际上并非判断表原本所具有的特征,毋宁说是康德在判断表基本成形之后,通过判断表中现成的经验性的三分结构所得出的推论。康德在《纯批》的判断表、范畴表各标题中所使用的三分结构,也被某些学者视为黑格尔思辨哲学"正反合"结构的思想来源,并认为判断表各标题中组成该结构的三种要素由此可以构成自洽的整体。笔者并不反对黑格尔式的"正反合"三段式结构可能确实存在结构内部要素在整体上自洽的可能性,也不反对康德在判断表、范畴表各标题中使用的"三分法"确实有可能对黑格尔"三分法"产生影响的可能性,但是,对各具体要素使用"三分法"结构所带来的各要素所构成的"整体"具有所期望的"理想状态下"的自洽,与该结构中的三个具体要素在采纳过程中"实际上"具有的经验性特征原本就是两回事。所以,"三分法"同样呈现了"应然的理解"与"实然的理解"两个方面,也正因此,学者们一方面推崇黑格尔提出的"正反合"三段式的辩证思维,一方面又批判他本人在某些三段式中所设置的具体要素的牵强。与此类似,康德判断表各标题下的具体要素在被期待借助三分法构成理想中的完备的整体的同时,也难以避免这些具体要素可能来自康德改造传统逻辑判断分类结构时所无法避免的个人偏好影响下的经验性选择。因此,只要证明判断表各标题"三分法"中具体要素在被选择时的偶然性,就能说明该三分结构在解决判断表各标题的完备性时实际上的无力。

而判断表各标题下"三分法"的经验性特征,可以通过第一章中对表格形成过程的考察得知,直到 1777 年康德给出判断表的初期形态时,质的标题下所划分的判断形式与对应的知性概念都还是二分的,无限判断与限制性范畴并没有被康德收入表中,与此同时,判断表与范畴表在《纯批》中发挥其框架或结构性作用时,借助于质的标题所展开的分析往往也只涉及肯定的、否定的两方面。比如,康德在图型法部分从量、质、关系、模态四个标题出发对相应图型进行了概括,其中质的标题下只提到了实在性与否定性的图型,并没有提到限定性范畴所对应的图型(A143/

B182),而在原理分析论中讨论"知觉的预先推定"的原理涉及质的范畴时,虽然使用了"实在性""否定性"范畴,但同样没有出现"限定性"范畴(B208—218)。由此也表明在该标题下判断形式(范畴)的三分结构并非是必然出现的,在某些情况下并不具有格外重要的实用价值。基于以上分析笔者认为,康德原本并不打算将无限判断放置到判断表中,但出于某些原因,或者是康德从其余标题下的要素所呈现的三分结构意识到普遍的各标题下三个环节之间的逻辑关系,[①]或者仅仅是单纯出于美观的考虑,毕竟表格中的其他标题都是三分的,而和质有关的判断种类恰好还有一个无限判断。总之,康德在判断表的基本理念提出之时就已经预设了其中要素的完备性,如同在第一章中曾讨论的,康德在 1775 年左右的《杜伊斯堡遗稿》中提出了所谓"先验演绎的雏形",其中对整体与集合的概念进行了区分,并以此初步确立了判断的诸功能(判断表)与知性概念(范畴表)在早期的完备性条件的雏形。但是,表格各标题下具体要素设置的"三分法"的真正确立,却是在该表格主体思想已经提出之后的事情。由此可见,判断表各标题下要素设置的"三分法"显然并非康德在保证其表格各标题完备性时的理论选择。从判断表完备性的具体论证方式来看,借助"三分法"尝试论证表格中各标题完备性的做法本身就充满着矛盾。如前所述,"三分法"所强调的其实是理想状态下各要素结合成的整体自身的自洽,而有些学者借助三分结构是为了实现各标题内三个要素间的逻辑推论关系并建立起某种逻辑形式系统,前者显然是无法满足后者的需求的。

　　重新回到如下问题:判断表各标题内部实然的要素是如何达成对应标题自身的先验的完整性的?坦白来讲,对各标题完备性的阐明,其实与笔者之前针对判断表整体的完备性的阐明在论证思路上是基本一致

---

① 或许正是这种理解,促使他产生了在《纯批》中范畴表各标题下的第三个范畴都是出自第二个范畴与第一个范畴的结合这种说法,参见 B110—111。

的，其关键都在于对"功能"概念的应用。参照前文内容，证明判断表内各标题完备性的三条要求应当表述如下：第一，各标题自身所具有的整体的理念；第二，各标题内部各环节的相互关联；第三，论证各标题内部相互关联的各环节如何恰好地处于一个整体中。对比前文对判断表整体的完备性的讨论状况可知：此处第二条要求涉及表格各标题下各环节的相互关联，可以部分依照传统逻辑的惯例以及康德所声称的有理由的改动，最终给出各环节的设置原因；第三条要求原本应当是最难解决的，但既然有了之前阐明判断表整体完备性时的现成方案，使得该项要求的解决思路反而是最为明朗的了，其关键仍旧是对"功能"概念的理解；相比之下，前文对表格整体完备性论证中原本能够轻易达成的第一条要求，此处具体表现为对各标题自身整体性的要求，反而成为论证表格下各标题完备性的主要障碍。第一条要求提到的整体的理念，在论证表格整体的完备性时，其表格自身的整体性是通过范畴的先验演绎尤其是统觉的源始的综合统一得以保证的，那么接下来的问题就在于，论证表格中各标题的完备性时，表格中的各标题是否能够借助于同样的方式使各自的整体性得到保证？如果仍旧以传统逻辑立场来理解判断表，那么这项论证工作显然是无法完成的。总结以往完备性论证的各方式可知，依照传统逻辑的观念，完整的判断的形式应当是由判断表中四类标题所共同构成，比如针对某具体判断应当能够分别从四个标题的角度说出具体对应于四个标题下的具体哪一个环节。第二章的讨论中也曾提到，以传统逻辑为背景对判断表各标题相互关系的这种理解引发了一系列问题。比如依照上述理解，判断表四个标题中任一标题下的任一环节，都应当可以和另一个标题下的任一环节结合并形成一个复杂判断，但实际上这种情况并不总能实现，例如不可能存在一个判断，既是假言的，又是否定的；与此相似的例子还有，如果有一个假言命题，该命题中有一个全称的前件和一个单称的后件，那么依照上述理解就难以确定该假言命题到底是全称的还是单称的。以上反例也说明，以传统逻辑的观点理解判断表中各标题间的关系是不妥当的。显然,这类观点的根本漏洞就是无法彻底避免康德在选择判断表下属标题时难免出现的主观性,由此引发的"逻辑缺陷"从根本上断绝了康德所列举的量、质、关系、模态四类标题能够构成一个真正整体的可能性。在第二章的讨论中笔者曾指出,学者们以传统逻辑为背景理解判断表包括表格内部各标题间的关系等问题是不妥当的,问题的根源就在于传统逻辑仍然坚持以"S 是 P"结构来理解判断的形式,以往那些认为由量、质、关系、模态等标题对应的判断要素来构成普遍判断的观点,也源出于亚里士多德以来的逻辑传统赋予这几类标题的语法特征。然而,借助于对判断表部分的"功能"概念的研究,已经能够明确康德在该部分讨论中采纳了新的判断结构和新的思路,①传统的"S 是 P"结构以及在该结构基础上对判断表思想的认识显然已不再适用。

当康德将"功能"概念用作判断表部分的核心概念时,他对表格中四个标题的理解与传统逻辑对判断形式的理解相比已经出现比较鲜明的差异。比如在《耶舍逻辑》中,康德以"知识的特殊的逻辑完整性"为题从量、质、关系、模态四个方面对完整性进行了说明:第一,知识在量上的逻辑完整性;第二,知识在关系上的逻辑完整性;第三,知识在质上的逻辑完整性;第四,知识在模态上的逻辑完整性。②按照以往传统逻辑的观点,这四类标题不仅仅是各自与认识的完整性产生关联的四个方面,而且四类标题相互间的关系同样应当符合逻辑的形式规则,因此,持该想法的学者借助量词、肯定词、否定词、关系词、模态词等语法成分在作为语言表达式的判断中的构成作用,以同样受到语法特征影响的"S 是 P"结构为基础,尝试构造出量、质、关系、模态四类标题之间紧密的逻辑关联。然而,语法标准多少难以避免的随意性,使得学者们的建构工作总

---

① 该部分的具体内容可以参见第二章中的相关讨论,此处不再重复。

② 参见《康德著作全集》第 9 卷,第 38—69 页。

是无法符合逻辑形式的严格标准,而四类标题的完备性自然也无法得到承认。但是,当"功能"概念被引入对判断表,尤其是对量、质、关系、模态四类标题的理解时,由于"功能"概念本身就暗示了"判断的新结构"已经替代"S 是 P"结构,那么以往要求构造四类标题相互间逻辑关联系统的做法就显然不再适用了,由此,结合其他相关文本可知,[①]对量、质、关系、模态四类标题的理解将更侧重于上述四者在认识上的各自体现。如此,康德在判断表中对四类标题本身的理解,显然不再单纯是传统逻辑对各类判断形式的某种单纯归类,而是尝试将四个标题理解为是看待同一个认识的四类不同视角。那么,在后一种理解下,四个标题间的相互关系也就不再像以往学者所普遍认为的那么至关重要,而之所以出现这种情况,其根源就在于理解判断表的量、质、关系、模态四标题时"功能"概念所发挥的作用。此时,回顾康德在《耶舍逻辑》等文献中提出的知识在量、质、关系、模态四方面的各自的逻辑完整性的说法,就可以清晰理解康德所声称的判断表所体现的认识的完整性不仅仅局限于完整的表格,同样也体现于在表格中的具体每一个标题。

重新回到对判断表各标题完备性诸要求中的第一条,之前在论证表格整体的完备性时,其表格自身的整体性是通过范畴的先验演绎尤其是统觉的源始的综合统一得以保证的,既然我们借助"功能"概念澄清了各标题相互间并无掣肘,以及各标题都是对相同的"知识的整体"在量、质、关系、模态等不同方面的体现,那么,其所对应的同一个知识整体应当与表格整体所对应的知识整体是一致的,如此,以表格整体所对应的知识整体为中介,表格中的各标题自然能够借助范畴的先验演绎尤其是统觉

---

① 除上述《耶舍逻辑》以及《纯批》中对判断表要素的描述部分外,康德在"逻辑学讲稿"中也从认识的视角谈到了判断表的四个标题。比如,他在"逻辑学讲稿"中指出了认识的逻辑完整性要从四个主要方面被考察:第一,如果是普遍的,那么在量上就是完整的;第二,如果是清晰的,那么在质上就是完整的;第三,如果是真的,那么在关系上就是完整的;第四,如果是确定的,那么在模态上就是完整的。cf. Logik Poelitz (1789),cf. Immanuel Kant, *KGS*, Band 24.2,S. 517 – 518.

的源始的综合统一来保证其整体性。有关判断表各标题的完备性论证的问题，曾被笔者作如下表述：判断表各标题内部实然的要素是如何达成对应标题自身的先验的完整性的？上文所证实的判断表各标题的整体性，并非来自各标题下有着经验性特征的各具体环节的组合，而是对认识的整体的描述，这种整体是由统觉而来的统一性，是在各标题产生时就已经预设了的，因而符合前述问题中的"标题自身的先验的完整性"，即"完备性"的表述。至于"各标题内实然的要素"，就是指各标题下的具体三个环节，比如量标题下的全称的、单称的、特称的三个环节等，这些要素都是康德从传统逻辑的成果中有选择性地改动而来的，也满足了前述的第二条要求中的内容。而第三条要求中涉及的"标题自身的先验的完整性"与"各标题内实然的要素"之间关联的建立，则同样依赖于"功能"概念的中介作用。与论证判断表整体完备性的步骤相似，由于"功能"概念与范畴乃至于范畴的先验演绎等的关联，使判断表中各标题的先验的整体性得以保证，与此同时，"功能"概念与判断表中各标题下的诸环节又有着直接关联，虽然"功能"无法干涉康德挑选这些实然的环节的经验性内容，比如单称的、全称的、特称的等因素，但却能直接影响这些实然的环节共同具有的判断的基本结构，并以此将上述先验的整体性顺利地体现在判断表的各标题下的诸环节中。依照被应用于判断表与范畴表的"同一种功能"，就能够顺利地建立起判断表各标题自身的先验整体性与表格各标题下诸环节之间的切实关联，以此满足判断表各标题完备性论证的第三条要求。同样的，该论证思路在符合各标题自身完备性的先验特征的同时，又消解了由表格各标题下诸环节各异的经验性特点可能引发的所谓"逻辑缺陷"等负面影响，从而成功论证了判断表中各标题的完备性。

综上，笔者借助对"功能"概念的阐明，详细论证了康德的判断表在表格整体以及表格中各标题两种维度上的完备性。

第四章　判断表的地位与作用

　　之前的章节,对判断表的形成过程、表格中具体要素设置的合理性、表格的完备性等话题进行了讨论,对这些话题进行讨论的基本前提,就是否认判断表是作为范畴表的拙劣模仿物这种观点,承认判断表自身的独立性。而前文中对上述各话题的讨论,也反过来证实了判断表之于范畴表而言的独立性。如此,随着对判断表思想自身理论价值的确认,该思想在康德哲学中的地位便不再是学者们以往所认为的"鸡肋",①也自然有必要对该表格在康德哲学中的地位与所发挥的作用进行专门的讨论。之前各章节均是对判断表自身的讨论,下文在涉及其地位与作用等问题的讨论时,就需要优先对判断表与康德哲学中其他理论部分之间的关系进行阐明。为此,笔者会优先讨论判断表与范畴表的关系问题,随后在该讨论基础上扩大文本范围,讨论判断表在康德哲学中所发挥的结构性作用。

---

① 判断表思想在康德的先验哲学结构中确实承担了重要的理论作用,比如引出作为先验哲学关键的范畴表等,然而,由于表格自身被认为存在种种理论漏洞,阻碍了学者们对该表格理论价值的深入探讨。

第一节　判断表与范畴表的关系

　　康德在判断表中以"知性在判断中的逻辑功能"的名义列举出了 12 个环节：判断的量的标题下的全称的、特称的、单称的，判断的质的标题下的肯定的、否定的、无限的，判断的关系的标题下的定言的、假言的、选言的，以及判断的模态的标题下的或然的、实然的、必然的。与此相应，康德在范畴表中以"纯粹的知性概念或者范畴"的名义给出了 12 个（对）范畴：属于量的范畴有单一性、复多性、全体性，属于质的范畴有实在性、否定性、限定性，属于关系的范畴有依存性与自存性（实体与偶性）、因果性与隶属性（原因与结果）、共联性（行动者与承受者之间的交互作用），属于模态的范畴有可能性—不可能性、存在—不存在、必然性—偶然性。

　　以上是对两表间的对应关系在文本中的情况的大致描述，学者们围绕该事实状况对判断表与范畴表间关系的讨论大致可以归为两类：一类着重质疑两表中某些具体要素间对应关系设置的合理性，比如学者们对全称的与单一性、单称的与全体性等两表要素间对应关系的质疑；另一类则是从表格整体的视角，[①]讨论两个有着对应关系的表格究竟是谁决定了谁，以及在此基础上发展出的对形式逻辑与先验逻辑关系问题的讨论。前一种讨论所考察的实际上是判断表、范畴表下各要素中的经验性成分，这种经验性的根源在于这些要素的设置是一个逐步被康德所选择的经验性过程。具体来说，两表中各要素间对应关系的雏形早在《杜伊斯堡遗稿》中就已出现，当时仅局限于与关系相关的三种判断种类与三

[①] 由于后文涉及第二种讨论方式时又将区分出对两种表格的"实然的"与"应然的"两种理解，为避免与此处的第一类讨论方式产生混淆，此处有必要区分出讨论方式的三种类别：第一种是在对表格的"实然的"理解基础上仅仅对表格中某部分的讨论，即此处的所谓"第一类方式"；第二种是在对表格的"实然的"理解基础上对表格整体的讨论，这种讨论所理解的表格整体仍是由实然的各具体要素构成的；第三种是在对表格的"应然的"理解基础上对表格整体的讨论，这种情况下的表格整体性来自理论的预设。其中后两种均属于此处的所谓"第二类方式"。

类关系概念之间，①随后，《纯批》中判断表与范畴表两个表格内部扩展出来的各标题、各环节间的对应关系，显然无法摆脱康德在构建判断表或范畴表中具体要素时的个人主观因素的影响。也正由于这种来自个人取舍的经验性因素，两表中某些具体要素之间的对应关系难免会有些牵强之处。关于判断表各具体环节与范畴表各具体范畴之间的具体对应，向来存在某些争论。比如学者们对全称的对应于单一性、单称的对应于全体性的质疑，两者通常被解释为康德对于判断表与范畴表在看待量时的外延与内涵上的差异。而像无限的与限定性范畴的对应，康德在对判断表的质的标题进行说明时就借助"灵魂是不死的"这个命题，指出"不死者"实际上只是指在可能存在者的全部外延中排除掉包括有死者的部分，但即便有这种剔除，该部分所对应的范围始终是无限的，因此他认为，"这些就逻辑外延而言的无限判断在一般知识的内容方面实际上纯然是限制性的"（A72—73/B97—98）。此外，选言判断与共联性之间的对应，同样没有其他的对应那么直观，根据前几个章节对早期逻辑学讲稿、《杜伊斯堡遗稿》、《纯粹理性批判》中选言判断及其对应知性概念的说明可知，康德对这对组合的理解也是一个渐进的过程，他在 B112 处的文本中对范畴表进行补充说明时，专门就共联性范畴与选言判断之间的关联做了比较详尽的解释。总之，以上各内容的设定，大都与康德同时将内涵与外延作为考察标准以及其自己思考中的前后变化等个人的经验性原因直接相关。

　　上述这些牵强之处自然受到了学者们的质疑，然而，笔者认为有些学者在两表中存在对应关系的具体要素上投入了过多的精力。康德构造两个表格中对应的要素时或许会有某些个人理解，但这并不影响两个表格在构建之初就被预设的对应关系，也就是从两个表格的整体而言的对应关系。毕竟，康德在《杜伊斯堡遗稿》中初次提出三种关系判断与三

---

① 详情可以参见第一章中的相关讨论。

类关系概念时,就已经预设了两类要素间的"平行结构",随后主要参照传统逻辑所讨论过的各种判断形式,结合自己对先验哲学内容讨论的需要,在判断表与范畴表各要素间相互损益,才在《纯粹理性批判》中完善出最后的表格。两表中的具体要素虽然有着"实然的"特征,但这些"实然的"要素并不影响两个表格作为整体考虑时的"应然的"对应关系。

而康德在构造过程中掺杂这些个人理解可能有如下两方面原因:一方面是来自其对某些判断形式的个人偏好,这点在第二章"判断表的构成要素"中有关康德对表格中要素选择的合理性部分曾有提及。另一方面是来自对《纯批》中先验哲学内部某些知性概念的预设,毕竟康德在《纯批》的先验辩证论等内容中也借助表格中各标题、环节等要素展开该部分的具体讨论;也存在如下可能,就是康德在构思该部分内容时原本就打算讨论某些知性概念,这些既定的知性概念从而影响到判断表或范畴表中某些要素的设置。总之,这些内容都是肇始于个人的经验,因而很难有某种标准答案,并且所涉及的也大多是康德先验哲学中的细节性内容,就理论价值而言也毕竟有限。相比之下,以整体视角看待两个表格,在该标准下对两个表格具体关系的探讨显然有着更为普遍的理论价值。在此处涉及判断表与范畴表关系的讨论中,由于表格中的具体要素确实会更偏重于细节性内容,因而显得其普遍性的理论价值相对有限。然而,本章随后有关判断表在康德哲学中所发挥的结构性作用的讨论中,"判断表"所指的则不再偏重于整体意义上的表格,而是侧重于这些肇始于康德个人经验而被设立的表格中的具体要素,这些具体要素被用于具体话题的展开时,实际上就将这些要素处于表格中的结构同样带到了该话题的讨论中,判断表的结构性作用实际上是通过这些具体要素而得以影响各话题讨论的。当然,从不同话题中各要素被应用的不同频率,也可以发现康德对这些经验性要素在不同可靠程度上的理解,即哪些要素受到了更少的个人经验性影响。下文将首先着重从整体的视角讨论判断表与范畴表的关系问题。

一、以往对两表关系的几种理解

既然判断表与范畴表之间确实存在着对应关系,那么关于两个表格在这种对应关系中究竟谁具有优先性的问题,通常有以下三种解释:第一,范畴表的构成是由判断表所决定的;第二,判断表的构成是由范畴表所决定的;第三,认为前两种观点都不够准确,判断表与范畴表之间应当是同构关系。

持第一种观点的学者们的主要依据就在《纯批》中的"范畴的形而上学演绎"部分,他们认为康德是通过首先构造出判断表,随后在现成的判断表的基础上才推导出了范畴表,也就是说,是从判断中的知性形式推导出相应的纯粹知性概念。由于这种理解表面上看是最符合康德文本的,并且契合康德的将成熟的普遍逻辑作为先验逻辑的基础的基本理念,因此被很多学者接受,尤其在介绍康德思想的众多具有导论性质的作品中也被广泛采纳。在支持这种观点的学者中,比如黑格尔就认为,康德是"从普通逻辑学里拾取了这些范畴",从"一般的逻辑学"里,"特殊类别的判断被列举出来,判断被认作一种联系;因而也就揭示出不同种类的简单性思维。这就是:全称的、特称的……"也就是说,他认为康德首先从普遍的逻辑学推导出包含了各种判断形式的判断表,而且,"一般讲来,简单的思维在它里面确实包含有差别,而自我是能作出规定、作出差别者","由于这个特点,康德得出了他的范畴"。[①] 文德尔班也强调了判断的作用,"在判断中,主词与谓词之间所设想的关系被断言是客观有效的:一切有关客体的思维都是判断。因此,如果范畴或是知性的主要概念必须认为是对象所由产生的综合的关系形式,那么有多少种类的判断就必须有多少范畴,每一范畴就是主词和谓词之间以其独有判断起作

---

① 参见黑格尔《哲学史讲演录》第四卷,贺麟、王太庆译,北京:商务印书馆1996年版,第269页。

用的联系方式。……据此,康德认为他可以从判断表推导出范畴表"①。不仅如此,学者们往往还会将判断表向范畴表的推导理解为从逻辑向认识的转变,"康德范畴体系的确立,不仅有其理论的来源,还有从逻辑到认识的过渡,这就是从判断表到范畴表的发展"②。柯亨同样认为,"判断表推导出了纯粹知性概念或者范畴的表"③。总体而言,支持这种观点的学者普遍将判断表理解为其判断形式与普遍逻辑学相关,而将范畴表理解为是与认识相关的先验逻辑,从判断表推导出范畴表也就往往被解读为康德是在普遍逻辑的基础上构造出他的先验逻辑。

　　总体而言,持第二种观点的学者所依凭的根据大致可以分为两类。第一,有些学者通过对康德前批判时期的文献中两个表格形成过程的历史性考察,从两者成形时间的先后断定判断表是依照范畴表才得以建构起来的。比如第二章讨论中提到的托尼利就认为,从康德前批判时期的材料出发,是有可能由康德在此期间对各范畴的临时列举的方式推进到范畴表产生的,但相比之下,仅仅由早期逻辑学讲座中对判断分类的偶然的表达却无法推论出判断表的产生,由此,康德对范畴的处理是一个渐进的过程,而判断表则几乎是通过当时康德提出的与范畴的平行结构而突然产生的,因此他推断出康德的判断表是建立在范畴表的基础之上的。④ 针对以托尼利为代表的这种观点,本书第一章进行了回应,通过对康德前批判时期文献的整理分析,梳理出判断表逐步形成的过程,以此消解了上述这种基于历史性视角认为判断表是由范畴表所决定的这种观点的理论基础。第二,有些学者主要以《纯批》中范畴的先验演绎部分作为理论依据,认为康德虽然表面上是从判断表推导出了范畴表,但实际上却是以范畴表中的诸范畴为判断表中的诸判断形式奠基。邓晓芒

---

① 文德尔班:《哲学史教程》下卷,第 746 页。
② 温纯如:《认知、逻辑与价值——康德〈纯粹理性批判〉新探》,第 180—181 页。
③ Hermann Cohen, *Kants Theorie der Erfahrung*, S. 49.
④ cf. Giorgio Tonelli, "Die Voraussetzung der Kantischen Urteilstafel in der Logik des 18. Jahrhunderts", S. 147 – 148.

教授就认为,虽然通常认为康德是通过对传统形式逻辑的判断形式进行分类从而引出范畴表的,但是并不能由此认为范畴表的构成是由判断表决定的,因为从判断表的结构可知,康德"已经预先对判断的分类表作了某些改动以适应知性范畴的理解","这样一来,康德究竟是从形式逻辑的判断分类表中引出范畴表,还是从预先已准备好的范畴表中引出了对形式逻辑判断分类的新的理解,就成了一个说不清的问题"。康德认为自己对形式逻辑的改造是由于把握到了形式逻辑的本质规律,而这种本质规律是通过先验逻辑发现的,所以先验逻辑是对形式逻辑的奠基,而对两者间这种关系的说明是在第二版关于范畴的"先验演绎"部分才明确起来的。[1] 此外,上述观点在强调了范畴的先验演绎部分作用的同时,也等于是对范畴的形而上学演绎部分的思想做了新的解释,这两个方面是相辅相成的。钱捷教授就认为,就先天范畴而言,对于意识中的先天认识能力的确认正是借助"形而上学的演绎"来完成的,"而这个演绎的实质,是断定范畴对于思维的逻辑机能的奠基性作用,从而根据这种机能的具体表现形式,即判断的类型推断出范畴的种类"。[2] 如前所述,由于笔者已经在第一章中对以托尼利为代表的这种观点进行了回应,并消解了该观点的理论基础,因此,后文在讨论认为判断表的构成是由范畴表决定的这种观点时,将主要针对以《纯批》中范畴的先验演绎部分作为理论依据的这种情况。

在第三种观点中,有些学者认为,对前两种观点中所涉及的"判断表与范畴表究竟是谁决定了谁"这种问题的讨论是不必要的,讨论两个表格谁更优先这种问题所需要的两个理论前提是:第一,判断表与范畴表之间存在着对应关系或者说平行结构;第二,这种平行结构是需要其中的一方迎合另一方的。只有在这两个前提同时生效的情况下,对两个表

---

① 参见邓晓芒《康德先验逻辑对形式逻辑的奠基》,第 1 页。
② 参见钱捷《判断逻辑与康德的范畴形而上学演绎》,第 63 页。

格中哪一个更优先的讨论才是有价值的。但是,从康德的文本内容来看,第二个理论前提显然并未得到满足,因为两个表格间的对应关系或者说平行结构是需要借助于某种"第三者"的中介作用才能实现的。策勒(Zoeller)就明确指出,两个表格间对应关系的产生是由于两者出自"同一个功能"以及"同一个知性",①判断表与范畴表在构造上的一致性共同受"功能"以及"知性"的影响。而持这种观点的学者所依凭的论据依然在《纯粹理性批判》的"形而上学演绎"部分,但是与第一种观点所依据的从判断表推出范畴表的导线作用不同,此处主要依凭的是在"形而上学演绎"中对于判断表以及范畴表中各自构成要素的具体定义的把握,也可以理解为是指判断表与范畴表各自与知性的关系。

然而问题在于,尽管第三种观点准确意识到了"功能"概念对于两个表格间平行关系的重要性,但该观点最致命的漏洞恰恰在于将"功能"概念解释成两个表格之间的某种"第三者"。借助前几章中对"功能"概念,尤其是第三章就"功能"概念对于判断表与范畴表的理论价值的讨论,能够比较清晰地意识到,即便两个表格是以"功能"概念为中介实现了所谓的对应关系,但该概念仍旧不能被认作是与两个表格异质的第三类事物。如同在前几章中提到的,判断表实际上是知性在判断中的"功能"的表格,两者实际上是同质的:"如果我们抽掉一个一般判断的所有内容,只关注其中的纯然知性形式,那么……思维在判断中的功能可以归于四个标题之下……它们可以确切地如下表所示"(A70/B95)。由此,康德点明了判断表中所罗列的要素是思维在判断中的各功能,并且是与判断中的纯然知性形式相关的。此外,康德将范畴表中的"范畴"也表述为一种"功能":"为一个判断中的各种不同表象提供统一性的同一种功能,也为一个直观中的各种不同表象的纯然综合提供统一性,用一般的方法来

---

① cf. Guenter Zoeller, "Kant and the problem of existential judgment: Critical comments on Wayne Martin's theories of judgment", in: *Philosophical Studies*, 137 (1), 2008, p. 128.

表达这种功能就叫做纯粹知性概念"（A79/B104—105），其中的"纯粹知性概念"即"范畴"，康德显然是将"范畴"也定义为某种"功能"，从而范畴表与"功能"也应当是同质的。可见，判断表与范畴表借助"同一种功能"实现两表的对应关系，但这里的"功能"显然不是在两者间另外找来的某种"中介物"，而是两种表格所共同具有的某种"性质"。

　　两种观点差异的根源在于对康德"功能"概念的不同理解：前一种观点倾向于将"功能"理解为某种认识行为，因为"功能"在康德的定义中是与"行动"（Handlung）紧密相关的，比如康德曾提到，"我把功能理解为在一个共同的表象之下整理不同的表象的行动的统一性"（A68/B93）。这种理解，与第二章中学者们认为"功能"有着某些"生理特征"的解释基本一致，由此，某种"认识行动"与两个表格异质，自然可以充当两者间的"中介物"。后一种观点主要建立"功能"概念中所蕴含的"数学特征"上，凭借"函数"在动态行为与固定结构两方面的兼顾，使得"功能"概念能够游刃有余地在判断表与范畴表之间以两表各自性质的身份建立起二者的联系。具体来说，判断表中的"功能"代表着知性在判断中的形式，而范畴表中的"功能"指代了在知性下处理各认识对象的概念，传统逻辑对判断形式的要求是形式的、不涉及感性对象的静态结构，但综合判断的判断形式必然要涉及对认识的感性对象的处理，因而只有当判断结构有着动态的可能性时，才能够与纯粹知性概念之间发生对应关系，而"功能"概念的数学含义显然很好地解决了该难题。如此，才能宣称"为一个判断中的各种不同表象提供统一性的同一种功能，也为一个直观中的各种不同表象的纯然综合提供统一性"（A79/B104—105）。总之，将"功能"概念解释成两个表格之间的某种"第三者"的观点显然是不恰当的，因而判断表与范畴表之间的平行关系自然会被解释为需要其中的一方迎合另一方。如此，对于理解两表的关系而言，必然要讨论判断表与范畴表究竟是谁决定了谁这个问题。

二、从"应然的"与"实然的"视角对两表关系的说明

接下来将在前文所列举的三种观点的基础上,对判断表与范畴表之间的关系进行说明。之前谈到的对两表关系的三种不同理解,就其理论本身而言都有不同程度的合理性,尤其是都有康德的文本内容作为其思想依据。接下来围绕对上述理解的分析,实际上要解决的是如何正确理解康德的文本思想的问题,尤其是在不同的文本段落分别支持不同的观点这种情况。

在以上三种观点中,笔者最先指出第三种观点在其结论上的偏颇之处,但是该观点中的结论所依据的理论前提却是三种观点中最为确凿的,也就是说,判断表与范畴表间的对应关系或者说平行结构是由于它们出自"同一个功能"。虽然持该观点的学者受限于对"功能"概念的理解,从而得出了有些偏颇的结论,但是,将两表的对应关系明确建立在"功能"概念的基础之上这点,却是来自对康德文本的精确把握,为两表关系的讨论树立了最明确的文本基础。① 因而,第三种观点至少为两表关系的讨论确立了最为基本的前提,就是判断表与范畴表之间的对应关系,无论是认为判断表影响了范畴表的学者,还是认为范畴表影响到了判断表的学者,都必须承认该前提。对该前提的强调看上去似乎有些多余,但它其实避免了对两表关系的某些比较极端的理解,比如认为判断表只是对范畴表的单纯效仿因而不具有实际的理论意义这种观点。尤其是康德借助"功能"概念对两表对应关系的论述,说明了至少从理论角度而言,康德认为两个表格中的任一方都有其自身的理论价值。随后,第一种观点的立足点是"范畴的形而上学演绎"部分的文本,以该部分文本为基础,学者们认为康德从判断表推导出了范畴表。至少从表面上看,康德是将先验逻辑建立在传统形式逻辑基础之上的,因此根据传统

---

① 具体文本出处可参见上一小节的相关讨论及其脚注部分。

逻辑学对判断的分类构建出判断表，并依照第三种观点所确定的判断的功能与纯粹知性概念之间的对应关系，进一步推导出范畴表。相比之下，支持第二种观点的学者们则认为，是范畴表影响了判断表。部分学者指出，"范畴的形而上学演绎"部分从判断表推出范畴表只是康德表面的想法，他的真实想法是无法彻底考察清楚的，并且"思维的形成过程和表述进程可以完全相反"。① 虽然判断表与范畴表在逐步形成中两者间很可能会有一个相互交替多次而互相印证的过程，但判断表与范畴表在康德那里的"客观上"的关系是可以确定的。其文本依据主要出自康德在 B 版中的范畴的先验演绎部分，相关文本如下，"一切判断的逻辑形式在于其中所包含的概念的统觉的客观统一性"（B140），"一切杂多，只要在一个经验性直观中被给予，就都是就进行判断的种种逻辑功能之一而言被规定的，也就是说，被这种功能带给了一个一般而言的意识"，"但现在，范畴无非就是这些进行判断的功能，如果一个被给予的直观的杂多就这些功能而言被规定的话"，也就是说，"一切感性直观都从属于范畴，范畴是唯一能使感性直观的杂多聚集到一个意识中的条件"。（B143）以上文本都反映了如下思想，即判断的形式要以范畴所提供的这种统一性功能为可能条件。学者们认为，既然文本中也承认一切判断的形式都要以范畴所提供的这种统一性功能为可能条件，那么先验逻辑自然应该为形式逻辑奠基，范畴表也应该为判断表奠基。

　　用简单的句子归纳以上三种观点各自的基本立场：第一种观点，康德从判断表推导出了范畴表；第二种观点，范畴表是判断表之所以可能的前提；第三种观点，判断表与范畴表是对应的。表面上看，如果以上三种观点同时成立，就会产生如下这种看似有趣的描述，"形而上学演绎……的实质，是断定范畴对于思维的逻辑机能的奠基性作用，从而根

---

① 参见杨祖陶、邓晓芒《康德〈纯粹理性批判〉指要》，北京：人民出版社 2001 年版，第 114 页。

据这种机能的具体表现形式,即判断的类型推断出范畴的种类"①。如果范畴为思维的逻辑机能奠基,并且需要从逻辑的机能即判断的类型推断出范畴的种类,那么推导出范畴的种类的那些判断类型的客观性又是如何保证的呢,难道还需要那些从它们自身推导出的诸范畴再反过来证明它们的客观性么? 按照这种思路的话,就会有循环论证的嫌疑。由支撑以上观点的各处文本情况来看,第一种观点和第三种观点与对应的支撑文本都是更为直接相关的,相比之下,第二种观点的支撑文本就值得进一步讨论了。支持第二种观点的学者们声称,应当以范畴对于逻辑机能的奠基作用等文本(范畴的先验演绎部分)为主要参照,而判断表作为引出范畴表的导线等文本的说法(范畴的形而上学演绎部分)仅仅是康德为了表述上的便利,并不具有实际的"客观性",可见,该观点的确立引发了对康德不同出处的文本在理解上的矛盾状况。因此,我将重点对第二种观点及其文本依据进行考察。

第二种观点之所以为许多学者所接受,不仅仅在于"范畴的先验演绎"部分的文本,相当程度上也在于部分学者对康德判断表理论的某种偏见。他们认为,由于判断表在构成要素上与传统形式逻辑相比有着较大差异,在无法追溯其具体形成过程的情况下,该表格只是拙劣地模仿了范畴表,而康德是为了使自己的理论更为读者所接受等原因,才在文本写作中选择了从意味着传统逻辑的判断表推导出范畴表的说法。后一种原因也在实际上推动了部分学者对康德早期文献中相关文本的考察,比如前文提到的托尼利的文献整理,以及尝试以历史性考察为上述观点提供理论依据;但笔者通过前几章对判断表思想形成过程、构成要素的合理性等内容的讨论,已经证明了这种以历史视角反对判断表独立性的看法的偏颇之处。那么,接下来对第二种观点的考察,将主要围绕为该观点提供理论支撑的"范畴的先验演绎"部分的文本展开。在以该

---

① 参见钱捷《判断逻辑与康德的范畴形而上学演绎》,第 63 页。

部分文本为基础的情况下,第二种观点引发了《纯批》中两处文本在理解上的矛盾,尤其是有关两个表格"循环论证"的状况。假设康德在两处文本中的表述并没有冲突的情况,那么出现该状况最有可能的原因应当是该观点在理解两处文本时对判断表等核心概念在理解上产生了歧义。对比两处具体文本后笔者认为,有必要针对判断表与范畴表区分出"应然的"和"实然的"两种理解情况。第三章在讨论判断表的完备性问题时曾提到这种区分,康德在进入范畴的先验演绎部分之初就区分了两种情况,"法学家在谈到权限和僭越时,在一桩诉讼中把有关权利的问题[quid iuris(有何权利)]与涉及事实的问题[quid facti(有何事实)]区分开来,而由于他们对二者都要求证明,他们就把应当阐明权限或者阐明合法要求的前一种证明称为演绎"(A84/B116)。下文将借用康德在以上说明中所使用的区分,在之后的讨论中用"应然的"指代"有关权利的问题[quid iuris(有何权利)]",用"实然的"指代"涉及事实的问题[quid facti(有何事实)]"。

　　笔者认为,这两种对文本的不同的叙述、理解方式实际体现在康德讨论判断表、范畴表的文本中,比如同样是有关判断表的讨论,在"范畴的先验演绎"部分的文本应该更多从"应然的",即"有何权利"的角度去理解,而在"范畴的形而上学演绎"部分则应该更多从"实然的",即"有何事实"的角度去理解。康德在讨论范畴的先验演绎部分之初曾指出,"我把对先天概念能够与对象发生关系的方式的解释称为它们的先验演绎,并把它与经验性的演绎区别开来,后者表明的是通过经验和对经验的反思获得一个概念的方式,因而不涉及拥有得以产生的合法性,而是涉及其事实"(A85/B117)。在该表述中,康德区分了范畴的"先验演绎"与"经验性演绎",并认为两者应当分别对应于涉及"合法性"与涉及"事实"两种不同层面的讨论。笔者认为,此处"先验演绎"与"经验性演绎"的区分实际上分别指代了"范畴的先验演绎"与"范畴的形而上学演绎",而相应的两部分文本分别表达着与之对应的"合法性"与"事实"两方面的内容。

如此，回顾之前依据不同文本所讨论的判断表与范畴表关系的各观点：首先，由于第三种观点仅涉及两个表格之间的对应关系，因此不必再做具体讨论。其次，第一种观点所依据的文本主要出自范畴的形而上学演绎部分，其中的判断表是康德依据以往逻辑学家的现成讨论成果而制定出的，涉及具体的量、质、关系、模态，以及每个标题下的三个具体环节，因此，该观点中出现的判断表应当是"实然的"；而依据判断表与范畴表之间的对应关系推导出的，同样涉及具体的量、质、关系、模态，以及每个标题下的三个具体环节的这种范畴表同样也是"实然的"。最后，第二种观点的文本依据主要在范畴的先验演绎部分，该观点的形成实际上借助于康德的以下表述，即范畴是为判断的功能奠基的。借助于该表述，支持第二种观点的学者们通常会认为，由于判断表中的基本构成要素是判断的诸功能，而范畴表的基本构成要素是诸范畴，并且两者之间的各要素存在对应关系，那么自然可以由"范畴是为判断的功能奠基的"推论出这种观点。表面来看以上推论是没有问题的，然而，通过前述对"应然的"与"实然的"两方面的区分可知，康德在范畴的先验演绎部分所讨论的是纯粹知性概念有何权利的问题，因而是涉及"应然的"方面的，如此，"范畴是为判断的功能奠基的"同样是涉及有何权利的"应然的"方面的。由此看来，即便"范畴表是为判断表奠基的"这句推论成立，其中的"范畴表""判断表"也只能是具有"应然的"特征的。相比之下，康德依照范畴的形而上学演绎部分的思路所提出的判断表、范畴表则应当是他根据以往逻辑学家们的工作，以及自己所要讨论的问题而自己构造出来的，虽然康德在构建判断表时会尽可能做到客观完善，但显然仍无法摆脱个人的主观性，当然不会达到"应然的"程度，而只能是"实然的"。

综上可知，康德在《纯批》文本中实际上从两个方面讨论了判断表或范畴表，学者们在讨论两表关系问题时所持观点的不同，主要在于他们都仅注重了其中的某一方面。由此，按照上述对两表的"应然的"与"实然的"两种解读方式的区分,有关两表关系的前两个观点应该被重新表述为:第一种观点,康德是从实然的判断表推导出了实然的范畴表;第二种观点,应然的范畴表是应然的判断表之所以可能的前提。可见,重新解读后的两种观点不再是原本的矛盾关系,只是从两个不同的方面说明了判断表与范畴表的关系。①

第二节 判断表的结构性作用

判断表在康德哲学中发挥着两种作用:一种是作为发现纯粹知性概念的导线从而引出范畴表,可以被称作判断表的导线作用;另一种是为康德分析问题时提供固定的形式框架,这里也可以被称作判断表的结构性作用。严格来讲,判断表的导线作用也可以被归入其结构性作用,②但考虑到范畴表在康德先验哲学中的地位,尤其在强调"合法性"这种应然的语境下范畴表对于判断表的奠基作用,笔者认为对两表关系的讨论是理解判断表结构性作用的必要前提。

接下来将分两步讨论判断表在康德思想体系中发挥的结构性作用:首先,对康德文本进行整理考察,整理出判断表在其中发挥结构性作用的各具体文本;随后,以判断表与范畴表的关系问题为基础,对搜集到的文本中反映出的判断表的结构性作用展开讨论。

一、结构性作用在文本中的体现

虽然判断表最初是以推出各范畴的导线的身份出现的,甚至没有被

---

① 在有些学者的讨论中,判断表与范畴表的关系问题往往会被等同于"普遍逻辑(形式逻辑)"与"先验逻辑"的关系问题,但随着本书前几章对判断表思想与传统逻辑关系的澄清,普通逻辑与先验逻辑的关系应当被重新讨论,且新讨论必须基于此处对判断表与范畴表关系的阐明。笔者将在第五章涉及康德思想中逻辑与形而上学的部分,对普通逻辑与先验逻辑的关系进行具体讨论,此处就不再展开。
② 从强调事实情况的"实然的"角度而言。

给予正式的名称,但是,对康德思想进行全面了解后可以发现,判断表的作用似乎不仅仅局限于作为发现范畴表的导线。在对判断表的构成以及完备性的讨论过程中,学者们发现判断表的各标题以及标题下的各环节与康德文本中的某些内容之间存在着框架结构上的相似性。[①] 由判断表所带来的这种相似性通常有两种情况:一种表现为新的表格,主要是康德参照判断表中的各标题、环节,针对某些具体概念或问题给出相应的新的表格;另一种体现在具体的文本讨论中,是康德就某些话题进行解释说明时,以判断表中各标题、环节作为展开讨论的参照性框架。笔者将以上两种由判断表引出的康德其他部分文本内容与表格自身内容结构相似的情况,都归类为是受到了判断表的结构作用的影响。这种结构上的相似,实际上最早体现在范畴表部分,但由于两表间相互关系的特殊性,在之前也已经对两表关系进行了单独讨论,因此康德在形而上学演绎部分提出的判断表、范畴表,此处就不再重复。[②] 除了范畴表部分,《纯粹理性批判》的其他部分文本乃至于《纯批》之外的其他文献中,都同样出现了判断表所发挥的结构性作用。因此,接下来进行具体文本考察时,考察范围将不仅限于《纯粹理性批判》,还将对康德另两部代表性文献——《实践理性批判》《判断力批判》——中的相关段落进行考察。

在《纯粹理性批判》中,判断表和范畴表的影响几乎随处可见,类似情况多出现在康德需要就某个具体概念或问题展开论述时,也就是上述的第二种情况。值得注意的是,判断表在《纯粹理性批判》中的这种结构性影响并非是在各文本中随意出现的,实际上呈现出贯串先验逻辑体系

---

① 在具体文本中也会出现其内容与范畴表更为相似的情况,此处考虑到涉及表中各具体范畴的"实然的"范畴表也是受到"实然的"判断表的影响,因此暂且笼统称作来自判断表的结构性作用。至于这种结构相似性究竟来自判断表还是范畴表,或者说哪些来自判断表,哪些来自范畴表等问题,将在下一小节中结合各章节具体内容另做讨论。

② 在《未来形而上学导论》中,康德同时列举了具有相似结构的"逻辑的判断表"、"先验的知性概念表"以及"纯粹自然学的自然科学普遍原则表"。参见康德《未来形而上学导论(注释本)》,李秋零译注,北京:中国人民大学出版社 2013 年版,第 45—46 页。

始终的状况。接下来将列举那些比较典型的章节内容。

在"先验分析论"中原理分析中的图型法部分,康德在对先验图型进行初步说明后声称,"我们宁可按照范畴的秩序并与范畴相结合来阐述这些图型"。随后他依次讨论了知性概念的量的图型,实在性与否定性范畴的图型,实体的图型,一般事物的原因和因果性的图型,共联性(交互作用)的图型,可能性的图型,现实性的图型,必然性的图型等,并从量、质、关系、模态四个标题出发对相应图型进行了概括。最后他指出,"图型无非就是按照规则的先天时间规定,这些规则按照范畴的顺序,关涉到就一切可能对象而言的时间序列、时间内容、时间顺序,最后还有时间总和"。(A142—145/B182—185)虽然康德在上述说明中并没有提到量标题下三个范畴所对应的图型,也没有提到限定性范畴所对应的图型,但可以确定的是,康德对图型的论述显然是借助于范畴表的结构的。

在"先验分析论"中原理分析中的纯粹知性的原理体系部分,康德给出了纯粹知性的原理表:"1.直观的公理;2.知觉的预先推定;3.经验的类比;4.一般经验性思维的公设"(A161/B200)。① 在给出该表格之前,康德就强调了范畴表对该原理表的影响。"我们的范畴表毫无疑问必然为我们提供自然的和可靠的引导⋯⋯将为此完备地并且在一个体系中展示知性应用的一切先验原理"(A148/B187—188)。"范畴表给我们提供了原理表的完全自然的指示,因为后者毕竟无非是前者的客观应用的规则"(A161/B200)。可见,这个原理表也是依照范畴表的结构展开的。在对原理的具体说明中,范畴表的这种结构性作用同样得到了体现。然而,在对各公理的具体讨论中,各标题下的三个(对)范畴都被应用到分析中的只有"原理 3.经验的类比"和"原理 4.一般经验性思维的公设"。其中,"原理 3.经验的类比"对应于关系的范畴,其中的第一类比"实体的

---

① 对康德原文中呈菱形分布的原理表,此处采用加序号"1.""2.""3.""4."的方式编入文本,后文对相似表格采用相同处理方式,不再重复说明。

持久性的原理"涉及"实体与偶性"这对范畴,第二类比"根据因果性规律的时间相继的原理"涉及"原因与结果"这对范畴,第三类比"根据交互作用或者共联性规律并存的原理"则涉及"共联性"范畴(A176—218/B218—265);而"原理4.一般经验性思维的公设"所具体展开讨论的三条公设,"凡是与经验的形式条件(按照直观和概念)一致的,就是可能的","凡是与经验的质料条件相关联的,就是现实的","凡是其与现实的东西的关联被按照经验的普遍性条件规定的,就是必然的(必然实存的)"(B265—266),分别与模态的范畴下的三对范畴"可能性—不可能性""存在—不存在""必然性—偶然性"依次对应。但是,在讨论"原理1.直观的公理"时,仅提到广义的量的范畴,"单一性""复多性""全体性"范畴并没有得到体现(B203—207);在讨论"原理2.知觉的预先推定"时,涉及质的范畴,具体内容中虽然使用了"实在性""否定性"范畴,但没有出现"限定性"范畴(B208—218)。总体而言,在原理论部分康德对各原理的具体论述同样也是借助于范畴表的结构的。

在"先验辩证论"部分,康德首先将这种辩证论分为两个部分,认为"第一部分应当探讨纯粹理性的超验概念,第二部分探讨纯粹理性的超验的且辩证的理性推理"(B366)。在"先验辩证论"的第一部分,对康德就先验理念以及展开讨论的情况进行分析后会发现如下问题:虽然康德总是预先声称各先验理念与范畴表之间存在的对应关系,比如"知性凭借范畴表现出来的关系有多少种类,就会有多少个纯粹的理性概念"(B379),"纯粹理性概念……是按照范畴的导线前进的"(B392—393)这种说法,但是,在康德随后的展开说明中,与先验理念相关的却是判断表关系标题下的定言的、假言的、选言的三个环节,比如"一个主体中定言综合的无条件者","一个序列的各个环节的假言综合的无条件者","一个体系中的各个部分的选言综合的无条件者"这些表述(B379),以及后一段文本中出现的"定言理性推理所使用的同一种功能的综合应用才必然地达到思维主体的绝对统一的概念","假言理性推理中的逻辑程序如何必然导致种种被给予的条件的一个序列中的绝对无条件者的理念"，"选言理性推理的纯然形式如何必然导致关于一个一切存在者的最高理性概念"等描述（B392—393）。可见，虽然康德声称先验理念的推出与范畴表相关，但在涉及综合、推理种类等问题时，仍然需要借助于判断表关系条目下的定言的、假言的、选言的三个环节。

在"先验辩证论"第二部分讨论纯粹理性的辩证推理的章节中，康德声称，"这些辩证的理性推理就只有三种，恰如其结论所导致的理念那么多"（B397—398）。在随后的展开论证中，康德从前面得出的三类理念出发，进一步推出了相应的三种辩证的理性推理，并依照上述三类理念的顺序将这三种辩证的理性推理或理性在该推理中的状态依次称作"纯粹理性的谬误推理"、"纯粹理性的二论背反"和"纯粹理性的理想"。首先，康德在"纯粹理性的谬误推理"部分主要讨论的是理性的灵魂说。他认为对理性灵魂学说的讨论"只能跟随范畴的导线"，该学说可能包含的内容都可以从它的位置论推导出来，该位置论表述如下：1.灵魂是实体；2.灵魂在其质上是单纯的；3.灵魂就其所在的不同时间而言是数目上同一的，亦即单一性（非复多性）；4.灵魂处在同空间中可能的对象的关系中。康德认为，仅仅通过对以上所列举要素的组合，就能产生出纯粹的灵魂说的所有概念。（B402）其次，康德在"纯粹理性的二论背反"部分主要讨论的是宇宙论理念。康德指出，"当人们挑出在杂多之综合中必然导致一个序列的那些范畴时"，依照范畴的四个标题就有四个宇宙论的理念，分别是：1.一切显象的被给予的整体之组合的绝对完备性；2.显象中一个被给予的整体之分割的绝对完备性；3.一个一般显象之产生的绝对完备性；4.显象中可变化者之存在的依赖性的绝对完备性。（B442—443）最后，康德在"纯粹理性的理想"部分的讨论，并没有借助范畴表的结构性作用，而是以选言推理作为切入点，并将讨论与谓词联系起来。"理性把先验理想奠定为它规定一切可能事物的基础所凭借的应用，就类似于它在选言的理性推理中行事所遵循的那种应用"，理性为此"并不预设这样一个符合理想的存在者的实存,而是仅仅预设它的理念"(B605),"就它无条件的完备性而言通过一切谓词来规定它。这样一个存在者的概念在先验的意义上来说就是上帝的概念……纯粹理性的理想就是一种先验神学的对象"(B608)。康德随后区分了三种上帝存在证明的可能方式,分别是自然神学的证明、宇宙论的证明、本体论的证明,其中的本体论的证明由于是"先验的概念引导着理性",因而被称作"先验的证明"(B619)。表面上看,康德论述本体论证明时并没有借助于范畴表或者判断表,但在实际讨论中他是以判断的"S 是 P"结构作为基础展开讨论的。康德通过区别分析判断与综合判断推出了判断中的逻辑的谓词与实在的谓词(即一个事物的规定)之间的差别,并认为"'是'显然不是实在的谓词,也就是说,不是关于可以加给一个事物的概念某种东西的一个概念。……在逻辑应用中,它仅仅是一个判断的系词"(B626)。可知,虽然并没有具体涉及判断表中的具体标题和各环节,但在以上讨论中,对分析判断与综合判断的区分,以及上述两种判断中的"是"的作用等,都是与判断表中各环节的形式结构紧密相关的。

在《实践理性批判》中,最能体现出判断表或范畴表结构性作用的,就是康德所列举的"就善与恶而言的自由范畴表"。①

表 4.1　就善与恶而言的自由范畴表

1. 量	主观的、按照准则的(个体的执意)	客观的、按照原则的(规范)	既是先天客观的又是主观的自由原则(法则)
2. 质	践行的实践规则(praeceptive)	制止的实践规则(prohibitivae)	例外的实践规则(exceptivae)
3. 关系	与人格的关系	与个人状态的关系	个人对其他个人的状态的交互关系
4. 模态	允许的事和不允许的事	义务和违背义务的事	完全的义务和不完全的义务

---

① 参见康德《实践理性批判》,邓晓芒译,杨祖陶校,北京:人民出版社 2003 年版,第 90—91 页。

这里不再就表格中的各具体要素进行解释说明,而是要讨论如下问题:既然《实践理性批判》中给出的表 4.1,也是"就善与恶而言的自由范畴表",在结构上与《纯粹理性批判》中的判断表、范畴表有非常高的相似度,那么自由范畴表是直接以范畴表为基础推导出来的,还是以判断表为基础推导出来的? 康德将该表称作"就善与恶而言的自由范畴表",其中的要素自然是各自由范畴,如果仅从自由范畴表中的具体要素来看,该表格与《纯粹理性批判》中的范畴表的相似度是更高的。比如关系标题下的"交互关系"、模态标题下采用三对范畴的形式等,这些明显更接近于范畴表而不是判断表,但仅就这些内容并不能证明自由范畴表是直接以范畴表为基础推导出来的。从康德对纯粹知性概念与自由范畴的对比说明可知,康德认为善和恶的概念是以纯粹实践原则为前提的,因而从根源上讲与纯粹知性概念或被理论地运用的理性的范畴不同;与此同时,他又不得不承认实践理性的诸规定也要符合知性范畴,虽然不是为了知性的某种理论的应用。① 由此,仅从自由范畴表与《纯粹理性批判》中的范畴表在内容上的相似性出发,或许无法否认康德在构建自由范畴表时曾参照了《纯粹理性批判》中范畴表的某些要素这种可能性,但从康德对纯粹知性概念与自由范畴的对比说明出发,并不能明确断定自由范畴表与《纯粹理性批判》中的范畴表之间存在一方推导出另一方的关系。同时,虽然不排除康德在实际操作中参照范畴表构建出自由范畴表的可能性,但从理论的严谨性出发,自由范畴表同样也可以是从判断表推导出来的。并且这种观点具有两处优势:一方面可以完美地解释范畴表与自由范畴表的相似性,因为后两个表格都是从判断表推导出来的;另一方面又顾及了范畴表与自由范畴表之间的差异性,这种差异性使得两个表格之间需要有某种共同的基础,而判断表恰好可以充当这种角色。如果依照两表内容实际上的相似,认为自由范畴表是从范畴表推

① 参见康德《纯粹理性批判》,第 88—89 页。

导出来的,同样意味着自由范畴表间接来自判断表,如此,判断表可以被视为依然发挥着它的结构性作用。但是,仅从理论层面出发,出于以上两种理论解释上的优势,笔者更倾向于认为自由范畴表是从判断表直接推导出来的。

在《判断力批判》中,最能体现出判断表或范畴表结构性作用的文本,是第一部分讨论审美判断力时的"美的分析论"章节。在该部分内容中,康德对美的分析因循了四种契机:第一契机,即鉴赏判断按照其质来看的契机,并从中推出对美的说明,即鉴赏是通过不带任何利害(Interesse)的愉悦或不悦而对某个对象或某种表象方式作评判的能力,这样的愉悦的对象就叫作美的;第二契机,即鉴赏判断按照其量来看的契机,并从中推出对美的说明,即凡是没有概念而普遍令人喜欢的就是美的;第三契机,即鉴赏判断按照它里面所观察到的目的关系来看的契机,并从中推出对美的说明,即美是某个对象的合目的性形式,如果该形式没有一个目的的表象而在对象身上被知觉到的话;第四契机,即鉴赏判断按照对对象的愉悦的模态来看的契机,由之得出对美的说明,即凡是没有概念而被认作一个必然愉悦的对象的就是美的。① 仅从以上材料人们只能看出,康德对该部分内容的展开讨论显然借鉴了判断表或者范畴表的结构。问题在于,这种结构究竟直接来自范畴表还是判断表?康德认为,鉴赏是评判美的能力,这种判断力在其反思中所注意到的那些契机是他根据判断的逻辑功能的指引来寻找的。② 至此已经很明确,康德在《判断力批判》中"美的分析论"部分所给出的分析结构受到了判断表的直接影响。

二、对判断表结构性作用的阐明

上述被列举的文本涉及《纯粹理性批判》《实践理性批判》《判断力

---

① 参见康德《判断力批判》,第45—81页。
② 参见康德《判断力批判》,第37页脚注1。

批判》等三部主要作品，这些文本所具有的共同特征就是：在展开某个新领域的讨论，或者分析某个问题时，会在考虑到该科学或该问题的特殊性的前提下，参照四类标题或者 12 个环节（判断形式、范畴）推导出相应领域的结构体系或者相应问题所涉及的不同方面。被用于参照的只是四类标题或者 12 个环节，而康德以这种方式展开新领域或者分析某个问题时，也并非总是说明这种结构的直接来源。因此，分析上述文本中的这种结构性作用，需要澄清如下问题：出现结构性作用的这些文本究竟哪些受到范畴表的直接影响，哪些受到判断表的直接影响？

　　总体而言，学者们讨论上述问题形成的观点可以分为两种。一种观点认为上述文本中出现的结构性状况是直接受到了判断表的影响，比较有代表性的学者有柯亨、布兰特。其中，柯亨认为知性原理体系其实是依照判断表的各标题及其环节建构出来的，因而体系的完善才能够反映出表格中各标题的完备性。① 相比之下，布兰特从判断表本身的逻辑特征出发，认为《纯粹理性批判》的体系结构是依靠判断表中所包含的逻辑要素的，在判断表量、质、关系三种标题所构成的完整性系统的基础上，② 他认为表格中量、质、关系等前三种标题的关联与整个《纯粹理性批判》的结构是相对应的，其中与量的标题相联系的普遍逻辑中的概念能够在范畴中找到相似情况，与质的标题相联系的普遍逻辑中的判断能够在各种原理中找到相似情况，与关系标题相联系的普遍逻辑中的理性推理能够在辩证论部分找到相似情况，而模态标题可以在方法论部分找到相似情况。由此，布兰特认为，如果没有判断表所提供的结构，那么《纯粹理

---

① 柯亨在讨论判断表的完备性时曾指出，通过列举出的知性原理体系，判断表的所有标题才能够被完备地推出，随后由判断表我们才能成功地获得那些纯粹知性概念也就是范畴表。具体内容可参照第三章以文本解释方式进行的间接性证明部分的讨论。

② 布兰特将判断表的量、质、关系等前三个标题与概念、判断、推理联系了起来，认为判断表包含了构成普遍逻辑的所有要素，并建议将模态标题下的或然判断归结到量之上，实然判断归结到质之上，必然判断归结到关系之上，从而使判断表的系统完整性被直观地阐明。

性批判》整体的逻辑就会分崩离析。① 总体来说,该观点的根本立场是判断表应当优先于范畴表,并与康德先验哲学体系有着直接关联。而从布兰特的表述可以看出,学者们支持该观点的深层原因主要在于判断表与传统逻辑的关系,尤其是量、质、关系等标题与普遍逻辑中概念、判断、推理的比较自然的关联等。然而问题在于,判断表本身显然无法包含构成普遍逻辑的所有要素,比如在布兰特的讨论中,这种包含仅仅是将判断表前三个标题与概念、判断、推理进行了简单关联,当判断表被具体对应到康德的先验哲学体系时,真正被提及的仅仅是普遍逻辑下的概念、判断、推理等,却并不能看到各标题下具体环节所发挥的作用。因此,这种观点实际上所指代的并不是《纯粹理性批判》的结构体系受到判断表的影响,而应当是受到了普遍逻辑的影响。②

另一种观点则认为上述文本中出现的结构性状况是直接受到范畴表的影响,持该观点的代表学者是洛伦茨(Gisela Helene Lorenz)。洛伦茨认为,康德将《纯粹理性批判》中的工作视为"一个关于方法的协约(Traktat),而不是一个科学体系自身"③,这种方法式的行为在《纯批》中以两种方式发展出来:一是给出并证明这种哲学的要素;二是构造出这种哲学的一个系统模型,并考察其就《纯粹理性批判》所涉及的问题领域而言的合适性。他认定,这种系统的模型就是纯粹知性的范畴表,而在《纯批》中范畴表是从判断中的逻辑形式的表格得出的。④ 如此,相比于

---

① cf. Reinhard Brandt, *Die Urteilstafel. Kritik der reinen Vernunft A 67 –76; B92 –101* , Hamburg: Felix Meiner Verlag (Reihe: Kant-Forschungen Bd. 4), 1991, S. 71, 84, 72.

② 虽然人们无法忽略判断表是以普遍逻辑作为基础,但普遍逻辑却无法代表整个判断表,两者并非是简单的对等关系。此外,笔者在本小节随后的讨论中也会借助普遍逻辑的某些观点,但在所涉及各章节的细节划分上显然要复杂得多。

③ 洛伦茨引自《纯粹理性批判》第二版前言(BⅩⅩⅡ),邓晓芒教授也对该问题有过讨论,参见邓晓芒《康德〈实践理性批判〉中的自由范畴表解读》,载《哲学研究》2009 年第 9 期。

④ cf. Gisela Helene Lorenz, *Das Problem der Erklärung der Kategorien. Eine Untersuchung der formalen Strukturelemente in der "Kritik der reinen Vernunft"*, Berlin / New York: Walter de Gruyter, 1986, S. 196, 203.

前一种观点而言,判断表中的各标题、环节同样发挥了作用,是真正由判断表而不是普遍逻辑所产生的作用。此外,洛伦茨在强调《纯粹理性批判》的体系结构是依靠范畴表才得以展开的同时,也强调判断表是作为发现纯粹知性概念的导线而存在的,如此,在实际上建立起《纯批》中频繁出现的依照判断表或者范畴表所列出的文本内容与判断表中各要素之间的关联,虽然这种关联要经由范畴表作为中介,相比之下,第一种观点中判断表则仅能影响到《纯粹》在总体结构上的章节设置。总之,从上文的讨论可知,洛伦茨认为在《纯粹理性批判》中起到最直接的结构性作用的是范畴表,而由于范畴表是由判断表推导出来的,因此判断表只具有间接的结构性作用。这种观点的优点在于,确实将判断表中的各具体要素对《纯批》的影响表现了出来,但这也是建立在范畴表的中介作用上的。

然而,通过对前述表现出结构性作用的各具体文本的分析可知,这些结构性作用的直接来源似乎并非上述两种观点所表述的那样,所有的相关文本都是要么全部受判断表的直接影响,要么全部受范畴表的直接影响,因此应当结合不同文本的不同情况进行分析。在《纯粹理性批判》中,涉及这种结构性作用的文本集中在先验逻辑部分,包括先验分析论(1)①、先验辩证论(2)。先验分析论部分涉及概念分析论(1.1)、原理分析论(1.2)。其中,概念分析论部分确立了判断表,并从判断表推导出范畴表;原理分析论部分主要涉及"纯粹知性概念的各图型""纯粹知性的诸原理",两者都是受范畴表影响建立起来的。先验辩证论部分涉及纯粹理性的超验概念(2.1)、纯粹理性的辩证推理(2.2)。在纯粹理性的超验概念部分(2.1),实际上是受判断表影响而推导出三个先验理念的;②纯粹理性的辩证推理部分(2.2)涉及"纯粹理性的谬误推理"(2.2.1)、

---

① 列举数字符号是为便于识别以下各部分内容的包含关系。

② 虽然康德声称先验理念是与范畴表相关的,但是在推导出三个先验理念时却借助于判断表关系标题下的定言的、假言的、选言的三个环节。

"纯粹理性的二论背反"(2.2.2)、"纯粹理性的理想"(2.2.3),前两者受到范畴表的影响,而"纯粹理性的理想"部分则是借助于选言判断展开的论述。表面上看,判断表只在概念分析论部分直接推导出了范畴表,在随后的其他部分都是由范畴表直接发挥结构性作用的,但是,如果人们留意到先验理念部分、理性推理中的"纯粹理性的理想"部分其实是受到判断表中要素的影响时,那么,在先验逻辑部分判断表的结构性作用仅仅是推出范畴表这种观点就值得商榷了。如此说来,在先验逻辑体系中究竟哪些情况是直接由判断表发挥作用,哪些情况是直接由范畴表发挥作用的?虽然有着同样的四个标题、每个标题下三个环节的结构,但判断表与范畴表在具体各环节内容上的差异还是比较明显的,通过对各处文本自身结构中术语使用特征的把握,能够比较轻易地确认该处文本的直接影响来源究竟是判断表还是范畴表。比如前面提到的康德在理性灵魂学说部分的表述如下:1. 灵魂是实体;2. 灵魂在其质上是单纯的;3. 灵魂就其所在的不同时间而言是数目上同一的,亦即单一性(非复多性);4. 灵魂处于同空间中可能的对象的关系中。其中的"实体""单一性"等用语与范畴表中的要素最为接近,因而是直接受到范畴表的影响。① 以各处文本自身结构中术语的特征与两表术语的对比结果来看,判断表发挥影响的文本部分集中于先验分析论中的概念分析论、先验辩证论中纯粹理性的超验概念部分、纯粹理性的推理中的纯粹理性的理想,相比之下,其余部分都是直接受范畴表影响的。

至于以上这种文本分布状况所蕴含的规律,可以从康德的先验逻辑在其结构上与普遍逻辑的概念、判断、推理的对应关系这种视角进行分析。在《纯批》中,康德曾指出普遍逻辑与高级认识能力是一致的,高级认识能力有知性、判断力和理性,普遍逻辑就相应地探讨概念、判断和推理(A131/B170),由于先验逻辑是以普遍逻辑作为基础的,因此在先验

---

① 其余文本部分的对比皆采用这种方法,此处不再一一说明。

逻辑之中,普遍逻辑中的概念对应于范畴,普遍逻辑中的判断对应于各种原理,普遍逻辑中的理性推理对应于辩证论部分。[①] 依此,可以大体上将概念分析论部分(1.1)视为对先验逻辑中"概念部分"的讨论,将原理分析论部分(1.2)视为对先验逻辑中"判断部分"的讨论,而将先验辩证论部分(2)视为对先验逻辑中"推理部分"的讨论。然而,在涉及"推理"的先验辩证论中仍然有与"概念"相关的纯粹理性的超验概念(2.1),以及纯粹理性的推理中的纯粹理性的理想(2.2.3)两部分。可见,受判断表直接影响的三部分内容都是与"概念"有关的。相比之下,直接受范畴表影响的主要涉及"判断""推理"中排除了"概念"的部分,即某种"关系"(Relation),在"判断"中表现为不同概念间的"关系",在"推理"中表现为不同判断间的"关系"。总之,无论在先验分析论部分还是先验辩证论部分,与"判断""推理"有关的章节都是首先以有关"概念"的章节为基础展开的,在这些章节中的结构性作用也是直接受判断表影响的。可见,以往认为判断表的作用仅仅是推导出范畴表,因此在《纯批》中只能发挥间接性作用的观点是站不住脚的。按照这种理解,《实践理性批判》中的"自由范畴表"同样是涉及"概念"的讨论,因此也应当是直接受到判断表的影响;而在《判断力批判》中,康德也已经明确指出了判断表在美的分析中所发挥的结构性作用。至此,依靠在"概念""判断""推理"基础上所得出的"概念"与"关系"[②]的区分,笔者将出现结构性作用的这些文本中所讨论的话题,与"概念"相关的则认定为是直接受到判断表的影响,与"关系"相关的则认定为是直接受到范畴表的影响。当然,在已经论证了判断表是作为范畴表的导线的前提下,那些直接受到范畴表影响的体现出结构性作用的文本,仍然是间接地受到判断表影响的,而且后一种影

---

① cf. Reinhard Brandt, *Die Urteilstafel. Kritik der reinen Vernunft A 67 –76；B92 –101*, S. 72.
② 具体包含"概念与概念间的关系"和"判断与判断间的关系"两种情况,对应的《纯批》中的具体文本章节可参照前文列举情况。

响是更为根本性的。

至此,通过本章对判断表与范畴表的关系、判断表在康德思想中的结构性作用等内容的讨论,笔者已经比较清楚地说明了判断表在康德哲学中的地位以及所发挥的作用。接下来还须讨论的问题是:判断表在康德哲学中之所以具有这样的地位,能够发挥这种结构性作用的根据究竟是什么? 也就是说,既然判断表自身结构以结构性作用的方式被应用于康德思想中各问题的讨论,那么这种做法的合理性是从何而来的呢?

依照本章第一节中对判断表与范畴表关系的讨论结果,应该会有"应然的"与"实然的"两种不同解释思路。从"应然的"视角出发,范畴表被视为判断表之所以可能的基础,而康德则是通过范畴的先验演绎论证了诸范畴的合理性根基,那么,在判断表发挥其结构性作用时,实际上是依靠范畴表保证了其所发挥的结构性作用的有效性。但是,这种观念的根本弊端在于,在这种应然视角下得到有效性保证的判断表其实也仅仅是"应然的"表格,这种表格不可能出现具体的量、质、关系、模态四类标题以及各标题下的具体环节,因为这些具体的标题与环节都难以避免受个人经验影响。然而,如果以牺牲这些掺杂了主观经验因素的具体标题与环节为代价,那么判断表也就仅仅只余下一个应然的理想模型而已,这种空洞的理想显然是无法实现其对康德思想中各处文本的结构性影响的,因为这些结构性影响最直接的体现就是文本自身内容结构与判断表中具体的各标题、环节的相似。从"实然的"视角出发,判断表是作为范畴表的导线而存在的,这种解释方式确实满足了判断表、范畴表中各具体标题、环节在各文本结构性作用中的参与,但是该解释方式使得判断表只能从范畴表以外寻找其结构性作用的有效性来源。

经过之前各章节的讨论,已经明确本书中所讨论的判断表主要是那个包含着具体各标题、环节的"实然的"表格,因而只能在范畴表之外寻找其结构性作用的有效性来源。有些学者将判断表结构性作用的有效性归结到传统逻辑,毕竟康德是从与他同时代的逻辑学家现成的逻辑学成果中构造出判断表的。但正如笔者曾论证过的,判断表是针对综合判断而不是分析判断所设立的表,它所包含的要素并不仅限于传统逻辑,因此,单纯以传统逻辑作为判断表结构性作用的有效性保证显然是不够的。在传统逻辑无法提供有效性基础的情况下,有些学者认为康德的判断表并不是逻辑研究,而是语法或认识论的研究,[①]因此,判断表应当以日常语言中的语法结构为基础。这种观点的问题在于,与康德同时代的学者中也有借助于语法结构对判断进行划分的,但多数划分结果却并不尽如人意。比如,豪克曾指出,鲍姆加登对复合命题所做的区分是"按照单纯的语法观点"所进行的划分,并且这种区分并没有为该问题的讨论提供任何实质上的新见解,而洛夫乔伊认为沃尔夫学派的逻辑学家们对判断所做的划分之所以出现如此明显的琐碎的情况,就是由于他们划分的基础是单纯语法性质的复合物中的非逻辑的部分。[②] 形成如此境况的关键在于,日常语言的语法结构自身具有的更为明显的经验性特征,显然是无法为判断表的结构性作用提供有效性基础的。

　　笔者认为,判断表在康德思想中的结构性作用的有效性基础仍然需要依靠传统逻辑的参与,作为"实然的"判断表,其中判断的基本结构以及表格中的具体各标题、环节显然都是来自传统逻辑思想的影响。前几章的讨论也已经体现出这一点,比如,虽然康德判断表中各要素的基本判断结构已经从分析判断的"S 是 P"结构转变为综合判断的"a - b - x"结构,但后一种结构实际上是以传统逻辑的"S 是 P"结构为基础,并结合综合判断相对于分析判断的额外特性发展而来的。此外,判断表中的各

---

① cf. Michael Wolff, *Die Vollständigkeit der kantischen Urteilstafel. Mit einem Essay über Freges "Begriffsschrift"*, Frankfurt am Main: Klostermann, 1995, S. 197; Kurt Mosser, "The Grammatical Background of Kant's General Logic", *Kantian Review* 13 (1):116 - 140 (2008); Robert Hanna, "Kant's Theory of Empirical Judgment and Modern Semantics", *History of Philosophy Quarterly*, Vol. 7, No. 3 (Jul., 1990), pp. 335 - 351.

② cf. P. Hauck, "Die Entstehung der kantischen Urteilstafel", *Kant-Studien* 11 (1 - 3), 1906, S. 202; O. Lovejoy, "Kant's classification of the forms of judgment", *Philosophical Review* 16 (6), 1907, p. 598.

要素也是以传统逻辑为基础逐步发展出《纯批》中的量、质、关系、模态四类标题以及每标题下的具体三个环节的。不同于其他逻辑学家在判断种类划分时单纯对语法规则的过度依赖,康德判断表中最初选择的要素是符合逻辑学要求的,另一部分要素则是结合综合判断对感性对象的要求,以逻辑学为基础尽可能客观地推导出来的,比如,符合传统逻辑的要素主要是肯定的、否定的、全称的、特称的等,而康德依照综合判断的需求添加的要素主要是定言的、假言的、选言的等。但是,从康德在判断表中对各要素的选择以及基本判断结构的变迁可知,论证判断表结构性作用的有效性基础时仅仅依赖传统逻辑显然是不够的,而是要把握住康德从传统逻辑逐步构建出他的先验哲学的过程中所坚持的核心思想,尤其是在该过程中判断表思想所发挥的作用,如此才能保证表格在康德思想中的结构性作用的有效性。这项工作所要求的内容其实在前几章的讨论中都已经有所涉及,只是可以更有线索性地说明这些内容本身所具有的更深层的价值,也就是判断表思想是如何推动康德哲学从逻辑向形而上学过渡的。只要成功阐明判断表在该进程中确实发挥了作用,那么,该表格对康德哲学思想的结构性作用的有效性自然是毋庸置疑的。

第五章　判断表：从逻辑到形而上学

经过前几章对判断表尽可能全面的讨论，相信已经能够使人接受笔者在导言部分所宣称的判断表相对于范畴表的思想独立性的观点，并能逐渐使人意识到康德的判断表思想①其实并非局限于一个简单的表格，而是包含着传统逻辑在具体判断形式等方面提供的理论积淀，以及康德在《杜伊斯堡遗稿》（下文中简称《手稿》）中就已出现的对综合判断基本结构的创建等思想内容。可以说，《纯粹理性批判》中出现的那个表格仅仅是康德判断表显露在水面上的"冰山一角"，而暗涌在水面之下的更大的山体才是判断表思想的全貌。然而，由于对《手稿》等文献研究发掘的不足，以及康德在《纯批》中有意识地淡化与判断表思想相关的背景性内容，使得判断表的思想全貌被逐渐埋没，《纯批》中那个失去了"水面之下"根基的表格在大多数学者眼中也就沦为了范畴表的附庸。但是，既然前几章的讨论已经证实了《手稿》中的内容在构造、理解判断表思想时

---

① 需要补充说明的是，我使用"判断表思想"这种表述时通常是为了强调与作为单纯表格的"判断表"的对比。在不强调这种对比时，"判断表"这种表述是可以同时表示"单纯的表格"与"判断表思想"的，具体依照语境而定。

的必要性,那么接下来自然可以通过文本的分析比较,还原出判断表思想在康德的《纯批》中逐渐被掩盖的关键性作用,也就是判断表思想与"先天综合判断"之间的紧密关联。[①] 至此可知,判断表思想在康德从传统逻辑阶段向先验哲学阶段的进展中扮演着极为关键的角色,而判断表在上述过程中发挥作用的过程,其实质不过是自亚里士多德时就已出现的以逻辑为基础建构出相应的形而上学思想的过程,或者说,判断表思想为康德"重建形而上学"提供了相应的逻辑基础。

第一节 判断表与先天综合判断

康德构建判断表的动机,通常会被解释成是为了引导出范畴表,或者说他是为了在讨论具体问题时得以参照表格的具体结构,然而,上述两种动机虽然都可以被视为判断表发挥作用的情况,而且都有着比较明显的文本支撑,但仅从理论层面出发,以上两方面仍然称不上康德构建判断表的直接动机。康德构建判断表的直接理论动机,正是由于《杜伊斯堡遗稿》中的思想未被充足发掘,以及他在《纯粹理性批判》A、B 两版中所做的改动而被掩盖了起来,被掩盖的关键内容就是判断表与先天综合判断之间的关联。也就是说,康德构建判断表的直接理论动机,是提出并解决"先天综合判断何以可能"这个《纯批》的总问题,至于引导出范畴表或者发挥结构性作用等,都是在回答该总问题的框架之下进行的。也正因此,判断表与先天综合判断间关联的被遮盖,直接导致了判断表在"范畴的形而上学演绎"部分出现时的突兀感,其有效性基础也备受质疑。当然,有些学者也已经意识到先天综合判断与判断表之间的关联,比如柯亨曾指出,康德是从对先天综合判断的思考中获得的判断表,而

[①] 该工作如果能顺利完成,前一章提到的判断表在康德哲学中的结构性作用的有效性问题自然就迎刃而解了。

那些判断也就构成了纯粹知性的原理体系。^①　由此,纯粹知性的原理体系中"诸原理的系统统一性"既然是对《纯批》总问题所做回应的真正有条理的展开,^②那么自然也为判断表的完备性提供了依据。然而,有些持反对意见的学者,比如赫费就认为,只是在范畴被康德提出后才发展出上述原理体系,并且应当是以范畴理论而不是判断表为基础。^③可见,即便柯亨正确地指出了判断表与先天综合判断之间的关联,并借助这种关联揭示了判断表对《纯批》中各原理体系的影响,但是,在没有足够文本支撑的情况下,判断表的地位在赫费等其他学者的观念中仍旧会比较轻易地被范畴表取代。因此,接下来首先要通过对文本的比较、分析,还原出判断表在《纯批》中被掩盖的与先天综合判断之间的紧密关联。

一、对不同版本与出处的文本考察

此处着重考察的主要是 1781 年出版的《纯粹理性批判》"第一版"(也被称作"A 版")以及 1787 年出版的"第二版"(也被称作"B 版")中的相关文本,此外也兼顾康德于 1783 年出版的《未来形而上学导论》(也被简称作《导论》)中的有关内容。从《纯批》B 版以及《导论》中的文本内容来看,分析判断与综合判断的区分以及先天综合判断等部分的内容,似乎与判断表之间并没有明显的直接关联。但是,如果将《纯批》A 版中的相关文本与 B 版以及《导论》中的文本进行对比时,则会发现某些比较有趣的线索。总之,关于康德提出判断表的文本部分,《纯批》的 A、B 版与《导论》中的内容是基本一致的,相比之下,《纯批》A 版关于先天综合判

---

① cf. Hermann Cohen, *Kants Theorie der Erfahrung*, Berlin: Ferd. Dömmlers Verlagsbuch-handlung, 1885, S. 408.

② cf. Hermann Cohen, *Kants Theorie der Erfahrung*, S. 45 – 47.

③ 参见奥特弗里德·赫费《康德的〈纯粹理性批判〉——现代哲学的基石》,郭大为译,北京:人民出版社 2008 年版,第 120 页。

断部分的文本则与 B 版、《导论》中的相应文本部分存在着不小的差异。为便于对不同版本、出处的先天综合判断部分的文本进行对比分析,笔者将康德对先天综合判断的阐明大致区分为以下三个步骤:一是分析判断与综合判断的区分;二是基于分析判断与综合判断的区分推导出先天综合判断;三是对先天综合判断的作用进行阐明。

对与第一个步骤有关的各版本、出处的文本进行对比后可知,康德在《纯批》A 版和 B 版中讨论分析判断与综合判断的区分时的表述是基本一致的,[①]但是,康德在《导论》中的相关表述虽然也与《纯批》中的基本一致,但是《导论》在分析两种判断的结构时使用的是“谓词”“概念”等具有普遍性的术语,并没有使用《纯批》A、B 版中使用的“主词 A”“概念 A”“谓词 B”等表述方式。[②] 就第二个步骤的论述过程来说,康德通常会对分析判断和综合判断进行讨论,以说明分析判断只能是先天的,后天的综合判断也就是经验判断,随后在综合判断的基础上推导出所谓的先天综合判断,各版本、出处的文本都因循了以上的论证结构。经对比分析可知,有关该论证结构中对分析判断的说明,康德在各文本中无论在思

[①] 参照康德文中的表述,“在所有思维主词与谓词之关系的判断中,这种关系以两种不同的方式是可能的”,“要么谓词 B 属于主词 A,作为(以隐蔽的方式)包含在概念 A 中的某种东西;要么 B 虽然与概念 A 有关联,但却完全在它之外。在第一种场合里,我把判断称为分析的,在第二种场合里我则把它称为综合的。……前一些判断也可以称为解释判断,后一些则也可以称为扩展判断,因为前者通过谓词未给主词的概念增添任何东西,而是只通过分析把它分解成它的在它里面已经(虽然是模糊地)思维过的分概念;与此相反,后者则给主词的概念增添一个在它里面根本未被思维过的,且不能通过对它的任何分析得出的谓词”。(A6—7/B10—11)

[②] 参照康德在《导论》中的表述,“形而上学知识必须只包含先天判断……由于内容,它们要么纯然是解释性的,对知识的内容没有任何增添,要么是扩展性的,扩大被给予的知识;前者可以被称为分析判断,后者可以被称为综合判断”,其中,“分析判断在谓词中所说的,无非是在主词中已经现实地想到的”,而综合判断,“在谓词中包含着某种在关于物体的一般概念中没有现实地想到的东西”,因此“扩大了我的知识,给我的概念增添了某种东西”。参见康德《未来形而上学导论(注释本)》,李秋零译注,北京:中国人民大学出版社 2013 年版,第 11 页。

想层面还是所用的术语上都是基本一致的，①而各处文本在表述上的差
异集中在基于综合判断推导出先天综合判断的部分。

　　为便于对比，首先对表述相对简单的《导论》进行考察。康德在《导
论》中明确区分了后天综合判断与先天综合判断，以及它们的产生所依
据的原理，但对后者在《纯批》的 A、B 版中并没有提及；此外，不同于 A、
B 两版中的内容，《导论》选择了直接使用列举实例的方式对综合判断进
行说明，比如将综合判断分类为经验判断与数学判断，并借助这两种判
断来说明综合判断除矛盾律之外，还需要另一个原则。② 考虑到《纯批》
A 版出版后因为晦涩难懂而使他的思想遭受了很多误解，因此康德在
《导论》中采纳经验判断、数学判断这些具体分类说明的方式，应当是为
了使自己的理论更易于被读者理解，但是这种分类说明的做法显然是没
有办法提供给读者对综合判断的更为直接、准确的理论说明的。其次，
反观比《导论》出现得更晚些的《纯批》B 版对综合判断部分的表述，康德
借助"广延""不可入性""形状"等谓词与"物体"的概念之间的关系，尤其
是"一切物体皆有广延""一切物体皆有重量"两个例子中谓词与概念间

① 在 A 版中康德对分析判断的说明只是简单带过，"通过分析判断，我们的知识根本没有被扩
　展，而是我已经具有的概念得到阐明，使我可以理解"（A8）。在 B 版中康德将分析判断视为
　无需经验的，也就是非后天的，"因为在我诉诸经验之前，我已经在概念中拥有我作出这个判
　断的所有条件，我只能从这个概念中按照矛盾律抽绎出谓词，并由此同时意识到判断的必然
　性，这种必然性是经验从来不会告诉我的"（B11—12）。在《导论》中则是，"一切分析判断都
　完全依据矛盾律，而且就其本性而言都是先天知识，无论充当它们材料的概念是不是经验性
　的"，因此，"一切分析命题也都是先天判断，即使它们的概念是经验性的"；康德举了"黄金是
　一种黄色的金属"这个例子，认为黄金的概念就包含着"这个物体是黄色的，并且是金属"，
　"正是这些构成了我的概念，因此除了分析它之外也不可以做别的事情，用不着在它之外再
　去找别的什么东西"。参见康德《未来形而上学导论（注释本）》，第 11—12 页。
② 参照文本，"有一些后天综合判断，它们的起源是经验性的；但是，也有一些肯定是先天的综
　合判断，它们产生自纯粹的知性和理性。但是，二者在这一点上是一致的，即它们的产生绝
　不能仅仅根据分析的原理亦即矛盾律；它们还需要一个完全不同的原则，尽管它们无论是从
　什么原理推导出来的，在任何时候都必须符合矛盾律；因为没有任何东西可以违背这一原
　理，尽管并不是一切都能够从它推导出来。……我要先对综合判断进行分类。……1. 经验
　判断在任何时候都是综合的……2. 数学判断全都是综合的"。参见康德《未来形而上学导论
　（注释本）》，第 12 页。

的不同状况,从理论的角度正面说明了分析判断与综合判断的不同之处。① 相比之下,B 版中的上述内容其实在《纯批》A 版对综合判断的说明中已经出现过,只是细节处略有改动;此外,A 版中除了前文出现的概念"A""B"等术语外,还出现了之前没有出现过的术语"X"。② 对比 A 版与 B 版对综合判断的讨论,可知 A 版中的解释显然要更加详实,而 B 版基本上只是对 A 版内容进行了删减,尤其是康德在 B 版中将原本所使用的"A""B""X"三种符号尽可能转化为非符号的批判哲学术语进行表述,这实质上是在学术思想保持不变的情况下对学术语言体系的转换。然而,虽然康德在删改 A 版术语体系的基础上得到了 B 版中的新的术语体系,但这种改动显然不够彻底,或者说没有完全成功。比如,康德刻意改动过的文本范围主要在 A8 和 B12,但在未经改动而得以保留下来的A9/B13 中,康德说明先天综合判断时仍然使用了"A""B""X"三个术语符号进行说明,出现这种情况可以归结为康德改动时的仓促,或者是新术语体系无法像旧的体系一样能够完全满足康德在表达其思想时的准确度。这种改动也在实际上造成了不好的理论影响,比如康德以《纯批》B 版 B12 对 A 版 A8 的改动,使得 B 版内容与其后文内容有了比较明显的割裂,不仅在于"A""B"等术语的使用,更在于后文被康德称作"未知

---

① 参见文本,"我可以事先分析地通过广延、不可入性、形状等所有在物体的概念中被思维的标志来认识物体的概念。但如今,我扩展我的知识,并通过回顾我从中抽象出物体的这个概念的经验,我发现还有重量也在任何时候都与上述标志联结在一起,因而综合地把重量作为谓词附加给那个概念。所以,重量的谓词与物体的概念的综合的可能性所依据的是经验,因为两个概念虽然并非一个包含在另一个之中,但却作为一个整体即自身是直观的一个综合性结合的经验的各个部分而相互隶属,虽然这种隶属采用的是偶然的方式"。(B12)

② 涉及 A 版与 B 版文本的对比,可参见 A 版中下述文本,"在综合的判断中,要认识一个不包含在那个概念中,但却属于它的谓词,我就必须在主词的概念之外拥有知性所依据的某种别的东西(X)。在经验性的判断或者经验的判断那里,对此根本没有任何困难。因为这个 X 是关于我通过一个概念 A 所思维的对象的完整经验,概念 A 只构成这个经验的一部分。……我可以事先分析地通过广延、不可入性、形状等均在物体概念中已被思维的标志来认识这个概念。但此时我扩展了我的知识,并且通过我回顾我由以获得这个物体概念的经验,我发现重量在任何时候都是与上述标志相联结的。因此,经验就是处在概念 A 之外的那个 X,重量 B 的谓词与概念 A 的综合的可能性所依据的就是这个 X"。(A8)

之物＝X"出现的突兀性。对此,科学院版的编者埃德曼(Erdmann)在该处文本的注中也指出,"很可能第二版的不同文句基于一种疏忽。至少,唯有第一版的文本符合当前的上下文和康德关于'一切物体都有重量'这个综合判断的其他阐述"(B12脚注)。当然,我并不认为这是康德的某种疏忽,而应当是他在思想表达上的某种妥协。设想康德在构思该部分时最初使用的就是抽象符号"A""B""X",那么其中的"A""B"或许还可以用"概念""谓词"等语法词汇来代替,但"X"的复杂性却是难以仅仅用那些语法词汇就可以比较准确地表示出来的,因此,康德也开始避免对综合判断的结构进行正面说明。而这种前后文本内容的割裂最先体现在术语系统的差异上,康德不再使用表示判断结构的抽象符号,而是使用相对成熟的认识论术语。以《纯粹理性批判》中A8、B12两处文本为例,以下列举的A句和B句在各自版本中的前后文是基本一致的,但康德用B句替换了A句:A句内容是,"因此,经验就是处在概念A之外的那个X,重量B的谓词与概念A的综合的可能性所依据的就是这个X"(A8);B句则是,"所以,重量的谓词与物体的概念的综合的可能性所依据的是经验,因为两个概念虽然并非一个包含在另一个之中,但却作为一个整体即自身是直观的一个综合性结合的经验的各个部分而相互隶属,虽然这种隶属采用的是偶然的方式"(B12)。可见,康德用"重量的谓词"和"物体的概念"分别替换了"重量B的谓词"与"概念A",此外,他还直接采用了"经验"的说法,并单独对"经验"进行了补充说明,以避免使用"X"。至于出现这种转变的原因,可以解释为是康德为了便于读者理解,毕竟《纯批》A版出版后出现了比较多的误读,由此促成了他讨论问题方式的转变。

通过对比、分析第三个步骤"先天综合判断的作用"在不同版本、出处的表述上的差异,不仅能够印证先天综合判断部分提到的术语系统的转换,而且能够看到康德在术语系统转换的基础上对先天综合判断所对应理论对象的改动。在《导论》《纯批》B版中,康德都是将讨论从先天综合判断推进到某些具体学科比如数学、自然科学以及形而上学。比如,在《导论》中,康德指出研究课题的"严格准确的表达"是:先天综合命题是如何可能的? 但"为通俗起见",康德做了不同的表述,即"出自纯粹理性的知识是如何可能的?"①为解决这些问题,康德选择以"出自纯粹理性的知识是现实的"为前提,借助两门理论知识的科学,即纯粹数学和纯粹自然科学,指出它们的现实性。依照这种思路,康德将先验的主要问题结合具体学科分为四类:① 纯粹数学是如何可能的? ② 纯粹自然科学是如何可能的? ③ 一般形而上学是如何可能的? ④ 作为科学的形而上学是如何可能的?② 在《纯批》的 B 版中,康德坚持了他在《导论》中的观点,删去了 A 版原本有关先天综合判断的一个段落,在该章新增了标题为"在理性的所有理论科学中都包含着作为原则的先天综合判断"的第五节,以及标题为"纯粹理性的普遍课题"的第六节,分别讨论数学、自然科学以及形而上学等具体学科中的先天综合判断(知识),并提出与《导论》中相似的四个问题:① 纯粹数学是如何可能的? ② 纯粹自然科学是如何可能的? ③ 作为自然禀赋的形而上学是如何可能的? ④ 作为科学的形而上学是如何可能的?(B14—24)此外,B 版还将 A 版中原本紧随在对先天综合判断的讨论之后的对先验哲学体系的结构性说明等文本内容加上了"一门名为纯粹理性批判的特殊科学的观念和划分"这一标题,放在新增的第五、第六节之后作为该章的第七节。反观 A 版原本的论述结构,康德在确立了综合判断所具有的"A""B""X"结构之后,选择从先天综合判断这种"判断结构"出发,并尝试以此为基础构建出一

---

① 康德本人也意识到这种说法的不严谨之处,因此额外补充说明,"我这次当然可以这样做,并不会损害所要寻找的洞识,因为既然这里仅仅涉及形而上学及其源泉,所以我希望人们在任何时候都按照前面所做的提醒而记住:当我们在这里谈到出自纯粹理性的知识时,所说的绝不是分析知识,而仅仅是综合知识"。参见康德《未来形而上学导论(注释本)》,第 19—21 页。
② 参见康德《未来形而上学导论(注释本)》,第 23 页。

个批判哲学体系。① 也就是由第四节对先天综合判断的判断结构的讨论,直接进展到后来 B 版中的第七节对"名为纯粹理性批判的特殊科学"的讨论。相比之下,结构调整后的 B 版不再直接从先天综合判断出发构建其纯粹理性的学科体系,而是通过新增的第五、第六节将原本对先天综合判断的思考首先转化为对具体学科的思考,也就是康德在《导论》中所采取的做法,将"先天综合命题"表达为"出自纯粹理性的知识"或者说"先天综合知识"这种说法,随后才在第七节讨论具体的体系观念与划分等问题。总而言之,从《纯批》A 版到 B 版的这种变动,可以理解为康德对先天综合判断的解释从"判断结构"到"知识结构"的转化。至于这种做法的原因,正如前文《导论》中提到的,判断结构是更为一般性的说法,而这里"仅仅涉及形而上学及其源泉",所以可以在不影响原本的理解的前提下将其具体化为对"知识结构"的讨论。此外,康德通过将问题转化为对"知识结构"的讨论,并着重说明先天综合判断在纯粹数学、纯粹自然科学等涉及具体知识的学科中的作用,也是希望通过这两个成熟学科的成功印证先天综合判断或者说"先天综合知识"的现实可能性。

但是,上述做法造成的负面影响也同样明显。对先天综合判断"知识结构"方面的强调,极大地弱化了"判断结构"方面的内容,尤其是在康德为了便于读者理解而有意使文本内容尽可能简单化的情况下,"A""B""X"等用于说明先天综合判断的形式结构的符号系统自然是首当其冲被康德有意识地被删减掉大部分,只在一些新术语体系无法妥当表述的地方才保留了一些痕迹。侧重于先天综合判断的"知识结构"这种做法,或许确实可以确立《纯粹理性批判》的认识论立场,但是,由于"A"

---

① 该观点可参照康德的表述,"也就是说,以应有的普遍性揭示先天综合判断之可能的根据,洞察使每一类这样的判断成为可能的条件,并且将这全部(自成一类的)知识在一个体系中按照其原初的起源、分类、范围和界限……完备地和为每一种应用充分地予以规定。关于综合判断自身所具有的特性,暂时就说这么多"。参见康德《纯粹理性批判(注释本)》,李秋零译注,北京:中国人民大学出版社 2015 年版,第 38 页,A10/B14 脚注 5。以及"如今,从所有这一切得出一门可以用于纯粹理性批判的特殊科学的理念"(A11)。

"B""X"等符号语言是康德在《手稿》中基于传统逻辑提出的对综合判断形式结构的新理解,因此,对"判断结构"内容尤其是对"A""B""X"术语系统的有意删减,也使得人们在理解康德的先验哲学时难以触及作为其基础的传统逻辑思想,而带有明显逻辑特征的判断表在强调认识的先验哲学中自然难以受到足够重视。

二、从先天综合判断到判断表

康德在《纯批》B版中对A版内容的改动显然掩盖了判断表与先天综合判断之间的关联,那么,在掌握了A、B版本的这些特点之后,可以尝试还原判断表与先天综合判断之间的关联。这种关联可以体现为两个方面:一方面,构成判断表的那些相同的要素,为先天综合判断的提出提供了理论基础;另一方面,康德在最初的计划中是如何从"先天综合判断何以可能"的问题进展到判断表的。

对前一个方面的问题,实际上已经在第一章中对判断表形成过程的还原中进行了说明,尤其是在《手稿》中是如何以传统逻辑为基础从分析判断的"S是P"结构逐步推导出综合判断的"a－b－x"结构,并提出了类似于"先天综合判断"的"先天思维准则"的说法。在第一章中曾提到康德对先天思维准则的认识论层面的解释,笔者认为,康德在综合判断之后提出的"先天思维准则"的说法,实际上可以等同于《纯粹理性批判》中出现的"先天综合判断"。从前文提到的涉及作用于客体以获得确定的综合时,"综合"或者"综合的原则"中都包含着先天思维准则这种说法,就能够意识到这一点。康德在对先天综合判断的最初构想中,已经开始用判断表部分所使用的"功能"概念对先天思维准则的结构进行讨论了。在"a－b－x结构"中,康德将"b"看作一种"普遍的功能",或者更确切地说,是"一个准则的功能"。这种将综合命题的"a－b－x结构"中的"b"解释为"功能"的做法,也被康德保留到了《纯粹理性批判》的文本叙述之中,并与判断表密切相关。值得注意的是,同样的"b",当其处于综合判断"a－b－x结构"也就是某种命题结构时，它被优先表述为"谓词"；而其在处于先天思维准则的"a－b－x结构"，也就是某种认识结构时，它优先被康德表述为"功能"。可见，康德在构思先天综合判断之初，《纯批》的判断表中知性的各种判断功能就已经是《手稿》中综合判断的先天思维准则的构成部分了，这种直接的关联恰恰是康德在《纯批》中所没有体现出来的。为分析先天思维准则的具体结构，或者说该准则之所以可能所需要的条件，康德在《手稿》中对其中的构成成分进行了比较详尽的讨论，比如"x"的时间与空间形式的说明等，具体到"b"就涉及与谓词相关的各种判断形式以及对应的各种概念的说明，以说明凭借这些概念的综合是一个"整体"而不是一个"集合"等内容。综上可以确证，那些构成判断表的要素，同样为先天综合判断的提出提供了理论基础。

至于后一个方面，其实质就是借助《手稿》所提供的知识背景，以《纯批》A版中的内容为主要研究文本，还原出康德最初构建的先天综合判断与判断表之间的理论关联，尤其是如何从"先天综合判断何以可能"的问题进展到判断表的提出。由于"先天综合判断何以可能"被康德视为《纯批》的总问题，判断表在《纯批》的体系中也承担着在本书第四章中讨论过的结构性作用，那么以《纯批》A版文本为基础对先天综合判断与判断表关系的说明，必然要涉及《纯批》导论部分第七节中纯粹理性批判的学科系统问题。问题的关键在于，先天综合判断与纯粹理性的学科系统之间的关联是如何建立起来的？在《导论》与《纯批》B版中是将先天综合判断的"知识结构"作为中介建立起先天综合判断与纯粹理性批判的学科系统之间的关联的，相比之下，A版中主要依靠先天综合判断的"判断结构"作为中介。这两种做法的差异自然会影响到康德在两个版本中说明纯粹理性批判的学科体系时对其任务的解释，然而，通过对两版该部分文本内容的分析可知，B版中的表述相比A版而言，存在着比较明显的思想上的不连贯，而A版以先天综合判断的"判断结构"直接关联纯粹理性的学科系统，显然更符合康德在《手稿》中的思路。比如，在第七节对纯粹理性批判的学科体系进行说明时,B版的说法是,"我们把一切不研究对象、而是一般地研究我们关于对象的认识方式——就这种方式是先天地可能的而言——的知识称为先验的。这样一些概念的体系可以叫作先验哲学"(B25)。仔细观察可以发现这句表述是存在问题的,第一句话在定义"先验知识"时并没有提及"概念",而在对"先验哲学"进行说明时则提到了"概念的体系"。相比之下,B版中出现的"而是一般地研究我们关于对象的认识方式……的知识"这句,在A版中被康德表述为,"而是研究我们关于一般对象的先天概念的知识"(A12)。可见,从A版到B版,康德将对先验知识的研究目标从对象的"先天概念"转变为关于对象的"认识方式"。针对这种改动,埃德曼认为,"在第二版中作为对'研究'的更详细的规定是多余的,就如同在第一版中作为对'对象'的补充是必要的一样";他进而指出康德在两个版本中对先验知识的解释存在差异,"第一版在这个地方对先验知识的这种名词定义比第二版的措辞狭窄得多,后者与B81的更宽泛的、包括关于空间和时间的知识的规定是一致的。第一版的定义排除了直观的形式,因为一般对象仅仅表示作为纯粹范畴之对象的物自身。它并不符合改写版的思想联系,而是符合其在第一版导论中简短描绘的约自1772年以来的早期阶段"。①

这两个版本提供中介物的思路上的差异,对于建立先天综合判断与判断表间的关联有着重要的影响。由于在《纯批》的A、B两版中判断表部分的内容基本没有改动,都是作为发现范畴的导线而被提出的,因此康德对先天综合判断的表述就格外值得重视。如果依照B版的思路,康德将先验知识的考察对象认定为是关于对象的"认识方式",并且先天综合判断需要通过纯粹数学、纯粹自然科学等具体学科才建立起与纯粹理性批判的学科体系之间的关联,那么综合判断与判断表之间的关联显然只能是间接的、隐性的。这就类似于之前提到的柯亨的观点,无论是判

① 参见康德《纯粹理性批判(注释本)》,第45页,A12/B25脚注2。

断表的建立还是诸范畴的提出，直到知性的诸原理被建构起来时，知性知识的体系的完备性才会真正得以实现，判断表、范畴表的完备性也都是建立在知性的原理体系基础之上的，因而纯粹自然科学的可能性的根基也要首先依据于知性的原理体系而不仅仅是单纯的知性范畴或者是判断形式。就这种情况而言，即便我们声称是从先天综合判断中获得的判断表，也要首先提供作为自然科学的可能性根基的纯粹知性的原理体系作为中介。但是，如果我们以 A 版中康德对先天综合判断的描述作为参考可以发现，A 版中先天综合判断与纯粹理性批判的体系间的关联更为明显而且直接，并且康德在体系建立之初就将先验知识的研究目标认定为对象的"先天概念"，而从判断形式中体现出的主谓关系出发考察判断中出现的概念原本就是当时所普遍接受的做法，因此依据 A 版的思路也就不难理解康德为什么会在对先天综合判断讨论的基础上提出判断表。

依据 A 版中的思路以及后文"范畴的形而上学演绎"部分的论述，笔者尝试解释"先天综合判断何以可能"这一问题与康德构建判断表之间的关联。在 A 版中对先天综合判断进行说明之后，康德指出，从对前述综合判断乃至于先天综合判断的分析"得出一门可以用于纯粹理性批判的特殊科学的理念。……纯粹的理性是包含着绝对先天地认识某种对象的原则的理性。纯粹理性的一种工具论就会是能够获得并现实地完成所有的纯粹先天知识所遵循的那些原则的总和。这样一种工具论的详尽应用就会造就一个纯粹理性的体系"（A11）。康德在 A 版中最先说明，他是通过先天综合判断获得了"用于纯粹理性批判的特殊科学的理念"，但这种先天综合判断是如何提供这种理念的呢？康德在之后对先验知识以及先验哲学的阐明中说明了这一点，他指出先验知识就是研究关于一般对象的先天概念的知识，而这样一些概念的体系可以叫作先验哲学（A12），也就是说，研究关于一般对象的先天概念乃至于构建出有关这些先天概念的体系就是康德所认为的先验哲学，也就是纯粹理性批判的特殊科学的目标,或者说是理念,而这种目标或者说理念就是直接来自先天综合判断的。从后文的展开可知,康德对先天概念的研究是围绕范畴展开的,范畴是纯粹知性的基本概念,"如果人们拥有源始的和原始的概念,那么,就可以轻而易举地附加上派生的和从属的概念,并完全描画出纯粹知性的谱系"。对于如何发现"先天概念",康德曾指出,"范畴与纯粹感性的样式相结合,或者也彼此之间相结合,提供大量派生的先天概念",但他也补充道,"说明这些概念,并且可能的话乃至完备地记录下它们,是一项有用的,并不令人反感的工作,但在这里却没有必要"(A82/B108)。康德所致力于的是寻找出最基本的 12 个(对)纯粹知性概念,其余的先天概念自然可以从这些基本概念中衍生出来,这样就可以使问题更加简单化。然而,即便是最基本的范畴,依然无法脱离与先天综合判断的关联,有关判断形式与范畴之间的关联经常被提到的说法是,"以这样的方式产生出先天地关涉一般直观的对象的纯粹知性概念,它们与前表中所有可能判断中的逻辑功能一样多"(A79/B105)。笔者并不反对这种说法,只是仅仅使用"可能判断中的逻辑功能"这种表述来说明范畴被推导出的来源似乎并不十分精确。康德在随后对范畴表进行解释时曾指出,"这就是知性先天地包含在自身的所有源始纯粹的综合概念的一览表,知性也只是由于这些概念才是一种纯粹的知性,因为知性唯有通过它们才能够就直观的杂多而言理解某种东西,也就是说,思维直观的一个客体"(A80/B106)。在这段话中,康德将范畴表称作"所有源始纯粹的综合概念的一览表",可见,在他看来范畴或者是纯粹知性概念是被理解为综合概念的,而这种区别于分析概念的综合概念是与综合判断紧密相关的,这在随后结合知性所做的说明中可以看出来。康德通过说明知性,表示只有通过这些先天的综合概念才能对客体进行思维,这和他对综合判断的理解以及将经验判断看作综合判断的观点是一致的。因此,当我们提到与判断表相关联的"判断形式"或者"可能判断中的逻辑功能"时,就需要搞清楚这里所涉及的判断指的不是分析判断而是综合判断。依照这种思路，康德在得出范畴表时认为，范畴表对这些综合概念的划分"是系统地从一个共同的原则，亦即从判断的能力（这种能力与思维的能力相同）产生的"，那么对这种判断的能力的讨论当然首先需要基于对判断的形式等问题的讨论，也就自然需要首先建构起某种"判断表"，并且其中所涉及的这些判断都应当是综合判断。

如此，即便借助 A 版的相关文本，先天综合判断与判断表之间的关联依然需要经过对文本的梳理把握才能够比较清楚地呈现出来。之所以是这种状况，也是由于康德在论述判断表时并没有格外提到其中的判断应当是综合判断，尽管我们从康德对表格中各要素从认识的角度所做的解释说明中能够发觉这一点。而康德之所以没有做出特别的说明，或许在于他试图淡化原本在 A 版中出现，但是在《导论》以及 B 版中被逐渐回避的对综合判断的结构的正面讨论，毕竟这种正面讨论往往是需要借助于"A""B""X"等符号的。根据前文提到的埃德曼的说法，A 版对先验知识的名词定义比 B 版的措辞狭窄得多，B 版的定义更宽泛，包括关于空间和时间的知识的规定，而 A 版的定义则排除了直观的形式只涉及先天概念，如此，A 版的这种处理更能够凸显出我们所讨论的先天综合判断与判断表间的关联，更符合其在第一版导论中简短描绘的自 1772 年以来的早期阶段。现实情况确实如此，在 1775 年的《手稿》中，借助于"A""B""X"等符号（《手稿》中多以小写的"a""b""x"出现），康德区分了分析判断与综合判断，并对后者的结构做出了详尽的说明。总之，从对《纯批》A、B 版以及《导论》等的文本内容的对比分析，并借助《手稿》中的内容可知，康德建构判断表的动机不仅仅是推导出范畴表，其直接理论动机应当归结到解决《纯批》中提出的"先天综合判断何以可能"的问题。

第二节　逻辑与形而上学之间

既然论证了判断表与先天综合判断之间的关联，那么判断表的理论作用也就被全面把握,由此可以发现,判断表在康德哲学从传统逻辑阶段向先验哲学阶段的进展中扮演着极为关键的角色。如果说亚里士多德的形而上学是以其逻辑学为基础而建立起来的,那么康德在重建他的形而上学的过程中,则是由判断表思想发挥着相似的作用。当然,就康德思想中的逻辑与形而上学问题讨论判断表之前,还需要就判断表在学者们经常讨论的比如普遍逻辑与先验逻辑的关系等问题中所发挥的作用做出阐明,从而为最后论证判断表在康德重建形而上学时的逻辑基础作用打下坚实基础。

一、普遍逻辑与先验逻辑

本书第四章曾提到学者们就判断表与范畴表的关系问题产生的争论,他们同样也涉及对康德思想中普遍逻辑(形式逻辑)与先验逻辑的关系问题的讨论,①而且就前一问题讨论的结果往往会影响到后者。有关普遍逻辑与先验逻辑之间关系的观点通常有两种:一种观点认为康德的先验逻辑是以普遍逻辑为基础的,②另一种观点认为先验逻辑为普遍逻辑奠基。③ 考虑到范畴表在康德先验逻辑部分所发挥的作用,可以将前一种观点理解为是建立在"康德从判断表推导出范畴表"这种理解的基础之上,而后一种观点则是建立在"范畴表是判断表之所以可能的前提"这种理解的基础之上。我们并不否认以上涉及普遍逻辑与先验逻辑关

---

① 通过康德文本对"普遍逻辑""形式逻辑""先验逻辑"等术语的描述可知,"普遍逻辑"可以被简单理解为人们通常所说的逻辑,也就是亚里士多德以来的"传统逻辑",此外,由于普遍逻辑研究的是思维形式,因此有时也会被称作"形式逻辑"。而"先验逻辑"则是相对于"普遍逻辑"而被区分出来的,相比之下,普遍逻辑"抽掉了知识的一切内容,也就是说,抽掉了知识与客体的一切关系,仅仅在知识的相互关系中考察逻辑形式,即一般的思维形式",而先验逻辑则是"一种人们不抽掉知识的所有内容的逻辑……还将涉及我们关于对象的知识的起源"。(A54—57/B78—81)有关"普遍逻辑"与"形式逻辑"的具体差异等内容,可参见王路《逻辑与哲学》,第80—84页。
② 参见王路《逻辑与哲学》,第60页。
③ 参见邓晓芒《康德先验逻辑对形式逻辑的奠基》,载《江苏社会科学》2004年第6期。

系的两种观点都有其合理性，但是，在第四章讨论判断表与范畴表的关系时已经阐明了以上涉及两表关系的理解中所涉及的"实然的"与"应然的"背景，因此，以上有关普遍逻辑与先验逻辑的关系的两种观点的合理性也应当遵循各自的有效性范围。

如果仅仅依照康德在文本中的说法，即先验逻辑是对应于普遍逻辑才被推导出来的（A54—57/B78—81），就以实然的态度认为先验逻辑是以普遍逻辑为基础的，那么持反对意见的学者同样可以从应然的角度论证先验逻辑是为普遍逻辑奠基的。由于范畴表始终被视为属于先验逻辑，那么该问题中的关键在于学者们对判断表的不同定位，比如，将判断表归类于传统逻辑的学者，会更强调康德思想中形式逻辑对于先验逻辑的影响，而将判断表理解为属于先验逻辑的学者，会更倾向于强调康德思想中先验逻辑对于传统逻辑的基础性作用。出现这种状况的原因在于，虽然康德宣称自己在构建先验哲学时要借鉴已经是成熟学科的亚里士多德逻辑学，①但在《纯批》文本中却并未明显地体现出这点，在此背景下，基于以往逻辑学家判断种类的成果而得出的判断表自然会被学者们视为是最有可能代表传统逻辑（或者普遍逻辑）的。由此，解决上述争论的关键似乎就可以被简单归结为：判断表究竟应当属于形式逻辑还是先验逻辑？

但是，笔者认为这种解决问题的方式是不妥的。判断表并非如通常所认为的那样要么属于普遍逻辑，要么属于先验逻辑，而是有第三种情况存在的，即判断表实际上是处于普遍逻辑与先验逻辑之间的过渡形态。由于判断表中的某些构成要素是考虑到先验逻辑的立场才被康德引入判断表的，并不符合普遍逻辑的标准，比如判断的量中的单称的、判断的质中的无限的等要素，因此，将判断表简单归类为普遍逻辑显然是不合适的。与此同时，有些学者依据判断表的那些要素所具

---

① 参见《纯粹理性批判》第二版序言，BⅧ—Ⅹ。

有的先验特征,从而将判断表整体理解为一个先验的表格。① 这种理解原本是没有问题的,既然判断表中的各要素都涉及综合判断,那么确实会体现出先验特征,但问题在于,即便判断表有先验特征,也不能被简单地归类到先验逻辑。原因在于,由于在该问题的讨论中范畴表理所当然地被认为代表着先验逻辑,如果由于判断表的先验特征也将其归类于先验逻辑,那么其结果就不仅是在实际上抹消了两个表格之间的差异,并且实质上将判断表理解为范畴表的附庸,由此在学者中自然又会产生判断表是依照范畴表构建出来的这类观点。但是,通过前文各章的讨论,笔者已经论证了判断表相对于范畴表的独立性,因此将判断表归类于先验逻辑的做法显然也是不妥的。总之,将判断表与范畴表间的关系问题直接转换为普遍逻辑与先验逻辑之间的关系问题显然是不恰当的,也正因此,以"应然的"与"实然的"两种视角理解问题,虽然适用于判断表与范畴表的关系问题,但却并不适用于解释普遍逻辑与先验逻辑的关系问题。

接下来,笔者将对判断表思想处于普遍逻辑与先验逻辑之间的过渡状态这种观点进行说明。该说明的理论基础是判断表的独立性,尤其是在第一章中通过文献梳理得到的该表格的独立形成过程。该过程表明了,判断表并不是依赖于范畴表的帮助,而是以传统逻辑思想为基础,从最初对判断的形式与质料进行区分确立了判断的形式,随后对综合判断与分析判断进行区分又初步明确了综合判断的形式结构的理论目标。已知康德判断表中所描述的判断形式实际上并不是分析判断而应当是综合判断,而判断表之所以被视为处于普遍逻辑与先验逻辑之间的过渡状态的关键,就是由于该表格中的各要素均是以综合判断为形式结构的,而综合判断实际上也在传统逻辑的分析判断与先验逻辑的经验判断之间承担着过渡性作用。这种过渡性可以通过与分析判断、经验判断的

---

① 参见钱捷《判断逻辑与康德的范畴形而上学演绎》,载《哲学研究》2009 年第 7 期。

对比来说明。相比属于普遍逻辑的分析判断而言：一方面，综合判断仍
然要遵循分析判断所依据的矛盾律等基本逻辑规律，因此不可避免地有
着鲜明的普遍逻辑特征；另一方面，综合判断相比分析判断而言是要涉
及感性对象的，反映在判断表中就是表格中的部分要素体现出先验特
征。相比涉及先验逻辑的经验判断而言：一方面，综合判断与经验判断
都是要涉及感性对象的；另一方面，虽然同样涉及感性对象，但综合判断
由于受普遍逻辑的影响，在康德那里仍旧保持着某种可以被表达的形式
结构的形态（比如借助了数学思想的"a－b－x"结构），经验判断则往往
被理解为某种心理学行为，在先验逻辑中主要通过各种认识论概念以文
字描述的方式被呈现出来。至此，从综合判断与分析判断、经验判断的
异同点的比较中，可以发现从普遍逻辑的分析判断，经过有着过渡性质
的综合判断，逐步发展为先验逻辑的经验判断的思想进展过程。上述对
比已经清楚地表明，作为过渡形态的综合判断兼具分析判断与经验判断
的部分特征，在某些方面也与两者有着明显的区别；如果仔细分析综合
判断与其余两者的相同点与不同点，就可以发现从分析判断进展到经验
判断的过程的基本线索。一旦明确了康德的综合判断可以被视为分析
判断与经验判断之间的过渡形态，那么，既然判断表的构成要素均符合
综合判断形式结构，该表格自然不能与持传统逻辑观点而划分出的判断
种类归为同类，也不能被视为与作为先验逻辑核心要素的范畴表同类，
而应当被理解成处于两者间的过渡形态。而康德以分析性的普遍逻辑
为基础，依照分析判断与综合判断在结构上的差异，逐步构造出能够引
导出范畴表的判断表的过程，实际上也就是康德从普遍逻辑逐步推导出
他的先验逻辑的过程。

　　然而，仅从关于普遍逻辑与先验逻辑的关系的讨论出发，是无法将
判断表的理论价值全面展现出来的，因此，可以尝试将该讨论中的普遍
逻辑与先验逻辑的关系问题转换为逻辑与形而上学的关系问题，以体现
出判断表在康德的逻辑与形而上学问题中所发挥的作用。根据康德文

本中的表述,由于"普遍逻辑"或者说"普通逻辑"①研究的是思维形式,因而也可以被称作"形式逻辑",从相关定义来看,也就是亚里士多德以来的"传统逻辑"。当然,以上各种说法都有着自己的特定使用背景,比如"普遍逻辑"是相对于"先验逻辑"而被提出的,"形式逻辑"是相对于涉及认识内容的讨论而提出的,而"传统逻辑"则是相对于"现代逻辑"而被提出的。如果我们抛去上述各特定使用背景,仅从其实质来看,这几种说法所指的都是主要由亚里士多德所提出的逻辑学。相比之下,有关"先验逻辑"究竟是否是逻辑学的争论一直存在,持反对观点的是从狭义的逻辑观来理解的,而这里的狭义的逻辑指的就是刚才提到的形式逻辑,包括由亚里士多德所提出的逻辑学以及数学化的现代逻辑,而持赞同观点的是从广义的逻辑来理解的,除了上述狭义逻辑的内容,还可以包括先验逻辑、辩证逻辑等。先验逻辑或许可以被归入广义上的逻辑,但显然并不符合狭义的逻辑的标准,按照康德文本中的表述,其更为确切的身份应当是某种新的"形而上学"而不是"逻辑"。比如,康德在《纯批》"第二版序言"以及"导论"部分中对传统形而上学没落的反思,并提出"作为科学的形而上学是如何可能的"这个最终问题(B22),都表明了康德构建先验逻辑思想的理论动机是构建某种"科学的形而上学"。② 此外,在被视为《纯批》的缩写本的《未来形而上学导论》中,康德更为明显地将他的先验逻辑与形而上学联系起来,并不像在《纯批》中那样将其总问题表述为"先天综合判断何以可能",而是将《导论》的总问题直接表述为"形而上学在某个地方是否可能"以及"出自纯粹理性的知识是如何可能的"两个问题。③ 至此,通过对康德所使用的术语"普遍逻辑"与"先验逻辑"的分析,笔者将有关普遍逻辑与先验逻辑的问题转化为了逻辑与

---

① 其中有德文词"allgemein",因此"普遍逻辑"在有些译文中也被译作"普通逻辑"。
② 相关文本可参见《纯粹理性批判》"第二版序言"中的 BⅦ—ⅩⅩⅣ,"导论"中的 B19—23。
③ 参见康德《未来形而上学导论(注释本)》,第15—22页。

形而上学的问题。[1]

　　既然判断表是依靠综合判断才得以成为普遍逻辑与先验逻辑之间的过渡阶段，那么判断表之所以能够在康德的逻辑与形而上学问题中起作用的核心要素同样是综合判断，其关键在于康德是如何从判断的角度理解逻辑与形而上学的。这些内容主要出现在康德的早期文献中，比如本书第一章中提到，康德在《布隆贝格逻辑学》中曾指出，直观的与推论的两种判断的区别也体现了形而上学与逻辑的区别，一个判断是否是经验判断应当属于形而上学考察的对象，而逻辑并不考虑形而上学所关心的判断是如何被给定的问题，只考虑判断中概念之间的比较。[2] 康德在表述中将涉及直观的判断或者说是经验判断与形而上学关联起来，将只涉及推论的判断也就是只考虑概念间比较的分析判断与逻辑联系起来，虽然这只是康德早期的提法，当时还没能将先验逻辑等内容思考进去，但这种表述已经体现出了他以判断的角度对逻辑与形而上学的理解。如此，既然分析判断被认为是逻辑的，经验判断被视为是形而上学的，那么原本就在分析判断与经验判断之间起过渡作用的综合判断，自然是有可能使判断表成为逻辑与形而上学之间的过渡阶段的。随后，康德在《杜伊斯堡遗稿》中的表述也印证了这一点，他凭借"a－b－x"结构区分了分析判断与综合判断，认为同属于分析命题的同一命题或反对命题是"涉及形式而不涉及内容的，因此仅仅是逻辑的"；他还由分析判断的这种特征谈到了具体的几个综合判断，"从分析的原理中我们并不能看出任何客观的，与对象或者是内容性相关的东西，但这些能从定

---

[1] 如同在本书的导论部分中曾提到的，这里的"逻辑与形而上学"的说法借鉴自亚里士多德，其优势在于，可以明晰某些存在争议的概念或表述，用"逻辑"指亚里士多德以来的传统逻辑，即康德所说的形式逻辑，此外，考虑到先验逻辑在康德重构形而上学计划中的核心作用，将先验逻辑成分表述为"形而上学的"，以此避免了由"先验逻辑是否属于逻辑学"等争论所引起的语词上的混淆。

[2] cf. Immanuel Kant, *KGS*, Band 24.1, S. 279－280.

言的、假言的、选言的形式中被看出"。① 在第一章的讨论中笔者曾提到,定言的、假言的、选言的三种判断形式是康德在《手稿》中由综合判断的"a‑b‑x"结构推论得出的,也是最早与三类关系概念建立起对应关系的,被视为判断表与范畴表间的平行关系的最初形态。定言的、假言的、选言的三种判断形式被视为综合判断,包含着"与对象或者是内容性相关的东西",不再是仅仅"涉及形式而不涉及内容的"分析判断。结合定言的、假言的、选言的三种判断形式与判断表的关系,再次印证了之前的看法:由于判断表中各构成要素的形式结构均是综合判断,使得表格自身的定位也已经从传统所认为的"逻辑的",逐渐转移向"认识论的"或者"形而上学的"。当然,由于判断表中的各要素仍然无法彻底摆脱来自逻辑的影响,仍体现为各类判断形式,而不是认识或形而上学所讨论的各种概念,因此又需要从判断表建立起包含着相应的知性概念的范畴表。如此,依靠着综合判断的特性,判断表成为了逻辑与形而上学之间的过渡阶段。

二、"形而上学重建"的逻辑基础

从表面上看,判断表思想应当被理解为康德思想中逻辑与形而上学之间的过渡阶段,但是,如果认真思考逻辑与形而上学在这里的真实所指,可以发现此处的"逻辑——判断表——形而上学"这种思想关联,因为其中概念所指的不清晰而实际上缺少了一个环节,从而影响到判断表在上述思想关联中的真实定位。前文中提到,此处所指的逻辑应当是形式逻辑,或者说是以亚里士多德为代表的传统逻辑,此处提到的形而上学也并非康德所批评的传统的形而上学,而是他所希望建立的某种"科学的形而上学"。按照前面的讨论,似乎上述思想关联仅仅局限于传统

① cf. Immanuel Kant, *KGS*, Band 17, S. 654; Theodor Haering, *Der Duisburg'sche Nachlass und Kants Kritizismus um 1775*, S. 59.

逻辑、判断表思想、科学的形而上学三者，但是，只有将康德时代被普遍批评的"传统形而上学"这一成分也加入讨论，其中的思想脉络才有可能被完整地展现出来。如此，这四类要素相互间的联系状况简要如下：首先，传统逻辑除了与康德判断表思想之间的关联之外，它还与传统形而上学之间有着紧密联系，毕竟亚里士多德就是以逻辑思想为基础才构建起他的形而上学思想的；其次，新增的传统形而上学除了与传统逻辑的关联之外，也和康德的科学的形而上学存在关联，毕竟康德是在批判前者的基础上才提出构建后者的想法的；再次，与判断表思想有直接关联的是传统逻辑和科学的形而上学，这也是对"逻辑——判断表——形而上学"思想关联的直接体现；最后，康德所提出的科学的形而上学既与传统形而上学存在关联，也与康德的判断表思想有着联系。可见，当传统形而上学等内容被加入后，四类要素中的任一个都与其他三者中的两者存在直接联系，各要素相互间的定位从而变得更为立体，整理后如表 5.1 所示：

表 5.1　"逻辑——判断表——形而上学"关系重构表①

传统逻辑	（→）	（传统形而上学）
↓		（↓）
判断表思想	→	科学的形而上学

表 5.1 是依照要素间相互的关联状况对四类要素的大致定位，如果忽略表格中被加上括号的部分，那么其所呈现的就是原本的"逻辑——判断表——形而上学"这种思想关联，判断表思想在其中仅仅发挥着暧昧不清的过渡性作用。然而，依据新给出的表 5.1 中的位置结构，可以就其中各要素尤其是判断表思想与其他要素间的具体作用关系进行分析，以获得对表 5.1 中判断表思想的真实定位以及其所能发挥的理论作

---

① 为体现两种情况的差别，表格中新加入的传统形而上学等部分被加上了括号。

用等方面的认识,这种分析可以从纵向的与横向的两个角度展开。

从纵向考察表 5.1 的内容,可以将表格中的要素明确归纳为逻辑与形而上学两大类,其中的传统形而上学与科学的形而上学都属于普遍的形而上学类,而传统逻辑、判断表思想都可以归类于普遍的逻辑类,并且要素间存在着自上而下的影响关系。就形而上学方面而言,是传统形而上学对科学形而上学的影响,除了传统形而上学自产生之初就具有的超越性特征之外,对康德来说更为重要的似乎就是通过了解传统形而上学"虽然不是作为科学,但毕竟作为自然禀赋是现实的",使得他能够确立如下观点,即"在所有人的心中,一旦理性在他们心中扩展到了思辨,在所有的时代都曾现实地出现过并还将永远存在某种形而上学",(B21)也正因此,既然形而上学是无法避免的,也就促使康德开始思考重新建立起某种"科学的形而上学"。在逻辑方面同样存在着自上而下的影响关系,即传统逻辑对判断表思想的影响。如果说在形而上学领域,康德是尝试在批判地继承传统形而上学的基础上提出自己的科学的形而上学的话,那么在逻辑领域,康德显然是在批判地继承传统逻辑的基础上逐步提出了以《手稿》为主要思想来源的判断表思想。比如在前文第一章讨论判断表思想的形成过程时所论证的,康德是以早期逻辑学讲稿中的传统逻辑思想为基础发展出其在《手稿》中初步提出的判断表思想的;前文第二章更是从逻辑思想史的角度论证了判断表思想对传统逻辑观点的批判与继承。如此,能够明确传统逻辑对于判断表思想的影响,而对表 5.1 中两者间自上而下影响关系的确认所能带来的最大收获,就是将原本所处位置暧昧不清的判断表思想明确地归类于逻辑。当然,仅仅满足于这种纵向的同类别思想间的影响关系显然是不够的,在确定了判断表思想的逻辑定位之后,更为重要的就是明确其与科学的形而上学之间的关系,而该项工作可以通过对表 5.1 进行横向考察的方式取得进展。

从横向考察表 5.1 的内容,可以将表中要素按其思想来源明确划分为来自亚里士多德的与来自康德的两类。结合纵向考察时提到的内容可知,此处划分的亚里士多德与康德两类涉及相同的话题,即逻辑与形而上学的关系问题,其中的传统逻辑与传统形而上学可以被视为来自亚里士多德,毕竟他同时是"逻辑学"与"形而上学"两门学科的创始人,两者间的关系最初也是在他那里得以确立的,与此同时,判断表思想与科学的形而上学自然是来自康德的。考虑到无论是来自亚里士多德还是来自康德,其所讨论的对象都可以被归类为普遍意义的逻辑与形而上学,因此,虽然二人各自讨论的逻辑与形而上学的关系问题存在某些差异,但在基本关系的处理上理应存在着某种一致性。康德曾声称,他在构建新的形而上学时需要参照传统逻辑这样的成熟学科,①据此,笔者曾总结出"逻辑(传统逻辑)——判断表——形而上学(科学的形而上学)"的思想进展过程,然而,借助表 5.1 中的新结构,能够更准确地把握康德究竟是如何参照传统逻辑的,即并非直接基于传统逻辑来构建其新的形而上学,毋宁说是效仿亚里士多德基于传统逻辑构建其传统形而上学的做法,基于判断表背后所蕴含的适用于综合判断的逻辑思想,以此建构他所设想的科学的形而上学。如此,在明确了康德判断表思想的逻辑定位之后,又参照亚里士多德对逻辑与形而上学间关系的最初界定,可以将康德的判断表思想理解为建构其科学的形而上学的逻辑基础。至于康德究竟是如何以判断表思想来为他的形而上学提供逻辑基础这个问题,同样可以参照亚里士多德对相似问题的处理方式以获得启发。

具体来讲,亚里士多德的逻辑对其形而上学构建的影响主要体现为判断的"S 是 P"结构的基础性作用,可以分为两个方面:一方面,亚里士多德选择"是本身"作为其形而上学所关心的核心问题,显然是受到有古希腊语法特征的逻辑思想的影响,尤其是作为语言基本单位的判断结构中的系词"是"所承担的逻辑功能,以及由这种逻辑功能衍伸出的形而上

① 参见《纯粹理性批判》第二版序言,BⅧ—Ⅹ。

学维度。具体来说,"亚里士多德从'是'动词的普遍性和重要性,推出了第一哲学的首要对象'是者'",并且"以'是'动词为基本的逻辑功能,建立了一个逻辑体系;他于是得以根据'是'动词逻辑功能与'实体'意义之间的对应性,系统地阐述关于'是者'的学说"。① 从语法角度看,古希腊文中"on"是系动词"einai"的分词,分词"on"前加定冠词"to"则具有名词形式,而亚里士多德提出的"是本身"(to on ei on,有时也被译为"是者")显然是基于"是"的系词含义而得出的,而作为系词的"是"也就代表着"S是P"的判断结构。另一方面,由"是本身"所展开的其他内容的讨论,比如"实体""本质"等概念的提出与界定,基于谓词分类提出的各范畴,以及对"属性、属、固有属性和定义"所进行的四谓词划分等内容,都是基于判断的"S是P"结构并利用该结构中不同位置要素的语法特征才得以顺利提出的。从语法角度出发,由"einai"引申出的具有不同词性概念的做法,是需要切合亚里士多德所理解的句子的"S是P"结构的,这种结构来自"是"在主词与谓词间的系词作用。"实体""本质"概念是与"to on"更为直接相关的,"ousia"(实体)、"ti esti"(本质)体现了以系动词"einai"为基础进行变化的不同功能和表达方式,借由系词的变形赋予了变形后的新概念以新的内涵。具体来说,"ousia"是由动词不定式"einai"的现在分词的阴性单数形式"ousa"变形而成的;在"ti esti"中,"ti"是不定代词,不确定地指某某事物,而"esti"同样是由动词不定式"einai"变形而来的。由于都是从"einai"变形而来,"to on""ousia""ti esti"所表达的意思基本一致,差别主要体现在基于"einai"各自变形的不同。除"实体"与"本质"概念之外,亚里士多德提出的诸范畴与四谓词理论,则是依照"S是P"结构中的主词、谓词部分各自的语法特征而提出的。②

---

① 参见赵敦华《逻辑和形而上学的起源》,载《学术研究》2004年第1期,第9页。
② 对这些问题的讨论,可以参见赵敦华《逻辑和形而上学的起源》,载《学术研究》2004年第1期,第5—13页;王路《逻辑与形而上学》,载《文史哲》2004年第1期,第87—92页;王路《亚里士多德逻辑的现代意义》,载《世界哲学》2005年第1期,第66—74页。

由此可见，亚里士多德的逻辑确实在构建其形而上学时发挥着基础性作用，而逻辑的这种基础性作用主要表现为形而上学思想的建构需要依凭逻辑思想中对判断形式结构的理解。参照亚里士多德提出的判断的"S 是 P"结构在构建其形而上学时所发挥的具体作用，就可以尝试依此分析康德的综合判断的"a－b－x"结构在构建其新的形而上学时所发挥的具体作用。综合判断的"a－b－x"结构的逻辑基础作用同样可以分为两个方面：一方面，康德所处的时代已经从关注"是本身"的本体论（Ontologie）转向认识论，康德基于判断的"S 是 P"结构提出综合判断的"a－b－x"结构，将判断中最核心的要素由系词"是"转换为新结构中的"x"，比如，"x"最初在《手稿》中意味着承载各种被谓述的感性对象，在《纯批》中更是被处理为意味着"先验对象"的"X"或者"未知之物＝X"，对比亚里士多德的做法，"S 是 P"结构的"是"与形而上学的"本体论"（Ontologie）之间有着紧密的关联，"形而上学以'是'为核心，主要在于它体现了人们在探求周围世界和与自身相关事情的过程中一种最基本的询问和陈述方式'是什么'。'S 是 P'和'是什么'有一个共同的因素，这就是'是'。因此可以说，它们是从不同的角度谈论同一个问题，因而有相通之处。在逻辑和形而上学中，'是'的论述方式不同，核心地位却是一样的。由此也可以看出逻辑与形而上学的相通之处"①。在康德这里，作为"感性对象"或者"先验对象"的"x（X）"起到了与"是"相同的作用，同样可以作为康德思想中逻辑与形而上学的相通之处，比如，"x"作为"感性对象"是综合判断的"a－b－x"结构得以提出的根源，"X"作为"先验对象"影响到康德先验哲学或者说科学的形而上学的构建方向。可见，康德为综合判断"a－b－x"结构加入先验哲学的核心要素这一基于传统逻辑的创新，显然是为了迎合新的形而上学建构的需要。另一方面，康德围绕"x（X）"展开的对新的形而上学建构的

① 王路：《逻辑与形而上学》，载《文史哲》2004 年第 1 期，第 87—92 页。

讨论,实际上就是他所提出的先验哲学思想,其中除了涉及时间与空间两种直观形式的先验感性论部分,他在先验逻辑部分的构思显然是遵循他所提出的综合判断的形式结构进行的,当然,由于之前所讨论过的那些原因,康德选择淡化《手稿》中提出的"a-b-x"结构的表述,在《纯批》中通过"先天综合判断"尤其是"判断表"来表达他新构建的判断形式思想,而判断表通过影响范畴表进而影响到先验逻辑中的其他部分,这些内容在第四章对判断表在康德思想中所发挥的结构性作用的讨论中有详细论述。总之,类比于亚里士多德的做法,判断表思想在康德构建其未来的形而上学的过程中实际上起到了逻辑基础的作用,而这种逻辑并非传统意义上的分析性的逻辑,而是康德为解决认识问题,基于传统逻辑提出的围绕综合判断所构建的新逻辑。

明确了判断表思想在康德重建形而上学时的逻辑基础作用,就可以将本书前几章中围绕判断表所讨论的几个主要问题纳入话题"逻辑与形而上学"的讨论中,也就是说,对判断表的讨论可以在逻辑与形而上学的框架之下进行理解,在此基础上可以建构出逻辑与形而上学的关系问题在康德哲学中的面貌。除本书的导论部分外,以逻辑与形而上学的关系视角来看,文中围绕判断表讨论的主要问题可以分为三个:首先,是对判断表形成过程(第一章)及其构成要素合理性(第二章)的讨论。该部分既是对"实然的"判断表的存在及其合理性的说明,也是对康德思想中逻辑方面的存在及合理性的论证,其中,判断表的形成过程涉及早期的各种逻辑学讲稿、《手稿》等内容,实际上所讲的就是康德思想中的逻辑部分是如何在传统逻辑的基础上被逐步创建出来的过程,随后又结合逻辑史、《纯批》文本、《手稿》中的新判断结构等三个方面论证判断表中各要素的合理性,实际上是为康德新提出的逻辑思想的合理性进行辩护,并由此明确逻辑对于形而上学建构的影响。其次,是对判断表完备性问题(第三章)的讨论。该部分讨论了论证"实然的"判断表的完备性过程中遇到的问题及可行方案,也是从"应然的"层面说明形而上学对于逻辑的影响，其中，判断表完备性论证的根本困难就在于表格中的要素不符合传统逻辑的形式标准，即便借助新判断结构中的"功能"概念实现了由统觉的源始的综合统一所保证的表格整体以及各标题的完备性，这种完备性也并不是来自要素间的逻辑推论，而是来自范畴的先验演绎，这实际上反映了在完备性问题上"实然的"判断表或者说康德的逻辑思想所遇到的困境，必须借助他的形而上学为其提供合理性依据。最后，是对判断表与范畴表的关系（第四章）的讨论，该部分主要是基于判断表与范畴表之间的对应关系，从"应然的"与"实然的"两个角度分别说明了判断表与范畴表彼此之间影响关系的合理性，这些讨论实际上反映了逻辑与形而上学的关系问题，前两部分要么强调逻辑对于建构形而上学的影响，要么强调形而上学为逻辑提供合理性基础，该部分的讨论寻找到了康德思想中逻辑与形而上学间平行关系得以成立的基础，也就是"同一个功能"，而《纯批》中出现的"功能（b）"概念是对作为"感性对象"或"先验对象"的"x（X）"的谓述性表达，这类似于亚里士多德式的语法成分转换的做法。

从更广义的角度来看，凭借判断表在重建形而上学时的逻辑基础作用，本书中对判断表的讨论可以反映出康德对逻辑与形而上学的关系的理解，这种理解的理论价值不仅限于康德哲学自身，同样有助于从更为普遍的哲学史的角度理解逻辑与形而上学的关系问题。对逻辑与形而上学间的关系的处理在哲学史上可以说是贯彻始终的，多数哲学家都是以逻辑为起点来讨论他们各自的形而上学思想的，比如黑格尔以"是"（Sein）为基础，并借助"S 是 P"结构中语法成分的变动，构建出他的"逻辑学"思想，并作为代表着他的形而上学体系的《哲学科学百科全书》的第一部分。① 此外，海德格尔也是依托于"S 是 P"结构中有

---

① 黑格尔以形式逻辑的"S 是 P"结构构造《逻辑学》中辩证逻辑的过程体现在早期耶拿体系中，参见黑格尔《耶拿体系 1804—1805：逻辑学和形而上学》，杨祖陶译，北京：人民出版社 2012年第 1 版；杨祖陶《黑格尔〈耶拿逻辑〉初探》，载《哲学研究》2011 年第 2 期，第 66—70 页；刘萌《"Sein"的系词含义与黑格尔逻辑学体系的建构》，载《中南大学学报》（社会科学版）2016年第 3 期，第 8—14 页。

着系词含义的"存在"(Sein)为开端,展开了他在《存在与时间》中的形而上学思想的讨论。^① 然而有趣的是,这些以逻辑为起点讨论各自形而上学的学者们在完成自己的形而上学理论的构建时,往往会反过来声称形而上学应当作为逻辑的始基。比如黑格尔在《逻辑学》的"概念论"部分就曾表现出这种倾向,可以总结为"形式逻辑只有从内容方面来理解才有认识上的价值和意义,而这也就意味着它只有建立在辩证逻辑的基础上才有意义";^②同样,海德格尔也通过对莱布尼茨逻辑学的讨论,尝试论证形而上学作为逻辑学的始基的可能性。^③ 可见,在哲学史上的主要哲学家的思想体系中,有关逻辑与形而上学的关系的两种看似相互矛盾的观点往往是同时存在的,至于如何理解两种观点在矛盾状况下的并存,借鉴对判断表的讨论中反映出的康德思想中的逻辑与形而上学的关系状况可知:一方面,逻辑确实为形而上学的建构提供了借鉴,但这种理解应当局限于"实然的"[quid facti(有何事实)]的层面。比如包括范畴表在内的先验逻辑部分,在分析的条理与内容上都受到判断表的格式与要素的影响,但是,尽管笔者在第二章结合各方面素材尽力为判断表中各要素的合理性进行辩护,实际上康德仍然无法避免个人主观因素在处理判断表中某些要素时的影响,那么受判断表结构性作用影响的先验逻辑部分实际上也难以摆脱这种影响。如此,才更强调康德依靠逻辑构建其形而上学的说法应当从"实然的"层面来理解。另一方面,形而上学也为逻辑提供合理性依据,但这种理解应当被视为是从"应然的"[quid iuris

---

① 可参见海德格尔《存在与时间》,陈嘉映、王庆节译,熊伟校,陈嘉映修订,北京:三联书店 2006 年版,第 3—10 页;王路《解读〈存在与时间〉》,北京:北京大学出版社 2012 年第 1 版,第 59—146 页。

② 参见邓晓芒《黑格尔辩证法为形式逻辑的奠基》,载《云南大学学报》(社会科学版)2010 年第 2 期,第 3—7 页。

③ 参见海德格尔《从莱布尼茨出发的逻辑学的形而上学始基》,赵卫国译,西北大学出版社 2015 年第 1 版;倪梁康《现象学与逻辑学》,载《现代哲学》2004 年第 4 期,第 87—96 页;张东锋《逻辑学的形而上学基础——海德格尔关于莱布尼兹判断与真理学说的存在论阐释》,载《浙江学刊》2013 年第 3 期,第 26—35 页。

（有何权利）〕视角得出的。比如判断表的完备性、范畴表以及先验逻辑中其他受到判断表结构性影响的部分在展开论述时在思想线索上的完整性等，都是由统觉的源始的综合统一而得以保证的。然而需要注意的是，这种保证并非"实然的"。无论是判断表自身还是先验逻辑中受到判断表结构性作用影响的部分，其要素或结构的设置总是难以避免来自康德的个人主观因素的影响，但是，从某事物"之所以可能的必要条件"的角度，也就是康德所说的"有何权利"的角度而言，由统觉的统一所预设的完备性才是判断表等内容之所以可能的必要条件，而形而上学由此才是逻辑之所以可能的必要条件。如此，强调形而上学为逻辑提供合理性基础的说法应当从"应然的"层面来理解。

从更为普遍的哲学史的视角讨论逻辑与形而上学的关系时，也能够发现康德在讨论两者关系问题时的某些特殊性，最明显的差别体现在，康德构建其形而上学的逻辑基础不再单纯是以"S 是 P"判断结构为核心的传统逻辑，而是基于综合判断"a－b－x"结构发展出的某种新的逻辑思想。相比之下，黑格尔、海德格尔等哲学家的形而上学思想的提出虽然晚于康德，但作为其逻辑起点的仍旧是蕴含着传统逻辑"S 是 P"结构的系词"是"（Sein）。这些哲学家多是直接以传统逻辑为基础构建各自的形而上学思想的，而传统逻辑在康德构建其形而上学时所发挥的作用则是间接的。以黑格尔为例，虽然康德与黑格尔都声称建构自己的形而上学需要借鉴传统逻辑，但康德是首先基于传统逻辑提出了有关综合判断形式结构等方面的思想，随后基于这些有着鲜明逻辑特征的思想来构建其形而上学的；相比之下，虽然黑格尔从传统逻辑直接构建的是其哲学体系中的"逻辑学"部分，但该部分名称上虽被叫作逻辑，其实质却仍旧是形而上学。而在康德所要构建的形而上学中，系词"是"显然并非其核心要素，他在《纯批》中提出的核心问题是"先天综合判断何以可能"，他对"是"的讨论也只集中出现在有关"上帝存在的证明"部分。相比黑格尔、海德格尔通过赋予代表着判断基本形式结构的系词"是"以内容从而展开其形而上学体系的做法,康德在加入内容因素时尽可能地保留了判断结构的形式特征,从而构造出可以容纳感性对象的综合判断的形式结构,该结构中被康德赋予数学含义的核心要素"功能"概念,被认为与构成现代逻辑句法结构的"函数"概念存在相似之处。① 由此似乎也可以解释,在分析哲学曾提出"拒斥形而上学"的背景下,相比于黑格尔思辨哲学的销声匿迹,为什么康德的先验哲学却能够始终保持对英美分析哲学的影响力。当然,有关这些思想内容的具体讨论,则有待于在笔者之后的工作中进行更深入的研究。

---

① 如同第三章内容所提到的,舒特思通过分析康德所使用的"功能"的数学含义,认为《纯批》中的该概念在本质上与弗雷格、罗素所使用的"函数"概念(Funktionsbegriff)存在相似之处,而后者恰好是构成现代逻辑句法结构的基础。cf. Peter Schulthess, *Relation und Funktion- Eine systematische und entwicklungsgeschichtliche Untersuchung zur theoretischen Philoso- phie Kants*, Berlin: Walter de Gruyter&Co. , 1981, S. 261.

主要参考文献

一、中文文献

1. 奥特弗里德·赫费.康德的《纯粹理性批判》——现代哲学的基石.郭大为译.人民出版社,2008

2. H.J.裴顿.康德的经验形而上学——《纯粹理性批判》上半部注释.韦卓民译.华中师范大学出版社,2009

3. Hans Michael Baumgartner(鲍姆·嘉特纳).康德《纯粹理性批判》导读.李明辉译.台北:联经出版公司,1988

4. 黑格尔.小逻辑.贺麟译.商务印书馆,2007

5. 黑格尔.哲学史讲演录//第四卷.贺麟,王太庆译.商务印书馆,1996

6. 亨利·E.阿利森.康德的先验观念论:一种解读与辩护.丁三东,陈虎平译.商务印书馆,2014

7. 康德.判断力批判.邓晓芒译.杨祖陶校.人民出版社,2008

8. 康德.实践理性批判.邓晓芒译.杨祖陶校.人民出版社,2003

9. 康德.未来形而上学导论(注释本).李秋零译注.中国人民大学出版社,2013

10. 康德著作全集//第1—9卷.李秋零主编.中国人民大学出版社,2013

11. 康德.实用人类学(注释本).李秋零译注.中国人民大学出版社,2013

12. 康德书信百封.李秋零编译.上海人民出版社,2006

13. 康德.纯粹理性批判(注释本).李秋零译注.中国人民大学出版社,2015

14. 文德尔班.哲学史教程.下卷.罗达仁译.商务印书馆,2007

15. 亚里士多德.范畴篇 解释篇.方书春译.商务印书馆,2009

16. 陈嘉明.建构与范导.上海人民出版社,2013

17. 邓晓芒.康德《纯粹理性批判》句读//上、下.人民出版社,2010

18. 韩水法.康德物自身学说研究.商务印书馆,2007

19. 梁瑞明编著.《康德的知识论与形而上学—纯粹理性批判》导读.香港:志莲净苑,2007

20. 齐良骥.康德的知识学.商务印书馆,2011

21. 王路.逻辑的观念.商务印书馆,2000

22. 王路.逻辑基础.人民出版社,2006

23. 王路.逻辑与哲学.人民出版社,2007

24. 王建军.康德与直观.北京师范大学出版社,2014

25. 温纯如.认知、逻辑与价值——康德《纯粹理性批判》新探.中国社会科学出版社,2002

26. 许景行.康德"范畴的形而上学演绎"评介.《吉林大学社会科学学报》1988年第3期

27. 杨祖陶,邓晓芒.康德《纯粹理性批判》指要.人民出版社,2001

28. 张志伟主编.西方哲学史.中国人民大学出版社,2002

29. 赫伯特·施耐德巴赫.我们康德主义者——论当前的"批判道路".谢永康译.《求是学刊》2011年第2期

30. 邓晓芒.康德先验逻辑对形式逻辑的奠基.《江苏社会科学》2004年第6期

31. 邓晓芒.康德《实践理性批判》中的自由范畴表解读.《哲学研究》2009年第9期

32. 韩水法.论康德批判的形而上学.《哲学研究》2003年第5期

33. 钱广华.康德的范畴理论.《安徽大学学报》(哲学社会科学版)2001年第3期

34. 钱捷.判断逻辑与康德的范畴形而上学演绎.《哲学研究》2009年第7期

35. 陈晰.为判断表向范畴表的推导提供一种可能的解释.北京大学哲学系硕士学位论文,2009

二、外文文献

1. Allen W. Wood. *Kant*. Oxford, UK:Blackwell Publishing Ltd, 2005

2. Béatrice Longuenesse. *Kant and the Capacity to Judge: Sensibility and Discursivity in the Transcendental Analytic of the "Critique of Pure Reason"*. Princeton University Press, 1998

3. Béatrice Longuenesse. *Kant on the Human Standpoint*. Cambridge: Cambridge University Press, 2005

4. Wolfgang Carl. *Der schweigende Kant: Die Entwürfe zu einer Deduktion der Kategorien von 1781*. Goettingen:Vandenhoeck u. Ruprecht, 1989

5. Georg Friedrich Meier. *Auszug Aus Der Vernunftlehre*. Kessinger Publishing, 2010

6. Gisela Helene Lorenz. *Das Problem der Erklärung der Kategorien. Eine Untersuchung der formalen Strukturelemente in der "Kritik der reinen Vernunft"*. Berlin / New York: Walter de Gruyter, 1986

7. Hans Lenk. *Kritik der logischen Konstanten — Philosophische Begruendungen der Urteilsformen vom Idealismus bis zur Gegenwart*. Berlin: Walter de Gruyter&Co., 1968

8. Henry E. Allison. *Kant's Transcendental Idealism : An Interpretation and Defense, Revised and Enlarged Edition*. Yale University Press, 2004

9. Hermann Cohen. *Kants Theorie der Erfahrung*. Berlin: Ferd. Dömmlers Verlagsbuchhandlung, 1885

10. Hermann Cohen. *Werk*. Bd. 4. Hildesheim • New York: Georg Olms Verlag, 1978

11. Immanuel Kant. *Kritik der reinen Vernunft*. Herausgegenben von Wilhelm Weischedel. Frankfurt am Main: suhrkamp taschenbuch wissenschaft, 1974

12. Immanuel Kant. *Kant's gesammelte Schriften*. Band 4. Herausgegeben von der Königlich Preussichen Akademie der Wissenschaften. Berlin: Druck und Verlag von der Georg Reimer., 1911

13. Immanuel Kant. *Kant's gesammelte Schriften*. Band 16. Herausgegeben von der Königlich Preussichen Akademie der Wissenschaften. Berlin und Leipzig: Walter de Gruyter&Co., 1924

14. Immanuel Kant. *Kant's gesammelte Schriften*. Band 17. Herausgegeben von der Preussichen Akademie der Wissenschaften. Berlin und Leipzig: Walter de Gruyter&Co., 1926

15. Immanuel Kant. *Kant's gesammelte Schriften*. Band 18. Herausgegeben von der Preussichen Akademie der Wissenschaften. Berlin und Leipzig: Walter de Gruyter&Co., 1928

16. Immanuel Kant. *Kant's gesammelte Schriften*. Band 24. 1. Herausgegeben von der Deutschen Akademie der Wissenschaften zu Berlin. Berlin: Walter de Gruyter&Co., 1966

17. Immanuel Kant. *Kant's gesammelte Schriften*. Band 24. 2. Herausgegeben von der Deutschen Akademie der Wissenschaften zu Berlin. Berlin: Walter de Gruyter&Co., 1966

18. Immanuel Kant. *Kant's gesammelte Schriften*. Band 28. 1. Herausgegeben von der Deutschen Akademie der Wissenschaften zu Berlin. Berlin: Walter de

Gruyter&Co. , 1968

19. Immanuel Kant. *Kant's gesammelte Schriften*. Band 28.2,1. Herausgegeben von der Deutschen Akademie der Wissenschaften zu Berlin. Berlin: Walter de Gruyter&Co. , 1970

20. Immanuel Kant. *Kant's gesammelte Schriften*. Band 28.2,2. Herausgegeben von der Deutschen Akademie der Wissenschaften zu Berlin. Berlin: Walter de Gruyter&Co. , 1972

21. Immanuel Kant. *Kant's gesammelte Schriften*. Band 29.1,1. Herausgegeben von der Akademie der Wissenschaften der DDR. Berlin: Walter de Gruyter&Co. , 1980

22. Jill Vance Buroker. *Kant's "Critique of Pure Reason": An Introduction*. Cambridge University Press, 2006

23. Johann Erich Fries. *Ueber Kants vollstaendige Kategorientafel und das offene Kategoriensystem in Paul Natorps "Philosophische Systematik": Untersuchungen zur Entwicklung der transzendentalen Methode*. Goettingen: Phil. F.. Diss. v. 20. Sept. , 1963

24. Jonathan Bennett. *Kant's Analytic*. London • New York • Melbourne: Cambridge University Press, 1966

25. Klaus Reich. *Die Vollstaedigkeit der kantischen Urteilstafel*. Hamburg: Meiner Felix Verlag GmbH, 1986

26. Klaus Reich. *Gesammelte Schriften mit Einleitung und Annotationen aus dem Nachlass*. herausgegeben von Manfred Baum. Hamburg: Felix Meiner Verlag, 2001

27. William and Martha Kneale. *Development of Logic*. New York: Oxford University Press, 1985

28. Lewis White Beck. *Early German Philosophy — Kant and His Predecessors*. Cambridge, Massachusetts: The Belknap Press of Harvard University Press, 1969

29. Michael Wolff. *Die Vollständigkeit der kantischen Urteilstafel. Mit einem Essay über Freges "Begriffsschrift"*. Frankfurt am Main: Klostermann, 1995

30. Norman Kemp Smith. *A Commentary to Kant's "Critique of Pure Reason"*. New York, 1918

31. Paul Guyer Ed. *The Cambridge Companion to Kant*. New York, USA: Cambridge University Press, 1992

32. Paul Piur. *Studien zur sprachlichen würdigung Christian Wolffs : Ein Beitrag zur Geschichte der neuhochdeutschen Sprache*. Halle: Verlag von Max Niemey-

er，1903

33. Peter Schulthess. *Relation und Funktion-Eine systematische und entwicklungsgeschichtliche Untersuchung zur theoretischen Philosophie Kants*. Berlin：Walter de Gruyter&Co. ，1981

34. P. F. Strawson. *The Bounds of Sense—An Essay on Kant's Critique of Pure Reason*. London：Methuen &CO LTD. ，1966

35. Reinhard Brandt. *Die Urteilstafel. Kritik der reinen Vernunft A 67 −76；B92 −101* . Hamburg：Felix Meiner Verlag（Reihe：Kant-Forschungen Bd. 4），1991

36. Theodor Haering. *Der Duisburg'sche Nachlass und Kants Kritizismus um 1775*. Tuebingen：Verlag von J. C. B. Mohr（Paul Siebeck），1910

37. Thomas Soeren Hoffmann. *Die absolute Form. Modalitaet，Individualitaet und das Prinzip der Philosophie nach Kant und Hegel*. Berlin / New York：de Gruyter，1991

38. Walter Broecker. *Kant ueber Metaphysik und Erfahrung*. Frankfurt：Klostermann，1970

39. Wilhelm Metz. *Kategoriendeduktion und produktive Einbildungskraft in der theoretischen Philosophie Kants und Fichtes*. Stuttgart-Bad Cannstatt ：Fromman-Holzboog，1991

40. Giorgio Tonelli. Die Voraussetzung der Kantischen Urteilstafel in der Logik des 18. Jahrhunderts. Friedrich Kaulbach und Joachim Ritter Hrsg. *Kritik und Metaphysik Studien：Heinz Heimsoeth zum achtzigsten Geburtstag*. Berlin：Walter de Gruyter &. Co. ，1966

41. Günther Patzig. Wie sind synthetische Urteile a priori moeglich? Josef Speck （hrsg. ）. *Grundprobleme der grossen Philosophen*. Philosophie der Neuzeit Ⅱ. Goettingen：Vandenhoeck &. Ruprecht，1976

42. Günter Zoeller. Kant and the problem of existential judgment：Critical comments on Wayne Martin's theories of judgment. *Philosophical Studies*，137 （1），2008

43. Ian S. Blecher. Kant on Formal Modality. *Kant-Studien*. 104(1)，2013

44. Josef Simon. "Anschauung ueberhaupt" und "unsere Anschauung". Zum Beweisgang in Kants Deduktion der Naturkategorien. in：Gisela Mueller und Thomas M. Seebohm Hrsg. *Perspektiven transzendentaler Reflexion*. Bonn：Bouvier，1989

45. Lorenz Krueger. Wollte Kant die vollständigkeit seiner urteilstafel beweisen? in：*Kant-Studien* 59 （1−4），1986

46. Michael Wolff. Erwiderung auf die Einwaende von Ansgar Beckermann und Ulrich Nortmann. *Zeitschrift für Philosophische Forschung* 52 （3），1998

47. O. Lovejoy. Kant's classification of the forms of judgment. in : *Philosophical Review* 16 (6), 1907

48. P. Hauck. Die Entstehung der kantischen Urteilstafel. in: *Kant-Studien* 11 (1 - 3), 1906

49. Till Hoeppner. Kants Begriff der Funktion und die Vollständigkeit der Urteils-und Kategorientafel. *Zeitschrift für Philosophische Forschung* 65 (2), 2011

50. Ulrich Nortmann. Kants Urteilstafel und die Vollständigkeitsfrage. Kritische Einwände gegen Michael Wolff (I. Teil). *Zeitschrift für Philosophische Forschung* 52 (3), 1998